本书受到国家社科基金重大项目“智能+时代技术与制度协同驱动的现代文化产业体系和市场体系研究”（批准号：20ZDA065）和国家社科基金一般项目“区块链对数字出版产业全球价值链重构机理与中国战略选择研究”（批准号：20BXW048）的资助。

元宇宙导论

迈向人类新生存方式的认知框架

臧志彭 著

Metaverseology

A Cognitive Framework for the New Mode of Existence of Humanity

中国社会科学出版社

图书在版编目（CIP）数据

元宇宙导论：迈向人类新生存方式的认知框架 / 臧志彭著. -- 北京：中国社会科学出版社，2024. 12.
ISBN 978-7-5227-4368-4

Ⅰ. F49

中国国家版本馆 CIP 数据核字第 2024W8Y540 号

出 版 人	赵剑英
责任编辑	刘晓红
责任校对	周晓东
责任印制	戴　宽

出　　版	中国社会科学出版社
社　　址	北京鼓楼西大街甲 158 号
邮　　编	100720
网　　址	http://www.csspw.cn
发 行 部	010-84083685
门 市 部	010-84029450
经　　销	新华书店及其他书店

印　　刷	北京君升印刷有限公司
装　　订	廊坊市广阳区广增装订厂
版　　次	2024 年 12 月第 1 版
印　　次	2024 年 12 月第 1 次印刷

开　　本	710×1000　1/16
印　　张	16.5
字　　数	263 千字
定　　价	96.00 元

前　言

人类从诞生至1万年前，主要以采猎化生存方式为主；1万年前至18世纪中叶，人类社会进入到农耕化生存方式；18世纪中后期至20世纪中叶，进入到工业化生存方式；20世纪后半叶至今，人类的生存方式进入到数字化时代。回顾整个人类生存方式演进的历史，可以发现两大核心特征：一是人类的生存方式进化迭代更新进程日益加速，从万年，缩减到千年，再缩减到百年。二是人类的生存方式越来越朝着数字化虚拟化方向迈进，人类在整个生存过程中花费在实体物理世界中的时间越来越短、花费在数字虚拟世界中的时间则越来越长。

2024年2月15日，美国人工智能研究实验室OpenAI发布了文生视频大模型Sora，能够省去拍摄、建模和渲染过程，直接通过海量视频数据训练生成长达60秒的多角色多场景结合、动静结合、全景与特写结合等具有复杂逻辑的逼真生动高清的视频内容；4月初，苹果Vision Pro上线“Spatial Personas”功能，通过“共享空间”的数字化身渲染，让远程对话的双方沉浸式感觉到彼此“面对面”的拟真体验……越来越多的实例让人们真切感受到“元宇宙”正在成为人类新一代生存方式！

一　正确认识“元宇宙”的四个层次

到底什么是“元宇宙”？从2021年火爆热议并发展至今，似乎人们对于元宇宙的认识更加混乱了。但是当我们深入各个内涵思考其内在联系时，会发现目前社会各界关于元宇宙的认识和界定，正在经历从最狭义—狭义—广义—完整义四个层层递进的认知发展脉络：第一个层次（最狭义）：元宇宙是一个虚拟世界，也就是小说《雪崩》和电影《头号玩家》里所描述的戴上 VR（虚拟现实）设备进入的虚构数字空间。第二个层次（狭义）：元宇宙是一个虚实融合的世界，因为人们越来越发现元宇宙不可能脱离我们的物理世界而单独存在，而这也是以上海为代表率先提出的“以虚促实、以虚强实”的中国元宇宙战略主基调。第三个层次（广义）：元宇宙是新一代信息技术集成创新和应用、推动生产力提升和生产关系变革的新世界，这一认知普遍呈现于国家部委和60余个各级地方政府颁布出台的元宇宙相关政策中，这一层次的元宇宙概念，已经认识到元宇宙是一个整合性的战略框架。第四个层次（完整义）：元宇宙是人类新一代生存方式。元宇宙的本质其实就是人类对自由的追求，是人类摆脱各种束缚，而逐渐拥有人作为自由宇宙主动整体建构者意识的所有认知尝试的总和。

二 元宇宙作为人类新一代生存方式的丰富内涵

元宇宙，是在人类主动整体建构自由宇宙的所有认知尝试和努力基础上，实现人类全面虚实融合转型的新生存方式与新文明形态。质言之，元宇宙就是人类新一代的生存方式，具体包含了主体及其组织方式、生产与分配方式、栖息与生活方式、文化形成与传承方式四大方面的丰富内涵。

（一）元宇宙主体及其组织方式

可以预见，元宇宙作为人类新一代生存方式，将会是一个由真人、虚拟数字人、智能机器人和智能体四大类“主体”并存的多彩新世界和复杂社会系统；企业这种组织形态将逐渐萎缩，去中心化自治组织（DAO）、一人制公司、小团队工作室、虚拟网络组织等将会越来越成为主流的组织方式。

（二）元宇宙栖息与生活方式

元宇宙，正在基于各种扩展现实（XR）技术、计算机视觉技术、人工智能技术等为人类建构越来越多的元宇宙“场景空间”。当人们为元宇宙建构的各种虚拟空间足够丰富、成为人类生活所必需的应用场景时，人类会逐步将越来越多的生活迁移到虚拟空间中，进而形成现实物理化生存与网络虚拟化生存的无缝对接，享受沉浸式的、虚实一体的娱乐、社交、旅行、医疗、购物、学习等全新的生活方式，从而实现虚实全面融合的人类新栖息与生活方式。

（三）元宇宙生产与分配方式

生成式人工智能技术将推动人类从原来单一的物理世界生产力变革为虚实一体的生产力范式，从“执行密集型”升级为“智慧密集型”生产力时代，从“专业分工型生产力”变革为“专业融合与智慧聚合型生产力”模式，从大规模生产升级为自由智慧迸发的大规模创造型生产力新时代。

元宇宙空间理论研究发现，元宇宙空间经济学的基本逻辑是空间效应，要超越互联网时代的连接逻辑、网络效应，从互联网的关系生产时代升级为元宇宙的空间生产时代。结合物理学上的场理论，元宇宙空间也同样具有“场”的效应，元宇宙是一个建构于网络效应基础上的空间效应的场。元宇宙空间环境、情绪氛围或情境感知等因素，会对元宇宙中的用户个体或群体的行为、态度和结果产生影响和塑造，从而产生不同的元宇宙空间场效应。任何一个空间，无论虚与实，其实都包含了三个层次，第一个层次是客体的空间，第二个层次是感知的空间，第三个层次是意义的空间。本书进一步提出了三个层次元宇宙空间的建构策略。

元宇宙媒介理论研究认为，当前我们正迎来元宇宙框架下第五次信息技术革命，具体包含空间交互、以区块链为核心的 Web3.0 和生成式人工智能（AIGC）三大核心技术群，其中空间交互维度的元宇宙媒介传输的是“场景”“全感体验”，建构的是“共情关系”，Web3.0（区块链技术）带来的是人类社会在信息属性、数字身份和数字资产价值体系的全面重塑，AIGC 带来了人类在文化内容生产范式的革命，AI 大模型正在成为全球最为核心、规模最大、效率最高的大媒介枢纽。根据麦克卢汉的媒介四元律理论，元宇宙作为一种新兴媒介，正在对传统的媒介生态系统产生巨大的冲击和影响：一是元宇宙提升了受众的虚拟互动和体验能力；二是元宇宙可能导致某些传统的传媒业态变得过时；三是元宇宙恢复了互联网时代被忽略或压制的“现场体验感”；四是元宇宙未来达到巅峰时会出现回归真实的逆转现象。

空间交互、区块链（NFT）和生成式人工智能（AIGC）三大核心技术群正在催生具有新兴科技思维的劳动者和新的非人类劳动者群体，正在开创全新的创作空间和表达方式、强大的生产工具、可信基础设施以及随时待命的全球虚拟专家团队等新型劳动资料，还有虚拟空间、虚拟经济体系（数字资产、虚拟物品、虚拟交易市场等）和虚拟社会系统（虚拟用户、数字生命、虚拟社交）等新型劳动对象，从而形成元宇宙框架下充满巨大能量的新质生产力。

Web3.0、区块链与元宇宙生产关系研究发现，区块链 NFT 技术能够确立虚拟数字人、智能机器人、智能体等一切可被复制物在元宇宙中的唯一数字身份，进而支撑起元宇宙经济、元宇宙社会、元宇宙生态等整个元宇宙新一代生存方式。正是在 NFT 数字身份的支撑下，数字资产得以确立价值归属，价值链得以形成，元宇宙经济体系得以构建；数字角色得以确立社会地位，关系链得以形成，元宇宙社会体系得以构建；数字生命得以确立演化轨迹，生态链得以形成，元宇宙生态体系得以构建。在元宇宙的经济体系、社会体系和生态体系都得以建构的基础上，元宇宙作为人类新一代生存方式才真正能够实现。与元宇宙生产力形成相互作用的元宇宙生产关系，将告别权力和资本主导的“支配型”生产关系，建构价值主导的“自主型”生产关系，从而共同推动人类元宇宙生产与分配方式的全面转型升级。

（四）文化的形成与传承方式

人类在任何一个阶段的生存方式，其中必然包含一种传承与延续的机制，这种机制就是生存方式中的文化形成与延续方式。文化的形成与传承方式，其本质是人类生存方式的文明形成与模因延续机制。元宇宙新一代人类生存方式的传承与延续机制所依托的正是文化元宇宙。文化元宇宙，具体包含三层含义：一是文化元宇宙是对元宇宙新一代生存方式中逐渐形成的人类对于新型生存方式的生存经验、风俗习惯、宗教信仰、思想理论、道德伦理等文化形态和文明成果的集合与汇聚。二是文化元宇宙是对元宇宙中人（其他行动主体）的行为、人与人之间的关系以及各类物种之间的关系等的规范与协调的总和。三是文化元宇宙是对人类元宇宙生存过程中产生的各种物质财富和精神财富进行传承与延续的方式总和，对于推动人类元宇宙文明的有序传承与发展延续具有重大意义。

当今时代的文化元宇宙，正是全球数字文化产业发展第三次浪潮的主力策源与潮涌核心。AIGC 正在驱动全球文化元宇宙形成十大变革趋势：一是指挥密集型的人机交互生产将成为文化元宇宙的主要生产方式。二是“跨模态内容生成”将成为文化元宇宙的主要生产逻辑。三是虚拟数智人将会建构属于每个人的3D数字人生和文化元宇宙。四是文化元宇宙建设成本根本性降低，效率将有质的提升。五是文化IP与品牌价值将由用户对其AIGC的广度和深度所决定。六是全球数字文化消费市场将进入“私人定制”时代。七是知识产权价值链将全面打通，个体数字文化资产时代全面来临。八是空间计算将开启全球文创产业联合开发与虚实融合元宇宙时代。九是C端生产力全面解放将带来超越文艺复兴的文化大发展大繁荣。十是全球文化资源将全面融合，世界文明融通的共同体时代将正式开启。

三　中国元宇宙文明的自主觉醒

需要强调指出的是，中国元宇宙并非源于《雪崩》，也非根源于“Metaverse”。从根本上讲，人类从计算机、互联网等数字技术发明以来经过数十年孕育发展而在东西方即将同步演化催生新的文明阶段，这一文明进阶在西方催生了“Metaverse”，在中国则产生了“元宇宙”。因此，从文明演化的意义上来讲，中国的元宇宙并非根源于西方文明的再次外溢，而是中华文明自20世纪90年代以来经过30年特色自主数字文明发展演化自然而然做出的主动选择。

四　为确定的趋势而携手努力

必须承认的是，当前人们对于元宇宙混乱的概念认知短时间内还无法厘清，对于元宇宙充满争议的未来前景也很难在短时间内达成共识。尽管如此，人类迈向虚实全面融合新生活方式的大趋势不会改变且正在日益明显，人类迈向人机协同新生产方式的大趋势不会改变且正在日益加强，人类迈向数字虚拟世界生命存在方式的大趋势不会改变且正在日益深化……人类正在以前所未有的动力和速度坚定地迈向元宇宙新一代生存方式，让我们携起手来，共同努力推动人类元宇宙新文明时代的到来！

五　探究：永无止境

本书仅是元宇宙新一代生存方式研究的初步探索。

必须指出的是，作为第一部从人类生存方式角度系统探究元宇宙的学术著作，限于笔者的能力、知识结构限制，必然存在诸多的疏漏和缺陷；囿于时间所限，本书很多章节内容研究尚处于框架搭建和初步探索阶段；特别是在元宇宙相关技术日新月异和颠覆性创新涌现的情况下，本书提出的某些观点可能已经过时，甚至存在诸多谬误，笔者敬请社会各界专家不吝批评、指正。

臧志彭

2024 年 5 月 8 日 · 上海

目 录

第一篇 科学认知元宇宙

第二篇 元宇宙理论体系

第一篇

科学认知元宇宙

第一章

认识元宇宙的本质

关于元宇宙的概念界定可谓是“一千个人里有一万个哈姆雷特”——每个人都有自己对于元宇宙的理解，甚至有的人在不同时间还有多个不同的关于元宇宙的定义。其实，对于元宇宙的内涵认知，不能仅仅从其当前的属性表征、作用功能等层面进行粗浅界定，而是应当对其内涵本质进行深入挖掘，应当结合人类发展历史进行深刻把握。

第一节　当前社会各界关于元宇宙内涵的认识

一　国外有关“Metaverse”的几个代表性认知

（一）小说《雪崩》中的“Metaverse”描述

“Metaverse”，被广泛认为来源于 1992 年科幻小说《雪崩》（*Snow Crash*）。在这部小说中，美国科幻作家尼尔·史蒂芬森（Neal Stephenson）这样描述主人公 Hiro 进入元宇宙的情景：“Hiro 处在一个由电脑生成的宇宙中，这个宇宙被绘制在他的护目镜上，并通过耳机传输到耳朵里，这个虚构的地方被称为‘Metaverse’。Hiro 在 Metaverse 中度过了很多的时光，这里比破败的自助存储仓库宿舍要美妙太多了。”①

（二）元宇宙第一股 Roblox 定义“Metaverse”的 8 个特征

2021 年 3 月上市的 Roblox 公司在招股说明书中列出了元宇宙的 8

① 小说原文为：“Hiro's not actually here at all. He's in a computer-generated universe that his computer is drawing onto his goggles and pumping into his earphones. In the lingo, this imaginary place is known as the Metaverse. Hiro spends a lot of time in the Metaverse. It beats the shit out of the U-Stor-It”，详见 Neal Stephenson，*Snow Crash*，New York，Bantam Dell，2003，p. 31。

个关键特征，即 Identity（身份）、Friends（朋友/社交）、Immersive（沉浸感）、Low Friction（低延迟）、Variety of Content（内容多样性）、Anywhere（无处不在）、Economy（经济系统）、Safety（安全），具体含义摘录如下：一是身份（Identity）。Roblox 头像系统允许用户创建和个性化他们独特的 3D 身份，以营造出一种持久的个人身份感。二是朋友（Friends）。Roblox 客户端允许用户通过各种方式连接，这些连接创建的社交关系图存储在 Roblox 云中，为了避免被打扰设置了相互选择才能建立关系的方式。三是沉浸感（Immersive）。Roblox 平台为开发者提供了 Roblox Studio 轻松构建深度沉浸式的 3D 环境，并在 Roblox 平台上进行渲染和模拟。四是低延迟（Low Friction）。Roblox 云基于用户设备的性能和可用带宽，决定通过内容分发网络发送到用户设备的每个资源的格式、细节水平和优先级，以达到低延迟和反应灵敏的效果。五是内容多样性（Variety of Content）。Roblox Studio 为开发者提供了从新手到专业人士需要的所有技能水平的工具套件，开发者和创作者为 Roblox 平台构建了无限多样化的内容。六是无处不在（Anywhere）。Roblox 平台用户来自全球 180 多个国家和地区，Roblox 平台支持用户用母语构建体验，Roblox 云自动将其翻译成 11 种语言，以降低文化障碍。七是经济系统（Economy）。Roblox 平台的经济系统建立在 Robux 货币基础上，用户可以通过 Roblox 客户端和网站购买 Robux，还可以通过出售虚拟内容的访问权来赚取 Robux，而且 Robux 可以转换成现实中的法币。八是安全（Safety）。Roblox 平台通过文本过滤、内容审核系统和自动系统等多种方式保护用户隐私信息、遵守各地法律，促进文明规范和确保安全。①

（三）扎克伯格对元宇宙的描述与畅想

2021 年 10 月 28 日，Facebook 联合创始人、首席执行官马克·扎克伯格（Mark Zuckerberg）正式宣布将公司更名为“Meta”。扎克伯格在当天发布了《创始人的信》（*Founder's Letter*），其中这样阐释元宇宙：“下一个平台将更加身临其境……你将置身于体验之中，而不仅仅是观看。我们称之为‘元宇宙’……元宇宙的定义特质（defining qual-

---

① 摘要翻译自 Roblox 公司招股说明书（Regestration Statement），November 19，2020，第 4—6 页。

ity）将是一种在场感（a feeling of presence），仿佛你就在另一个地方与另一个人同处。让人们真正感受到彼此的存在，这是社交技术的终极梦想……在元宇宙中，你将能够做几乎所有你能想象的事情……元宇宙不会由一家公司创建。它将由创作者和开发人员构建……隐私和安全、开放标准和互操作性必须从一开始就嵌入元宇宙中……支持社区中的加密和 NFT 项目……构建生态系统，让更多的消费者和创作者受益……这就是我们希望打造的元宇宙。"①

2022 年 2 月，扎克伯格在与美国麻省理工学院教授、计算机科学家 Lex Fridman 的访谈中又明确指出元宇宙并不是一个"地方"（place），而应该从"时间"维度理解元宇宙——"元宇宙代表着一个时代，在这个时代，沉浸式数字世界将成为我们生活和消磨时间的主要方式。"② 由此可见，他认为元宇宙其实是描述了当沉浸式数字世界成为我们生活和度过时间的主要方式的那样一个时代。

（四）元宇宙商业之父马修·鲍尔对元宇宙的经典定义

被誉为"元宇宙商业之父"的马修·鲍尔（Mathew Ball）认为元宇宙是"大规模、可互操作的网络，能够实时渲染 3D 虚拟世界，借助大量连续性数据，如身份、历史、权利、对象、通信和支付等，可以让无限数量的用户体验实时同步和持续有效的在场感"。③ 鲍尔进一步明确指出，上述定义实际上包含八个关键要素：虚拟世界、3D、实时渲染、互操作性、大规模扩展、持续性、同步性、无限用户和个体存在。具体来讲：

第一，虚拟世界分为三类具体形态：一是对现实世界的完美再现；二是象征现实世界的虚构版本；三是完全虚构的世界。

---

① 摘自［美］马克·扎克伯格《创始人的信》节选，https：//about. fb. com/news/2021/10/founders-letter/，October 28，2021。

② 英文原文："There was someone read this piece that framed this as a lot of people think Metaverse is about a place but one definition of this is it's about a time when basically immersive digital worlds become the primary way that we live our lives and spend our time". 详见 Zuckerberg，Mark，et al.，"Mark Zuckerberg：Meta，Facebook，Instagram，and the Metaverse"，https：//podcast-notes. org/lex-fridman-podcast/267-mark-zuckerberg-meta-facebook-instagram-and-the-metaverse-lex-fridman-podcast/，March 1，2022。

③ 摘自［加］马修·鲍尔《元宇宙改变一切》，岑格蓝等译，浙江教育出版社 2022 年版，第 43—77 页，有精简和改动。

第二，3D 是互联网的下一个伟大迈进，但鲍尔同时指出，并非元宇宙内的一切都是 3D 形式，同时元宇宙的任何一个部分都不把沉浸式 VR 或 VR 头显作为必要条件。

第三，虚拟世界中的体验需要实时渲染，每秒至少渲染 30—120 帧才能让虚拟世界"活"起来。

第四，虚拟世界必须首先实现"互操作性"，元宇宙经济将驱动统一的传输标准，应该允许用户的成就、历史和财务状况等能够在不同的虚拟世界和现实世界中得到认可。

第五，元宇宙是可以大规模扩展的虚拟世界，不是少数精心策划的数字主题公园，未来每个公司都需要运营自己的一个或多个虚拟世界，一系列在单一权力结构下运作的虚拟世界集合可以称为"元星系"。

第六，元宇宙面临"持续性"挑战，因为人们很难记录自己的所有"足迹"，而且记录的可持续信息越多，需要的算力需求就越大。

第七，元宇宙需要具备"同步性"，能够实时共享体验，而不只是持续存在或实时回应，这就需要低延迟、持续不间断的虚拟世界服务器，鲍尔认为当今元宇宙面临的最大限制和最难解决的问题便在于此。

第八，元宇宙还需要拥有无限用户和个体存在，能够让用户在瞬间聚集起来，即满足"并发性"要求，只有当元宇宙能够支持大量用户在同一时间、同一地点体验同一事件，且不以牺牲用户功能、交互性、持续性以及渲染质量为代价时，元宇宙才能真正实现。

二　国内关于元宇宙的代表性定义

国内关于元宇宙的定义，可谓是众说纷纭，相对来讲，比较权威的界定有以下两个。

2022 年 9 月 13 日，作为代表全国科技名词规范化审定、公布及协调、推广应用的机构——全国科学技术名词审定委员会举行了元宇宙及其核心术语概念审定研讨会，会议经过深入研讨将"元宇宙"的定义界定为"人类运用数字技术构建的，由现实世界映射或超越现实世界，可与现实世界交互的虚拟世界"。①

① 《"元宇宙"等如何定名释义？全国科技名词委研讨会形成共识》，人民网，http://finance.people.com.cn/n1/2022/0915/c1004-32526554.html。

2023年8月29日，工业和信息化部、教育部、文旅部、国资委、广电总局五部门办公厅联合印发的《元宇宙产业创新发展三年行动计划（2023—2025年）》（工信厅联科〔2023〕49号）中，首次以国家部委官方名义对“元宇宙”进行了明确界定：“元宇宙是数字与物理世界融通作用的沉浸式互联空间，是新一代信息技术集成创新和应用的未来产业，是数字经济与实体经济融合的高级形态，有望通过虚实互促引领下一代互联网发展，加速制造业高端化、智能化、绿色化升级，支撑建设现代化产业体系。”

从上述两大带有“官方”属性的定义来看，二者既有很强的相通之处，又有很大的不同。相通之处在于，都认为元宇宙具有“虚”与“实”的交互性；而不同之处在于，第一个定义，如果去除各种修饰定语之后，其概念核心认为元宇宙是“虚拟世界”，更加强调的是“虚”的部分；而第二个定义的概念核心认为元宇宙是“沉浸式互联空间”，更加强调的是“虚”与“实”的融通。其实这之间的概念界定差异，也恰恰反映了目前国内外对于“元宇宙”的不同认识论。

三　当前关于“元宇宙”的三大认识论

随着人们对元宇宙的认知深化，目前国内外基本上形成了三种关于元宇宙的认识论，也可以称之为元宇宙的三大“宇宙观”。

（一）虚拟宇宙论（或称为虚拟世界观）

虚拟宇宙论认为元宇宙是一个纯粹的虚拟世界。虚拟宇宙观所认为的虚拟世界，并不在意是否与现实世界相关联，甚至在很多人看来，恰恰是为了“逃离现实世界”而建构的“美妙新世界”。例如，电影《头号玩家》里，元宇宙被描述为：当人们戴上VR设备，就能进入一个名为“绿洲”的虚拟世界，比起破败的现实生活，给人的感觉是“美妙太多了”。

（二）平行宇宙论（或称为孪生世界观）

平行宇宙论认为元宇宙是与现实世界完全一样的平行世界。持这种观点的学者和业界专家普遍认为元宇宙是以数字孪生等技术打造的镜像世界，是将现实世界复刻到元宇宙空间中，形成与现实世界相并行的虚拟世界。

（三）融合宇宙论（或称为虚实融合世界观）

融合宇宙论认为元宇宙既包含虚拟世界，同时这个虚拟世界又并未脱离现实世界，而是与现实世界有着千丝万缕的联系，是一个虚实融合、相互作用的空间。

虚实融合论，可以说是在中国地方政府的创新实践中首先提出来的。从互联网，特别是移动互联网时代以来，人类的生产和生活活动已越来越多地搬到了网上，虚拟经济日益发达的同时，带来的是传统范式下的实体经济发展越来越艰难，我们看到大批量的写字楼、商场“人去铺空”，脱实向虚化的经济发展走向引起了中国各级政府的反思。如何借助数字技术推动传统行业的数字化转型，打造以虚促实、以虚强实的新经济增长模式成为摆在中国各个地区面前的一张必须完成的“考卷”。

2021 年 12 月至 2022 年 2 月，上海市经济和信息会议上明确强调了元宇宙新赛道要遵循“虚实融合、由软带硬、由平台到生态”的总体思路，提出包容审慎的顶层设计和支持举措。[①] 2022 年 3 月，国家两会期间，全国政协委员和人大代表对“元宇宙”开展了热烈的大讨论，这次两会也形成了关于中国元宇宙发展的基本共识：中国“元宇宙”未来发展要走脱虚向实、虚实融合、以虚促实、以虚强实的战略路线。自此之后，全国各地形成了虚实融合为主导的中国特色元宇宙路线认识和建设实践模式，进而有了 2023 年 8 月底 9 月初，国家五部门在《元宇宙产业创新发展三年行动计划（2023—2025 年）》中所提出的“元宇宙是数字与物理世界融通作用的沉浸式互联空间……是数字经济与实体经济融合的高级形态”这一官方界定。

第二节　如何认识元宇宙的本质

一　从人类与外在世界的关系维度深刻认识元宇宙的本质

概括而言，上文提到的目前三种关于元宇宙的认识论，其实都是在

① 《“元宇宙”写入“十四五”规划　上海前瞻布局“虚实融合”》，https：//tech.gmw.cn/2022-03/15/content_35588646.htm。

探讨虚拟世界与现实世界的关系。然而，虚拟世界从哪里来？“虚”与“实”是什么关系？“虚”与“实”的交互又将把人类带到哪里去？这些问题在现有研究和产业实践中明显被忽略了，进而导致对于元宇宙的认知缺乏更为本质的理解。

本书认为，对于元宇宙的概念界定，需要从人类与外在世界的关系维度深刻认识元宇宙的本质。

自人类诞生以来，人类与外在世界的关系看起来很复杂，但实际上遵循两条发展演进路径：第一条路径是现实宇宙进路，即在外在物理世界现实条件约束下的探索发展之路。随着对自然规律的理解逐步加深，人类从蒙昧时代升级到科学时代，即通过大胆假设、小心求证，不断科学实验和试错逐步建立起人类对外在“真实宇宙”客观规律的科学认知。例如，爱迪生团队经过2000多次试错终于发现钨丝才是点亮电灯的正确选择；中国北宋的毕昇，历经木活字、胶泥活字的无数次试验终于发明了活字印刷术，领先了西方400多年。这一现实宇宙进路是人类能够得以在真实宇宙中创立数学、物理、化学、地理学、生物学、医学等一切科学文明成果的核心基础，正是因为人类始终在这一进路上不断创新突破，才有了从原始文明到农业文明、工业文明到数字文明的文明演化历程，其本质实际是人类在现有技术集聚的物理世界给定条件下的文明演进之路。第二条路径是自由宇宙进路，即人类摆脱物理世界现实条件束缚，对想象世界的探索建构之路。在第一条路径“脚踏实地”的基础上，人类始终在“仰望星空”。虽然受到现实物理世界各种条件的约束，人类的思想却依然能够天马行空、不受羁绊，这恰是人类区别于其他生命体的根本所在，因为截至目前只有人类才会通过想象建构一系列的符号系统实现对真实宇宙的系统化认知和改造。正是基于强大的想象能力，人类发明了文学、图画、舞蹈、音乐、戏剧、电影、游戏等各种符号系统来展现想象的世界，并取得了无数的文明成果。可以说，第二条路径实际上是人类脱离物理约束条件、放飞想象迈向自由宇宙的探索建构之路。需要指出的是，这两条进路并不互相割裂，而是互相交叉、互相融合、互相促进、互为补充的辩证关系。第一条路径，即所谓基于科学实验基础上的现实宇宙路径，是人类在地球上得以不断生存繁衍和发展壮大的坚实基础。换言之，没有真实宇宙进路，就没有人类的今天。第二条路径，即基于人类想象探索基础上的自由宇宙进路，是人类社会发展前进的方向指引，同时也是人类的梦想与欲望的策源发端，驱动着人类的元力汇聚与开拓创新。换言之，现实宇宙进路是自由宇宙进路的坚实支撑和试验工场，自由宇宙进路是现实宇宙进路的方向指引和牵引动力，如图 1-1 所示。

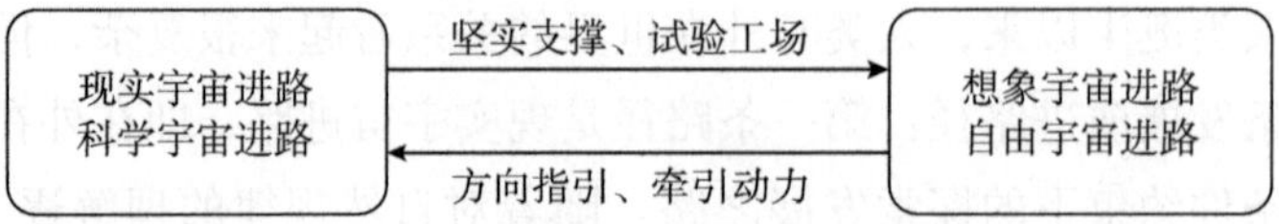

图 1-1　人类与外在世界关系进路

历史学家尤瓦尔·赫拉利说："想象力是人类进步的底层驱动力"，人类进步的历史其实也是人类想象力发展的历史，历史的发展轨迹也往往表现为"自我实现的预言"。[①] 可以说，整个人类的文明演化史，就是人类的现实宇宙与想象宇宙相互作用、科学宇宙与自由宇宙相互建构的发展史。

综上所述，本书认为，元宇宙的本质其实就是人类对自由的追求，是人类摆脱现实物质生产束缚、摆脱物理束缚、摆脱自然束缚、摆脱地球束缚以及摆脱宇宙束缚，而逐渐拥有人作为自由宇宙主动整体建构者意识的所有认知尝试的总和。[②]

二　元力觉醒："主动""整体建构"自由宇宙

为什么要强调是"主动""整体建构"自由宇宙的所有认知尝试的总和是"元宇宙"？

如前文所述，人类从诞生以来就在通过想象力建构自由宇宙，不过这种建构主要是通过文学、绘画、舞蹈、音乐等传统的艺术形式来"呈现"，后来有了电子技术之后，又通过科幻影视、科幻游戏等电子化的方式来加速"建构"想象中的自由宇宙。然而，这些并不能称之

① 夏德元等：《虚拟性与实在性相互建构的历史、现状和未来——关于文学、艺术、传媒与元宇宙的对话》，《文化艺术研究》2022 年第 2 期。

② 臧志彭、解学芳：《中国特色元宇宙体系建设：理论构建与路径选择》，《南京社会科学》2022 年第 10 期。

为“元宇宙”，只有2021年之后，才能被称为“元宇宙”。为什么？因为元宇宙的到来，不能仅仅从技术维度来判断，还需要具备社会共识基础。元宇宙，不仅仅是一个技术概念、空间概念，更是一个社会发展形态概念。

在2021年元宇宙“破圈”之前，人类在自由宇宙建构的道路上是分割的、独立的、缺乏主动整体建构意识的探索路线。例如，人们通过物联网和网络技术实现各个主体在虚拟世界的连接，通过人工智能寻求人类劳动智能化的替代和升级，通过虚拟交互技术（VR/AR/MR等）提供沉浸式体验进入想象宇宙……然而这些探索通常是各自独立的、条线分割的，缺乏系统的建构思维。此外，需要指出的是，在2021年之前，人类对于自由宇宙的建构主要发生在科幻文学、影视、游戏场景中，主要行业范畴拘囿于文化娱乐和艺术产业，主流社会通常将其视为一种有创意的娱乐新业态或艺术形式，或者是一种新型商业模式，仅仅属于文化娱乐与艺术这一“小圈层”的共识。主流社会并未从人类未来生存方式的大未来高度重视这种“建构”，说得直白一点，人们只是将其视为某种艺术新形态或娱乐新玩法而已。

2021年元宇宙火爆出圈，引发了全球全社会各行各业的大讨论，从此之后，人类对于元宇宙的认知，不再局限于文化娱乐与艺术圈层。最典型的案例是韩国首尔市政府。2021年11月，首尔政府发布《元宇宙首尔五年计划》，宣布分三大阶段将整个行政服务生态搬到元宇宙当中。一个资本主义国家的民选政府，敢于拿出真金白银如此“激进”地推动元宇宙建设（而不怕被民众投反对票），充分说明元宇宙在该国已经形成了非常广泛的民众共识。

也就是说，从2021年开始，人类对自由宇宙的建构不再仅仅是商业或文娱圈的共识，而是变成了整个全社会，整个人类重新定义未来自身生存方式的新起点。在2021年元宇宙提出之后，人们对于自由宇宙的建构意识从原来的文化娱乐共识与商业共识彻底破圈，成为全球各国的普遍共识——不再将其简单视为一种文化娱乐方式，而开始从人类未来发展的整体战略高度正视其真正的价值和发展可能，以往分散在各个条线的技术体系也被纳入到元宇宙这一整合性的战略框架中，开始主动地、整体性地建构未来人类新的生存方式与新的文明形态，通过时空再造重塑人类数字化生产、生活和生态，重构人类新一代的生存方式。

人类这种主动、整体构建自由宇宙的意识觉醒的过程，代表了人类在自身新一代生存方式建构主动性上的“元力觉醒”，因此，本书将2021年称为数字文明时代人类“元力觉醒”之年。

第二章

元宇宙是人类新一代生存方式

生存，由“生”“存”两个字构成，“生”是生命，“存”是存在，生存即“生命存在”的含义。生存，是人类的本能，也是人类这个生命体在地球上存在的基本目标。

人类的生存方式，其实就是人类的生命如何在这个世界上存在。人类在世界上的生命存在方式可谓是千姿百态、多种多样，然而概括来讲，其实主要是四大方面：一是人类的组织与交往方式，包括个体或群体？有无组织？如何交往？等等。二是人类的生产与分配方式，包括靠什么为生？如何分配劳动成果？等等。三是栖息与生活方式，包括在哪里居住？如何生活？等等。四是人类的文化形成与传承方式，如价值观、宗教信仰、风俗习惯等的形成与传承等，如图 2–1 所示。随着人类适应自然、改造自然能力的增强，人类生存方式这一本能也处于不断变迁和升级过程中。

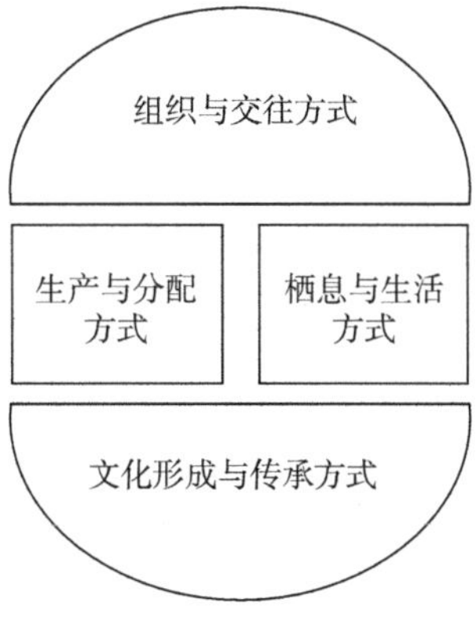

图 2–1　人类生存方式的基本框架

资料来源：笔者设计。

第一节 人类生存方式的历史变迁

人类从诞生以来大体经历了采猎化生存、农耕化生存、工业化生存和信息化网络化生存四种主要的生存方式。

一 人类诞生至1万年前：采猎化生存

大约250万年前，最早的人类（或称为类人生物）开始出现和演化，无论是东非的鲁道夫人，欧洲和西亚的尼安德特人，或是东亚的直立人[①]，还是大约15万—20万年前出现的外貌跟人类很像的智人[②]，都主要以采集和狩猎的方式在地球上生存，因此称之为采猎化生存方式。其中，在生产方式上，他们一开始只会采集植物（野果、野菜等）和狩猎小动物，后来学会了使用石器、火和制作简单工具，但还未学会干预动植物的生长[③]，获取到的食物会在族群中进行简单分配。在栖息方式上，早期人类主要以居住在宽大的山洞（穴居）为主，也有的采取巢居（搭建在树上的庇护所）的方式栖息，直到80万年至20万年前，人类开始掌握搭建简易房屋的技术以躲避风雨和野兽。[④] 由于食物资源的季节性变化，人们经常需要迁徙到新的地区以寻找更多的食物，形成迁徙型居住方式。居住在一起的群体往往是以血缘为纽带形成的氏族，并先后经历了母系氏族和父系氏族阶段。随着后期多个氏族集聚群居形成了部落化的原始社会结构。在交往方式上，根据古人类学家的研究，原始人类早期主要通过手势、动作、表情和简单的不分音节的呼喊来交流思想、意图和感情；到了10万年前，人类的喉部结构进化，可以通过音节的“分环勾连”来实现真正意义上的口头语言交流。[⑤] 随着几百万年的进化，人类社会逐渐形成了舞蹈、诗歌、音乐、壁画等早期艺术

---

① ［以］尤瓦尔·赫拉利：《人类简史》，林俊宏译，中信出版社2017年版，第5—8页。

② 吴军：《全球科技通史》，中信出版社2019年版，第7页。

③ ［以］尤瓦尔·赫拉利：《人类简史》，林俊宏译，中信出版社2017年版，第10—11页。

④ 吴军：《全球科技通史》，中信出版社2019年版，第11—12页。

⑤ 邓晓芒：《论人类创造力的起源》，《清华大学学报》（哲学社会科学版）2024年第6期。

形式，并形成了人类最早的宗教观念——图腾[①]，以反映原始人类的文化信仰和精神世界。

二　1万年前至18世纪中叶：农耕化生存方式

学会人为干预动植物的生长进程和样态，是人类从早期的采猎化生存方式演进到农耕化生存方式的标志。正如托夫勒在《第三次浪潮》中的研究发现，大约公元前1万年至8000年左右，人类逐渐学会了人工栽培植物来发展农业，同时，也学会了驯化动物，发展出了早期的畜牧业，直到1650—1750年左右第一次浪潮才逐渐式微。[②] 随着农业技术的进步，具有稳定产量的小麦、玉米、水稻等成为主要的农作物，人工灌溉、水利工程等灌溉技术不断提升，农业成为主要的生产方式，还同期出现了冶金、制陶、漆器、纺织等种类日益丰富的手工业；与此同时，贸易、集市等商业形态日渐发达。随着社会分工的细化和阶级分化的加剧，在传统的按血缘关系和按贡献分配劳动成果之外，出现了按阶级分配的主要分配方式。

这一时期的人类逐渐开始定居生活，逐步建立了大大小小的村落，城市也开始发展，房屋建筑逐步坚固、生活设施日渐丰富、食物供应更加充足、人口数量快速增长；社会开始分层和社会化大分工日渐细化，家族、宗族等社会组织体系逐渐形成；阶级分化更加明显，奴隶制、封建制等社会形态出现；国家和政权在这一时期出现并成为人类的主要组织方式，军队和官僚机构等组织形成了复杂的社会结构。西方的文艺复兴结束了漫长而黑暗的中世纪。人类的语言能力和交往能力在这一时期出现了质的飞跃，世界上出现了多种不同的语言，文字成为主流，造纸术、印刷术发明，绘画、雕塑、音乐、舞蹈、文学等多种艺术形成，宗教信仰更加复杂，教育制度正式确立并不断发展，使得这一时期形成了绚烂多彩的人类文化。人类社会从早期的采集文明进入农耕文明，人类的生存方式也从采猎化生存升级为农耕化生存，并为近代工业文明的出现奠定了坚实的基础。

---

① 廖杨：《图腾崇拜与原始宗教的起源》，《广西民族研究》1998年第1期。

② ［美］阿尔文·托夫勒：《第三次浪潮》，黄明坚译，中信出版社2018年版，第8—9页。

三　18 世纪中后期至 20 世纪中叶：工业化生存方式

1776 年前后，英国工程师瓦特经过 10 多年的努力和不断改良，终于发明了第一台具有实用功能的蒸汽机，正式推动人类社会开始迈向工业社会。这一时期大机器生产取代手工业生产，生产线和流水线作业方式日益成熟，生产的标准化和专业化程度大幅度提高；石油、煤炭等化石燃料的大规模使用推动了能源革命，电力发明并得到广泛应用，促进了生产和生活的现代化，铁路、汽车、轮船、飞机等现代交通工具日益发达，生产效率有了质的飞跃，生产力大幅提高，社会财富迅速增长。工业化生产方式正式取代农业化生产方式，成为主要的生产方式。与此同时，资产阶级与工人阶级的阶级划分逐渐固化，出现了更加尖锐的贫富差距、阶级矛盾等问题。

这一时期，大量人口从农村转移到工厂工作、迁移到城市居住，城市规模迅速扩张，社会分层和职业分工更加细化；工厂制、公司制等现代生产组织形态出现并成为主流，社会组织体系更加复杂，管理也更加规范；食品、住房、医疗等生活条件不断改善，现代教育制度建立，文化娱乐生活更加丰富；艺术创作更加自由，印象派、抽象派等现代艺术形式出现；人们的生活水平普遍提高；报纸、杂志、广播、电视等大众传媒逐渐普及并发挥越来越重要的作用；人文主义、民主主义等思想得到广泛传播，启蒙运动、科学革命等文化运动推动了全球各国的社会进步和民族解放。

四　20 世纪后半叶至 2021 年前后：信息化网络化生存方式

随着 1946 年第一台电子计算机发明，1969 年阿帕网的发明，1990 年前后万维网的正式上线，人类社会进入信息化和网络化社会。这一时期以计算机和互联网技术的提出和发展为重要标志，进入 21 世纪以来，互联网，特别是移动互联网改变了人类的生产方式、生活方式和交往方式，整个人类的生存方式升级为信息化网络化生存方式。

随着计算机和网络技术的快速发展，大数据、云计算等技术在生产过程中的广泛运用，生产效率大幅提高；虚拟团队、远程办公等工作方式逐渐普及，网络化组织方式越来越发达；知识和信息成为重要的生产要素，知识经济和信息经济生产方式取代了传统的工业化生产方式；全球网络一体化推动了研发、采购、生产、交易、物流和消费的全球化、电子化进程，电子商务打破了地理和时间限制；互联网时代加速了平台的崛起，平台逐渐掌控了数字经济的生产资料、销售渠道与用户资源，并逐渐掌握了经济收益的分配权。随着互联网和手机等智能设备的普及，人们的生活方式越来越网络化、数字化，社交媒体、在线娱乐、网络游戏、在线学习等成为常态，信息技术还推动了城市的智能化网络化，智慧城市应运而生，人们的生活方式相比工业时代发生了根本性改变。与此同时，盗版侵权、隐私侵犯、数据安全等各种信息网络问题日渐突出和尖锐，亟须从根本上解决。

这一时期，整个人类的生存方式经历了从传统到现代、从工业化到信息化的巨大变革。这一变革深刻影响了人类社会的方方面面，并为未来人类社会的发展奠定了良好的数字化基础。

第二节　元宇宙作为人类新一代生存方式的理论框架

元宇宙的本质，是人类对自由的追求，是人类主动整体建构自由宇宙的所有认知尝试的总和。这一界定，是从“过程”维度对元宇宙本质内涵的认识。然而，人们通过对自由宇宙各种建构努力所产生的结果（目标）是什么？元宇宙的内涵到底应该如何定义才能让社会公众深入理解并达成共识？本书认为，元宇宙，是在人类主动整体建构自由宇宙的所有认知尝试和努力基础上，实现人类全面虚实融合转型的新生存方式与新文明形态。质言之，元宇宙就是人类新一代的生存方式。

2021 年元宇宙（Metaverse）在东西方正式提出并被广泛化应用，2022 年 11 月 ChatGPT 上线带来全球 AIGC 时代的到来，2024 年 2 月苹果公司发布 Vision Pro，共同推动人类社会开启元宇宙新一代生存方式。元宇宙，作为整合性战略框架，通过对虚拟现实（VR）、增强现实（AR）、计算机视觉、人工智能、区块链、网络及通信技术等系列数字技术群的综合运用，正在建构人类的新一代生存方式。如何理解呢？可以类比想想我们所经历的网络化生存方式演变。从 20 世纪 90 年代以来，万维网（World Wide Web）和 HTTP 协议正式上线，人类打开了网络时代的大门。经过 30 年人类在生产和生活各个领域的网络化创新和实践探索，其结果是人类的生产、生活都已经全面实现了网络化，可以说，人类的生产和生活如今已经离不开网络，人类的整个生存方式变成了网络化生存。美国麻省理工学院媒体实验室主任尼葛洛庞帝教授在其著名的《数字化生存》一书中向我们展示了未来人造世界与自然世界无缝融合的数字化生活新时代①。可以预见，随着元宇宙所引领的虚实融合全面转型，人类社会必然将进入一种虚实融为一体的新的生产和生活状态，而这就是人类的新一代生存方式——元宇宙。

从“新一代人类生存方式”这个意义上来讲，元宇宙新一代生存方式包含了元宇宙中的主体及其组织方式、元宇宙的生产与分配方式、元宇宙的栖息与生活方式、元宇宙的文化形成与传承方式四大方面的基础框架。

一　元宇宙的主体及其组织方式

所谓元宇宙中的“主体”及其组织方式，其内涵包括在元宇宙新一代人类生存方式中，人类通常是以何种组织形式存在（个体还是群体）？如何组织起来？如何进行相互交往？等等。除此之外，与传统的人类社会生存方式所不同的是，元宇宙新一代人类生存世界中，还将仅仅只有人类这一种社会主体吗？随着生成式人工智能技术及其他相关新一代信息技术的发展，未来将会有越来越多的虚拟数字人、智能机器人在元宇宙虚实融合世界中以“主体”身份从事生产与生活活动。

可以预见，元宇宙这一人类新一代生存方式，将会是一个由多元主体构成的复杂社会系统。传统的人类社会中仅存在“人类”这样一个主体类型，但是在元宇宙新一代人类生存方式中，不仅仅有“人”的真身这一类主体，每个“人”都将会有一个或多个“虚拟数字人”作为“真人”的化身或分身代表人类自身进入虚拟世界实现数字化生存；与此同时，在现实的物理世界中，由于各种场景需求和角色需要，人类还将会有一个或多个“智能机器人”作为“真人”的合法代理人去从事各种生产活动与生活娱乐消费活动。因此，新一代人类生存方式，将

---

① ［美］尼古拉·尼葛洛庞帝：《数字化生存》，胡泳、范海燕译，电子工业出版社2017年版，第158—159页。

会是一个由人、虚拟数字人和智能机器人等多类“主体”并存的新世界。

此外，2023 年 9 月，复旦 NLP 研究团队和米哈游公司近 30 位作者组成的联合研究团队在美国康奈尔大学主办的在线学术文献平台 arXiv 上发布“The Rise and Potential of Large Language Model Based Agents：A Survey”（《基于大型语言模型的智能体的兴起与潜力：一个综述》），全面综述了基于大语言模型的智能体研究进展，并指出自我进化的智能体已经具备主动感知、计划、决策和彼此社交等“类人”能力。① 这项研究的一个启示在于未来新一代人类生存方式中，除了人、虚拟数字人和智能机器人三类“主体人”之外，很可能还将有“智能体”与我们共存，形成人机主体多元并存的多彩新世界。

元宇宙时代还将会迎来人类组织方式的深刻变革。企业，这一存在了 400 多年（1600 年，最早的公司——东印度公司成立）、主宰人类社会 200 多年（从 18 世纪末 19 世纪初工业革命至今）的组织形态，将会随着元宇宙时代的发展，尤其是区块链和人工智能技术的日益深化而逐渐萎缩，去中心化自治组织（DAO）、一人制公司、小团队工作室、虚拟网络组织等将会越来越成为主流的组织方式。

二　元宇宙的生产与分配方式

这里的核心是元宇宙的“生产力”，即创造人类新一代生存方式所需要的各种虚拟与物理财富的能力。传统的生产力，是指人类社会生产物质财富的能力。在全面虚实融合的新一代人类生存方式中，各类主体（人、虚拟数字人、智能机器人及智能体）将每天不断地创造各种财富，这里的财富既包含物理世界中传统意义上的实物资产所代表的实体类财富，同时也包含虚拟世界中以虚拟资产为表现形态的虚拟类财富。而创造上述两类财富的能力，共同构成了元宇宙时代的生产力。元宇宙将使虚拟商品和服务的创造、交易成为日常，形成一个庞大的虚拟经济体系。

更为重要的是，元宇宙时代基于生成式人工智能的新一代生产力，

① Zhiheng Xi，Wenxiang Che，et al.，“The Rise and Potential of Large Language Model Based Agents：A Survey”，https：//arxiv.org/pdf/2309.07864.pdf，September 9，2023.

相比传统的生产力，将会迎来以下几个方面的变革：一是生产效率和生产质量质的提升、生产成本大幅下降，原因很明显，智能机器可以 24×365 连续不间断且精准地完成工作，并且不需要发放任何工资与福利。二是人类将从“利用机器生产”变革为“指挥机器生产”，从原来的“执行密集型生产力时代”升级为“指挥密集型生产力时代”。三是在“全科涌现”的生成式人工智能大模型加持下，依靠专业分工提升生产效率的传统范式将会升级为专业融合与智慧聚合型生产力范式，人类社会的生产力将会迎来从大规模生产升级为自由智慧迸发的大规模创造型生产力新时代。上述转变的内在机理将在后文关于元宇宙生产力理论章节中详细阐述。

元宇宙，还将改变分配方式，形成新的生产关系。所谓元宇宙的“生产关系”，是指在人类新一代生存方式形成的元宇宙社会系统中产生的各种关系的总和。元宇宙，作为新一代人类生存方式，生产关系将发生深刻变革。传统的生产关系，是指人类在物质资料生产过程中形成的人与人之间、人与生产资料之间、人与资本利得之间的各类关系。在元宇宙的社会系统中，上述关系将超越单纯的物理世界物质资料生产过程，拓展到虚拟世界中虚拟物质、虚拟场景、虚拟财富生产过程中的各种生产关系，还包括虚实融通生产过程中的各种生产关系。也就是说，元宇宙生产关系实际上包含了物理世界生产关系、虚拟世界生产关系和虚实融合生产关系三大类型，正是这三大类生产关系构成了人类新一代生存方式的经济结构和社会结构，与元宇宙生产力形成相互作用、相互制约，共同推动人类元宇宙文明的发展进步。

更为深刻的区别在于，传统的生产关系主要建立在中心化的组织和机构基础上，而元宇宙时代的生产关系将是建立在区块链系列技术群基础上的、以创作者为主体的新型生产关系，并在此基础上形成自成一体的元宇宙经济学体系。元宇宙中的收益分配将在区块链的加密技术、时间戳技术、智能合约技术以及人工智能技术等加持下实现精细化、自动化、智能化的分配。元宇宙生产关系，归根结底，是告别传统的被支配型的生产关系，建立劳动者自主型的生产关系。

三　元宇宙的栖息与生活方式

元宇宙的栖息与生活方式，核心是要回答人类在元宇宙新一代生存方式中如何居住、如何生活等基本问题。元宇宙，正在基于各种扩展现实（XR）技术、计算机视觉技术、人工智能技术等为人类建构越来越多的元宇宙“场景空间”，即人类新一代全面虚实融合的生产、生活场景与空间，从而改变人类传统的栖息与生活方式。正如人在物理世界中的生产过程与生活活动必然会创造或参与到各种类型的场景或空间中一样，虚拟数字人在虚拟世界中的生产与生活同样需要各种各样的场景与空间，同时作为虚实一体化的新型人类社会，还将会产生大量的虚实融合的场景与空间。正是上述各类场景空间的创造与生产，人、虚拟数字人和智能机器人等多种“主体”的生产与生活才有了实质性内容与载体，才构成了人类新一代生存方式。

当人们为元宇宙建构的各种虚拟空间足够丰富、成为人类生产生活所必需的应用场景时，人类会逐步将越来越多的生活迁移到虚拟空间中，进而形成现实物理化生存与网络虚拟化生存的无缝对接，享受沉浸式的、虚实一体的娱乐、社交、旅行、医疗、购物、学习等全新的生活方式，从而实现虚实全面融合的人类新栖息与生活方式。

四 元宇宙的文化形成与传承方式

“文化”是什么？联合国教科文组织《世界文化多样性宣言》明确指出文化是“某一社会或社会群体所具有的一整套独特的精神、物质、智力和情感特征，除了艺术和文学以外，它还包括生活方式、聚居方式、价值体系、传统和信仰”。[①] 古罗马哲学家西塞罗更是简洁而深刻地指出文化是一种“灵魂的培养”（cultivation of the soul）。[②] 在传统的生存方式中，人类的组织与交往方式、生产与分配方式、栖息与生活方式，其实一方面都蕴含了文化的形成过程，包括组织文化与交往文化的形成、文化产业的生产与分配过程、文化生活方式的形成等；另一方面这些生存方式积累起来的文化内涵（生存经验、风俗习惯、宗教信仰以及各种文化符号等）都需要不断地传承给后代，这就是文化的形成与传承方式。文化的形成与传承方式，其本质是人类生存方式的文明形成与模因延续机制。后代的人类需要通过前辈延续下来的文化（文明

① UNESCO，“UNESCO Universal Declaration on Cultural Diversity，https：//www.unesco.org/en/legal-affairs/unesco-universal-declaration-cultural-diversity”，November 2，2001.

② 郑建明、王锰：《数字文化治理的内涵、特征与功能》，《图书馆论坛》2015年第10期。

成果）来保持和发展生产力，来规范自己的行为、协调人与人之间的关系、适应自然和社会环境等。文化的形成与传承是人类长期生存和发展存续的核心机制。

元宇宙新生存方式时代，文化的形成与传承同样处于核心重要地位。与之前生存方式时代所不同的是，元宇宙时代的文化形成与传承方式将会有以下三个方面的新内涵。

第一，生成式人工智能将推动元宇宙形成更加丰富多样的文化形态和文明成果。上文提到，生成式人工智能将推动全球文明的大融通，世界各国的文化边界未来将不断模糊甚至消失，这是否意味着世界文化多样性将受到毁灭性打击呢？其实，文化边界的模糊并不代表文化多样性的消失。恰恰相反，在生成式人工智能的推动下，元宇宙时代将形成更加丰富多样、绚丽多彩的文化形态和文明成果，主要原因在于两大方面：一方面，一个基本的事实是，本国人民通过 AI 大模型调用本国文化资源的平均次数与调用他国文化资源的平均次数相比哪一个更多呢？毫无疑问是对本国文化资源的调用频率更高，因为本地化的场景应用需求更多。因此，AI 大模型在促进一国文化全球传播的同时，更加促进的是本国人民对本国文化的认识和深化，进而能够更好地、更加深入地将本国文化、本民族文化予以保护传承和创新发展。另一方面，更为重要的是，生成式人工智能带来的将是个体智慧、创造力和生产力的大爆发。传统的生产过程是“人利用机器生产”，在生成式人工智能的普及化应用后，生产过程将变成“人指挥机器生产”。现有的组织体系是少部分精英群体发号施令，大部分普通人做执行。在这个过程中，占全球绝大多数的普通群体的“智慧”是处于受压抑、不被重视、无法自由发挥的状态。而当大量的执行工作交由智能机器去完成之后，普通人的“智慧”将真正得到全面释放，进而将指挥智能机器去创造出无限丰富的文化新样式、新形态，人类世界的文明成果将会更加多姿多彩、绚丽璀璨。

第二，生成式人工智能将推动元宇宙文化形成带来全球文明的大融通。AI 大模型，实际上是一个全球文明融汇交流的大媒介。例如，ChatGPT 的训练数据中包含来自全球各地的新闻文章、书籍、期刊、博客文章、社交媒体发帖、电影、电视剧、音乐、视频以及历史、哲学、宗教、艺术等海量的互联网公开资料、出版物资料及其他各种能够获取的全球各个国家的各类模态的资料。正是在这样一种“大力出奇迹”的基础上，ChatGPT 才成为如今能够高质量回答全球各国问题的世界通用大模型。同样地，Midjourney、Stable Diffusion、Sora 等文生图大模型、文生视频大模型也正是因为吸纳了来自全球各地的图片、视频资源才能够快速且高质量地生成带有世界各国不同文化风格的图片与视频。可以说，在 AIGC 这一全球通用媒介的推动下，世界各地的文化资源和文明成果正在经历前所未有的深度融合。不同文明之间的边界将逐渐模糊，全球文明融通的共同体时代正在开启。

第三，元宇宙新生存方式及其文明成果将获得跨越时间和空间的可持续传承。在元宇宙所形成的虚拟与现实多元一体的新技术手段和新场景空间里，无论是传统的文化艺术作品，还是创新生成的文化形式，都将以元宇宙的方式得到跨越时间和空间限制的更加广泛的传播和展示，并将以更加长久的方式得以保存和传承。一方面，在 AI 大模型的驱动下，进入虚拟世界的一切都可以具有数字生命并可以得到长久存续甚至永生。对人类而言，在初级阶段，可以通过 AI 模型的训练使之成为深刻掌握某个人类个体的思想、思维方式和日常行为习惯、个性偏好特征的专属模型，并通过数字人技术制作一个与该个体具有完全一样外貌特征的虚拟数字人，当这个人类个体去世后，能够代表其个体外表和内在思想以及个体行为特征的一比一“复制人”将在虚拟世界中永续存在；在高级阶段，当脑机接口等技术成熟后，可以直接将人类个体的意识整体上传到虚拟数字人的大脑中，从而让人类更加真实地在虚拟世界中永生。对于非人类的动物、植物等其他生命体而言，同样可以采取类似技术获得长久存在的数字生命。而且，在技术成熟之后，这些数字生命将不会是放在档案馆、陈列馆里，而是将在数字孪生的虚拟世界中跟现实世界中的人或其他生命体一样地、正常地交往和生存。另一方面，在区块链技术的支持下，每一个进入虚拟世界的生命形态都将被上链赋以全球唯一的加密编码，在此基础上，每一个数字生命将真正获得独一无二的、不被复制、无法替代的生命权。而从整个人类生存方式的宏观维度来讲，人类群体的组织与交往方式、生产与分配方式、栖息与生活方式都将在每一个个体数字生命的永生基础上实现永续传承。

元宇宙中的人类组织文化与交往文化、文化产业生产与分配方式、文化生活方式，还有上述生存方式积累起来的元宇宙生存经验、风俗习惯、宗教信仰、价值观以及各种文化符号等文化内涵，特别是集合全人类智慧不断创造的丰富多彩的文化形态和融合连通的多样化世界文明的传承与发展各种方式的总和，就构成了我们所谓之“文化元宇宙”。

五　人类元宇宙新生存方式的体系构架

概括来讲，元宇宙，作为人类新一代生存方式，在主体及其组织方式上将形成人机主体多元并存及 DAO 等新型组织方式；在生产与分配方式上将升级为智慧聚合型生产力与自主型生产关系；在栖息与生活方式上，将迈入全面虚实融合的新形态；在文化形成与传承方式上将进入全球文明多样融通与可持续传承新范式。由此可绘制人类元宇宙新生存方式体系构架，如图 2-2 所示。

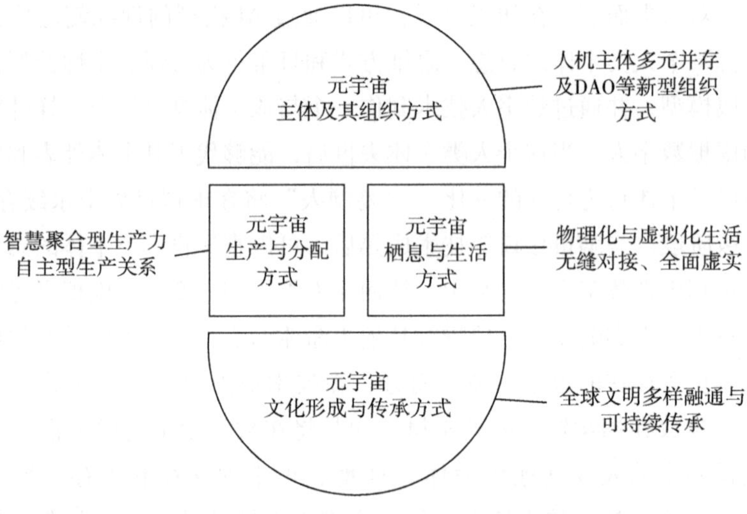

图 2-2　人类元宇宙新一代生存方式体系构架

资料来源：笔者设计。

第三节 关于元宇宙内涵的科学认知框架

在充分了解了元宇宙作为人类新一代生存方式的内涵之后，再结合前文总结的元宇宙三大认识论（虚拟宇宙论、平行宇宙论和虚实融合宇宙论），似乎让我们对于元宇宙的认识更加混乱了。但是当我们深入各个内涵思考其内在联系时，会发现上述各类关于元宇宙的认识和界定，其实暗含了一个逻辑演进的层次脉络。概括来讲，人们对于元宇宙的认识，正在经历从最狭义—狭义—广义—完整义四个层层递进的认知层次，从而形成了关于元宇宙内涵的完整界定。

第一个层次（最狭义）：元宇宙是一个虚拟世界。也就是小说《雪崩》和电影《头号玩家》里所描述的那种虚构的空间。这里的虚拟世界，细究起来，其实里面包含了三种类型：一是纯粹根据想象虚构出来的世界。二是完全复刻现实、与现实世界完全一样的平行世界。三是介于前两种的，既有虚构世界的部分，也有模拟现实世界的部分，是一个兼具虚拟世界与现实世界的混合体。而这个虚拟世界的入口，就是《头号玩家》里面的 VR 眼镜（小说《雪崩》中提到的“目镜”也是这种类型），另外，虚拟人也在这一层次中，是现实世界人们在虚拟世界中的代理或表征。从上述界定可以看出，第一个层次是最为狭义的元宇宙认识。

第二个层次（狭义）：元宇宙是虚实融合的世界。在第一个层次的元宇宙认识基础上，人们同时也在开展反思，难道元宇宙仅仅是一个虚拟世界吗？仅仅只能通过 VR 这一种入口方式进入吗？回答自然是否定的。于是人们对于元宇宙的认识有了扩展，认为元宇宙应该是一个虚拟世界与现实世界相互融通作用的融合世界，而且这个融合世界的入口并不仅仅只有 VR 眼镜一种方式，而是包含了增强现实（AR）、混合现实（MR）、全息投影、脑机接口等多种多样的入口方式。从上述描述可以看出，第二个层次比第一个层次有了扩展，但仍然是相对狭义的元宇宙认识。

第三个层次（广义）：元宇宙是集成新一代信息技术、推动生产力提升和生产关系变革的新世界。在第二个层次元宇宙认知上，人们发现了一个问题：元宇宙的核心技术仅仅就是 XR（VR/AR/MR）、全息投影、计算机视觉等这类技术吗？元宇宙与人工智能（尤其是生成式人工智能）、区块链、5G 等当前热火的新一代信息技术是什么关系呢？人们逐渐认识到元宇宙仅仅依靠 XR 等空间交互技术是建构不起来的，必然需要人工智能、区块链等技术的融合推动。于是人们对于元宇宙的认识有了升级，充分认识到元宇宙不仅仅是一种空间的建构，而是一个整合了 VR、AR、全息投影、人工智能、区块链、5G/6G 等新一代信息技术集成创新成果、能够带来生产力提升和生产关系变革的新世界。这一层次的元宇宙概念，是一个广义元宇宙认识观。

第四个层次（完整义）：元宇宙是人类新一代生存方式。第三个层次的元宇宙认知，相对是具有比较广泛内涵的，然而仍然存在一个问题：元宇宙在实现了对人工智能、区块链、XR 等技术的集成应用之后，会对整个人类世界带来怎样的全面和深远影响呢？这一问题在第三层元宇宙认识观里并未清晰阐明。本书认为，元宇宙在对新一代信息技术进行集成应用创新的基础上，将推动整个人类世界在社会主体及其组织与交往方式、生产与分配方式、栖息与生活方式、文化形成与传承方式等各个方面都产生深刻变革，从而形成人类新一代生存方式。这一层次的元宇宙认识，笔者将其界定为完整含义上的元宇宙认识观。

需要说明的是，上述关于元宇宙概念界定的四个层次，其实并没有正确与错误之分，只是代表了人类对于元宇宙在不同发展阶段的不同认识和思考视野，与此同时也反映该阶段元宇宙建设与发展的重点任务。为什么在当前阶段，很多人会认为元宇宙就是一个虚拟世界（元宇宙认知的第一层次及部分的第二层次）呢？因为现在虚拟世界还没有，尚处于开始建设的阶段，所以，当前很长一段时期，人类必然首先需要把虚拟世界建构出来，于是当前绝大多数的元宇宙公司，其核心目标是建构能够让人们生产与生活的“沉浸式互联空间”。

而在建设“沉浸式互联空间”过程中，人们发现其实是离不开人工智能、区块链等新一代信息技术的。因此，很多人对于元宇宙的认知自然而然地升级到第三个层次，开始在元宇宙建设过程中主动整合当前大火的 AIGC、Web3.0 等相关技术。这也就构成了当前阶段元宇宙建设的核心模式，即尽可能多地整合新一代信息技术，从整体战略框架维度来建构元宇宙。但需要指出的是，虽然当前全国有将近 60 个省、市、区县政府出台的元宇宙政策文件中都采纳了这一整合性战略框架，但是目前社会上很多人关于元宇宙的认知还未升级到整合框架的层次，所以，目前关于元宇宙的认知主要还是处于从第二层次向第三层次升级过渡的阶段。

在元宇宙认知的最高层次与完整含义上，元宇宙是人类新一代生存方式，包含了新一代的主体及其组织方式、生产与分配方式、栖息与生活方式、文化形成与传承方式。这个层次中，元宇宙将不仅仅是个空间概念，而且将是一个新的时间概念，就是扎克伯格所说的，不是一个"place"，而是一个"time"（时代）。在这个时间阶段，虚拟世界像我们的现实世界一样稀松平常，人们可以随意在虚拟与现实之间自由穿行，虚实完全融为一体之后，人类的生产、生活和生态自然而然就进入新的生存方式时代。

虽然从目前的技术进展来看，元宇宙距离人类新一代生存方式这一完全含义的状态还需要经历很长一段建设和发展成熟期，但是笔者相信，随着元宇宙相关技术的逐步完善、元宇宙在人们生产和生活方式中的日益普及化呈现，人类对于元宇宙的认识将会逐渐形成确定的共识。

第三章

元宇宙未来发展三阶段论

学术界关于元宇宙未来发展阶段的研究形成了初步的判断。有学者提出元宇宙将经历数字孪生、虚拟原生、虚实融生和虚实联动四大阶段①；还有学者将元宇宙未来发展划定为虚拟元宇宙、脑接元宇宙、意识元宇宙和共生元宇宙等阶段。② 上述阶段划分，为我们认识元宇宙的未来发展提供了重要的参考框架。然而不足之处在于，这一类元宇宙发展阶段划分主要偏向于以技术思维逻辑为主，忽略了元宇宙是数字化时代人类发展的新文明形态，在这个新文明形态中，不仅会有新的虚拟物质层的建构（如高楼大厦、万物丛生、各类组织机构等）和生产力的快速提升，也会有人与人之间的生产、分配、交换、消费等经济系统的建立和新经济规律的生成，也会出现各个主体之间的新型矛盾冲突与力量博弈，进而形成新的全球治理秩序和世界格局。

有鉴于此，人类元宇宙新数字文明未来演进可以划分为三大阶段：一是虚实基础层全面协同建构的元宇宙 1.0 阶段，这一时期人类社会将经历以人工智能技术为主导，以云计算、XR、5G 等系列技术群协同驱动的生产力全面提升，同时这一阶段也是人类新一代生存方式导入阶段。二是新型经济规律成型的元宇宙 2.0 阶段，同时也是人类新一代生存方式发展阶段。三是全球新治理秩序与政治格局形成的元宇宙 3.0 阶段，可以称为世界格局重塑阶段，同时也是人类新一代生存方式成熟阶

① 沈阳：《元宇宙的发展与挑战》，清华大学人文学院人文教育发展研究中心学习强国平台视频，https：//www. xuexi. cn/lgpage/detail/index. html？ id＝4318870662085814540。

② 高奇琦、隋晓周：《元宇宙的政治社会风险及其防治》，《新疆师范大学学报》（哲学社会科学版）2022 年第 4 期。

段，如图 3-1 所示。①

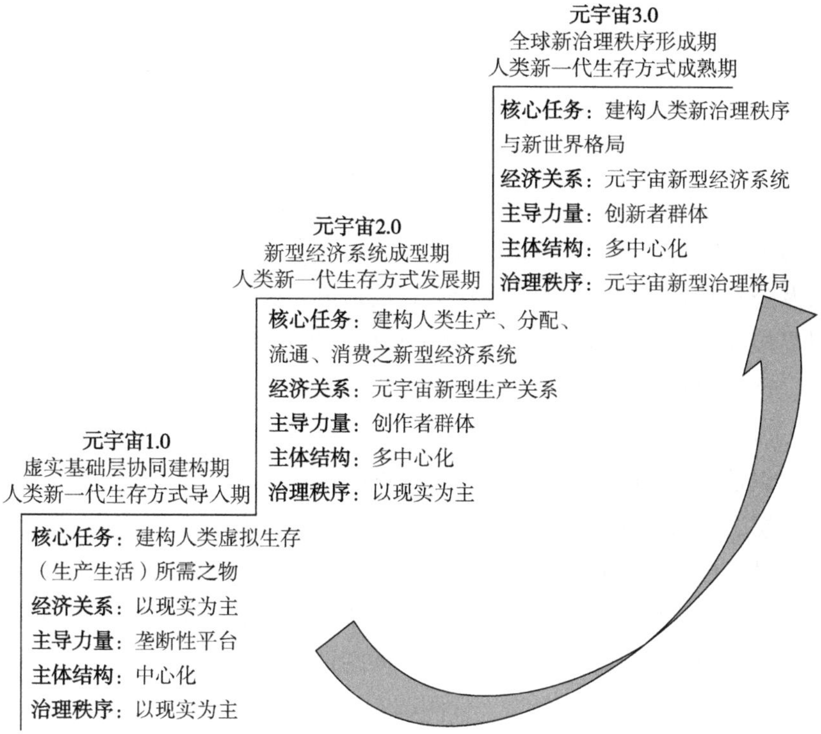

图 3-1 元宇宙未来发展三阶段

资料来源：笔者设计。

第一节 元宇宙 1.0：虚实基础层协同建构期

一 元宇宙 1.0 阶段内涵阐释

元宇宙 1.0 阶段是虚实基础层全面协同建构阶段。元宇宙首先需要建构的是能够与现实世界互联融通的虚拟世界。如果虚拟世界还未建设

① 臧志彭、解学芳：《中国特色元宇宙体系建设：理论构建与路径选择》，《南京社会科学》2022 年第 10 期。

出来，自然也就无法去谈所谓的虚实融合。这一阶段的核心目标是在元宇宙构建出符合人类梦想与欲望要求的三类元宇宙新世界：第一类是复刻现实世界的虚拟世界。第二类是通过创意构想创造的创新虚拟世界。第三类是与现实世界深度联动交互的虚实融合世界。该阶段的元宇宙发展主要是人类在人工智能技术的快速发展和虚拟现实/增强现实/全息投影等一系列技术的发展完善基础上，以此为元宇宙新型经济系统的形成提供生产力保障。在元宇宙 1.0 阶段，元宇宙底层核心技术搭建的研发能力不断增强，在商业营销、线上办公、大型会议、文化娱乐、虚拟社会及公共服务等领域得到广泛应用；用户可以在元宇宙空间得到与真实世界接近的沉浸式体验，拥有数字身份、创作平台、社交体验等，因此，这一阶段实际上也是人类新一代生存方式的导入期。

需要指出的是，目前学术界和产业界对于元宇宙 1.0 阶段基本达成的共识是，这一阶段的元宇宙仍然由垄断性平台所主导——元宇宙虚实基础层的全面协同建构需要投入巨量的资本、技术、人力、物力资源才能建设成型，意味着元宇宙 1.0 阶段仍然主要由中心化的平台主导，基本上还是“大资本的游戏”，赋予元宇宙 1.0 阶段天然的垄断基因。因此，在生产关系层面，元宇宙 1.0 阶段仍然由现实世界生产关系所主导。

二 AIGC 与元宇宙的内在逻辑关系

2022 年 11 月 30 日，美国人工智能研究实验室 OpenAI 发布大语言模型 ChatGPT，上线 5 天注册用户数就超过 100 万，2 个月用户数突破 1 个亿，成为史上用户数增长最快的消费应用之一。随后，Midjourney、Stable Diffusion、Claude、文心一言、通义千问等国内外一大批语言大模型、文生图大模型产品相继问世。2024 年 2 月 15 日，美国 OpenAI 的又一震撼性产品——文生视频大模型 Sora 正式发布。该模型一经发布便迅速刷爆全球朋友圈，甚至有媒体惊呼“现实，已不存在了！”以 AIGC（Artificial Intelligence Generated Content，人工智能生成内容）为代表的元宇宙前沿科技正在以超乎想象的速度改变着人类的文明进程。

AIGC 与元宇宙是什么关系呢？简要来讲，AIGC 是人类在元宇宙 1.0 生产力变革阶段运用人工智能技术的一种前瞻性的创新尝试。AIGC 代表了一个新的内容生产方式，原来的 AI 只是工具，现在变成它是创作主体，人类要做的就是发出指令，所以人和机器的关系有了新型的人机关系，从原来工具利用变成了人机协同的生产关系。AIGC 在整个内容生产领域产生的作用是将彻底解放 C 端的生产力，在 AIGC 的推进下，元宇宙有了一种新的高效生产的 AI 基础设施，正是这种新型基础设施，开启了人类元宇宙建设与发展的新纪元。

三 区块链与元宇宙新型生产关系变革萌动

需要认识到的是，在元宇宙 1.0 阶段，除了以人工智能、XR 技术带来的虚实基础层协同建构的生产力变革之外，其实在生产关系层面的变革也开始萌动和酝酿。

推动元宇宙数字文明时代新型生产关系变革的区块链技术，实际上比 2022 年 11 月才正式提上人类生产力大变革日程的生成式人工智能技术要早很多年。早在 2008 年，中本聪就在论文《比特币：一种点对点的电子现金系统》中提出了基于区块链技术的新型交易系统，并在 2009 年正式发布了区块链技术作为底层核心技术支撑的比特币电子现金系统。其后的 2015 年，以区块链为核心技术的以太坊主网正式上线，标志着下一代互联网（Web3.0）的正式启动。2017 年，全球首个 NFT 项目诞生，特别是 2021 年 NFT 艺术品《每一天：前 5000 天》以 6934 万美元天价在佳士得线上拍卖成交，引发了全球传统的中心化经济系统的震动。元宇宙人类新一代生存方式中的生产关系变革，从这一时期开始萌动。

马克思主义政治经济学基本原理告诉我们，生产力决定生产关系，生产关系对生产力具有反作用。生产力的性质和水平决定了生产关系的性质和形式。当生产力发展到一定程度时，原有的生产关系变得不再能够适应生产力发展之时，便会迎来生产关系的大范围变革调整。因此，当新的技术出现后，首先带来的是生产力的变革，当新型生产力发展到一定程度，传统的生产关系不再适应，甚至成为新型生产力发展阻碍的时候，生产关系的全面变革才会真正开始。

虽然区块链技术，特别是 NFT 对人类生产关系的变革在元宇宙 1.0 阶段就已经开始萌芽和躁动，而且基于 NFT 对人类虚拟世界身份唯一性的建构很可能会推动整个人类数字文明的进程（详见本书第十章），然而由于当前新型生产力尚处于发展初期，仍然需要花费多年时间才能逐步成熟从而形成真正能够推动生产关系变革的强大力量，所以我们看到，目前基于区块链技术推动的生产关系调整仅仅发生在整个人类社会中的极少数行业和极少数经济部门；而且我们还看到，由于 NFT、数字藏品等的野蛮生长，还在某些局部行业造成了市场秩序的混乱。

究其原因，正是在于元宇宙 1.0 阶段是生产力变革为主的阶段，而且这个阶段才刚刚开始，还远未达到“新型生产力”成型的成熟阶段，因此，虽然生产关系的改变也在某些小的局部开始酝酿和萌生，但是距离真正意义上的生产关系变革还有很长一段路要走。

第二节　元宇宙 2.0：新型经济规律成型期

人类的元宇宙新空间建构，绝不会仅仅是虚实基础层的建构。当人类将基本的生产与生活所需的物质内容建构在虚拟世界中并与现实世界达成新的交互之后，必然产生新的生产、分配、交换和消费等经济关系。在元宇宙 1.0 阶段中，人与人之间仍然以现实世界的经济关系为主体；但当人类将越来越多的经济活动转移到元宇宙中的虚拟世界和虚实融合世界之后，传统现实世界的生产关系与经济规律也相应受到影响，必然在元宇宙新世界中创造、产生很多原生于元宇宙的新型生产关系与新业态新模式，从而带来现实世界经济范式的变革与重塑，以此实现元宇宙新空间的经济秩序自组织运行。所以说，元宇宙 2.0 阶段是新型经济规律成型期。这种元宇宙新型生产关系是元宇宙所特有的，虽然是建构于现实世界经济规律基础之上的，但同时也是人类为了克服现实世界生产关系的弊病（如平台垄断与剥削等）而有意打破现实世界经济模式的新型范式。与此同时，在越来越多的经济活动转移到元宇宙中来的时候，也是人类新一代生存方式进入到快速发展的阶段。

在元宇宙 2.0 阶段发展进程中，新型经济范式逐渐会对现实经济秩序产生越来越大的冲击，并将最终产生颠覆性影响。虽然我们现在还没有办法准确预测未来元宇宙世界经济新范式的完整样貌，但是仍然可以从互联网经济对传统经济思维的颠覆，以及近年来广为流行的电商、直播等新业态新模式对传统商业逻辑和市场份额产生的巨大冲击中得到启发。从20世纪90年代末期一直到2010年左右，互联网一直被认为仅仅是传统商业和经济模式的补充，互联网销售被认为仅仅是传统市场营销的一种补充方式而已。然而，2011年小米公司进入早已是“红海”的手机市场，当时很多手机大厂根本对其不屑一顾，小米手机却以“5分钟售完30万部”的速度创造了营销新模式——“互联网营销”，一时间引起了全社会对“互联网思维”“互联网商业模式”的热烈讨论，各行各业也开始真正互联网化。自此，人们真正认识到互联网的虚拟经济空间具有自身独特的经济运行规律，单纯依靠传统的商业模式无法适应互联网新的经济范式，而且，新型经济空间里产生的高级生产关系和经济规律会对传统生产关系与经济范式产生反噬作用和颠覆性影响。可以说，2011年在国内开启的互联网经济模式对传统经济模式的颠覆正是未来元宇宙新型经济模式发展演化规律的预演。

基于以上认识，未来的元宇宙普及化时代，带有元宇宙新基因的经济体系必然会诞生元宇宙所特有的新型业态和新型生产关系，而且未来元宇宙新型生产关系和经济范式将势必对现有互联网经济模式产生颠覆性创新变革，从而形成元宇宙新型经济生态系统。

第三节　元宇宙3.0：全球政治格局与治理秩序重塑期

经济基础决定上层建筑。在新型生产关系与经济规律日渐成型的元宇宙2.0版中，随着各级各类经济组织在竞争愈演愈烈的元宇宙新空间逐渐形成日益清晰的力量博弈和经济格局的基础上，各个国家在元宇宙新空间中的实力对比、话语地位、势力范围也必然会经历一个格局演化和重组重构的博弈过程，进而发展出新型全球治理秩序和政治体系。在元宇宙3.0阶段，人类的经济关系是由在元宇宙2.0阶段中建立起来的元宇宙新型生产关系和元宇宙新型经济系统决定的，其经济发展的主导力量是创新者群体，社会的主体结构是由大量具有一定影响力的主体构成的多中心化结构。而在此基础上，将形成国家与国家之间新的力量对比与竞争格局，进而形成人类社会新的治理秩序与政治体系，形成元宇宙数字文明高级阶段的新型治理格局。因此，这一阶段实际上也将迎来人类新一代生存方式的成熟期。

从长期来看，在元宇宙 3.0 阶段，是和元宇宙 1.0 阶段、元宇宙 2.0 阶段并行存在的，且为 3.0 阶段的持续演进提供保障——前两个阶段是元宇宙技术体系与元宇宙经济体系的逐步融合——区块链技术的日趋完善为元宇宙去中心化的经济系统建构提供底层技术，AI 技术与算法的进阶为元宇宙新型生产关系的打造和用户内容生产的指数增长提供主客体维度的支撑，人机交互技术的趋向成熟则为数字世界构建虚拟沉浸体验、重塑人类生产生活方式提供软硬件支撑，数字孪生与物联网技术为元宇宙万物互联与虚实共生提供软硬件的基础底座。与此同时，元宇宙 1.0 和元宇宙 2.0 阶段也显露出元宇宙发展的两大障碍，即与虚拟世界相关的算法算力等核心技术的制约，以及虚拟世界的重大经济和政治障碍的制约。[①] 此外，元宇宙 2.0 阶段的经济关系和元宇宙 3.0 阶段的新治理秩序也将协同对现实政治秩序产生巨大冲击，甚至是颠覆性影响。因此，基于上述意义上的元宇宙 1.0 阶段、2.0 阶段和 3.0 阶段，其对人类社会的未来影响绝不仅仅是数字技术层面的，而将是改变人类现有经济秩序和全球治理秩序的重大战略调整。

需要说明的是，元宇宙 1.0 阶段、2.0 阶段和 3.0 阶段的变革并非互相取代的关系，即并不是说元宇宙进入 2.0 阶段，则 1.0 阶段的生产力进化就结束了。实际上，正如互联网进入到了 Web2.0 阶段通信基础设施仍然从 4G—5G—6G 持续更新迭代规律一样，在元宇宙 2.0 的变革阶段，元宇宙 1.0 阶段的变革仍将持续推进，持续为元宇宙 2.0 阶段和 3.0 阶段的发展提供更加强大的生产力支撑。同样地，元宇宙 3.0 全球治理秩序重塑过程中，元宇宙的生产力进化和生产关系的革新也都将继续深化、不断发展成熟。

---

① Dionisio J. D., et al., "3D Virtual Worlds and the Metaverse: Current Status and Future Possibilities", *ACM Computing Surveys*, Vol. 45, No. 3, 2013, pp. 1-38.

第二篇

元宇宙理论体系

第四章

元宇宙中的主体及组织方式

在元宇宙新一代人类生存世界中，从事生产、生活与文化活动的，将不再仅仅是我们人类自身，而将是包含了真人、智能机器人、虚拟数字人和智能体四类主体形态的复杂社会结构。在这个复杂社会结构中，人类的组织方式也将迎来重大变革。

第一节　元宇宙中“主体”的构成

元宇宙建构的虚实全面融合的新一代人类生存方式中，我们人类本身，依然是元宇宙社会生产与生活的核心主体和根本主体。然而，由于人类自身在很多场合往往会遇到“分身乏术”“势单力薄”“难以完成”或“乐享其成”等场景，于是便有了智能机器人、虚拟数字人和智能体等多种“类人”主体形态。

一　智能机器人

智能机器人，即人类集成人工智能、机器视觉等系列技术创造出来的，具有自主感知、学习、决策、控制、交互和行动能力的机器人。智能机器人在元宇宙新一代人类生存方式中的角色有以下几类：

第一，作为真人的代理人，即以真人的身份、作为真人的代理去出席真人的场合、充当真人的角色、实施真人应有的行动等。

第二，作为真人的替代者，智能机器人可以替代人类从事家务劳动、体力劳动、重复性工作和各种危险性工作等。

第三，作为真人的协作者，智能机器人可以提供某些工作的协作，如辅助科研实验、艺术创作等工作，成为真人的合作伙伴。

第四，作为真人的辅助者，智能机器人还可以提供陪伴、照料、医疗护理、教育培训等工作，从而以辅助者身份辅助老年人、儿童、残障人士等的生活。

从发展趋势来看，人类将在不久的将来迎来智能机器人的全面普及，每家每户都会有一个或多个家用智能机器人，每个公司会有若干商用智能机器人，进而将迎来现实物理世界的元宇宙时代。

二　虚拟数字人

本书对于虚拟数字人的内涵范畴界定是相对宽泛的。所谓的虚拟数字人，是指通过计算机图形学、渲染、动作捕捉、语音合成和人工智能等系列技术制作的，存在于数字世界中的虚拟人物或数字形象。

在虚拟数字人与真人的关系上，有的虚拟数字人与真人是有对应映射关系的，有的具有人类外表，有的虽然不具备人类的外表但是却具有与真人进行沟通互动的语言、表情、动作或行为等，由于上述各种差异，关于虚拟数字人的名称，在产业实践过程中有很多相近的说法，如虚拟人、虚拟形象、数字人等。考虑到本书主要研究对象是存在于虚拟世界中的各类虚拟人物或数字形象，本书将上述各种类型都统一涵盖在虚拟数字人的内涵范畴内。

（一）按功能角色来分类

综合来讲，根据虚拟数字人在元宇宙这一人类新的生存方式中的功能角色来划分，可以分为三类。

第一，映射型虚拟数字人：现实自然人映射在虚拟世界中的数字化人物，虽然这种虚拟数字人可能是具有人类外貌也可能是以非人类外表形象呈现，但其与物理世界中的自然人是具有严格对应关系的，而且现实中的自然人要为其在虚拟世界中的虚拟数字人的言行举止承担法律责任。

第二，身份型虚拟数字人：一般是指人类在虚拟世界中虚构的、拥有独立身份和特定人格的虚拟人物或形象。

身份型虚拟数字人最为核心的属性是其 IP 属性，即身份型虚拟数字人一般都会着力于建构自身的 IP，遵循粉丝经济学的内在运作逻辑，通常具有以下特征：一是在设计之初就拥有独特的人设和特定的形象，一般不会轻易改变。二是通常具有较强的内容创作能力以维持其人设和

IP 价值。三是具有很强的粉丝互动能力并应用于丰富的互动场景中。

目前具有一定社会认可度或市场价值的身份型虚拟数字人典型案例有虚拟歌姬初音未来、虚拟歌手洛天依、虚拟美妆达人柳夜熙、虚拟主播申朩雅等。

第三，服务型虚拟数字人：指以提供服务为目的的虚拟人物或数字符号，其存在的目的或使命就是为人类提供各种服务以满足人类生产或生活需求。

服务型虚拟数字人一般具有以下特点：一是拥有特定技能或服务功能。二是服务于某些特定的场景或应用。三是一般通过降低成本、提升效率或代替人类从事某些工作而创造价值。常见的服务型虚拟数字人案例有苹果公司开发的智能助理 Siri，亚马逊公司的智能助理 Alexa，百度公司的小度等。

（二）按拟真性和自主性交叉组合来分类

需要指出的是，虚拟数字人的核心其实在于三大板块：一是外表；二是行为（也包括言语行为）；三是思想（思维）。无论是何种类型的虚拟数字人（虚拟数字动物等）的打造，其实都无外乎上述三个方面的建构，区别在于三个板块的不同要求标准。从虚拟数字人的评价体系来讲，外表和行为，其实可以合并为一个指标“拟真性”；而“思想”决定了虚拟数字人是否具备自主性，可以采用“自主性”指标来评估，由此，可以将所有的虚拟数字人按照拟真性和自主性划分为四大类别：

第一类（高拟真性、高自主性）：这一类别的虚拟数字人外表和行为都非常接近真实的人类，并且具有高度的自主性，能够独立进行复杂的决策和学习。

第二类（低拟真性、高自主性）：这一类别的虚拟数字人可能外表上不够逼真（或者说场景应用中不需要那么逼真），但其具备高度的自主性，能够适应复杂的环境、执行复杂的任务。

第三类（高拟真性、低自主性）：这一类别的虚拟数字人在外表上非常像真人，但在行为和决策上需要更多的外部指导或编程指令。

第四类（低拟真性、低自主性）：这一类别的虚拟数字人在外表和自主性上都与真人有较大差异，通常用于简单的交互或特定的任务。

三 理解和接纳“智能体”与人类的共存

1985年，美国学者唐纳·哈拉维（Donna J. Haraway）发表了著名文章《赛博格宣言》，她指出随着科学技术的发展，自然/人工、男性/女性、身体/机器等传统上二元对立的概念界限已经日益模糊，文章中哈拉维提出了一种人与机器的混合体——赛博格，赛博格代表着超越了传统男女性别和身份界限的新的主体可能性。2004年，日本福冈市召开了世界上第一届机器人大会，并通过了《世界机器人宣言》，提出新一代机器人是人类的伙伴，并将积极维护人类的健康和安全。[①]

2023年4月，斯坦福大学和谷歌的六位合作研究者在美国康奈尔大学主办的在线学术文献平台arXiv上发表了文章“Generative Agents：Interactive Simulacra of Human Behavior”（《生成性智能体：人类行为的交互式仿真》），研究者成功构建了一个名为Smallville的虚拟小镇，25个智能体表现出了惊人的“类人”行为：智能体会做早餐，晨练，散步，上班，喝咖啡，艺术家会画画，作家会写作，更让人惊讶的是，有一个智能体策划举办情人节派对，智能体会广泛传播派对邀请、结交新朋友，并都能够准确地在正确的时间出现在派对上。[②] 如图4-1所示。

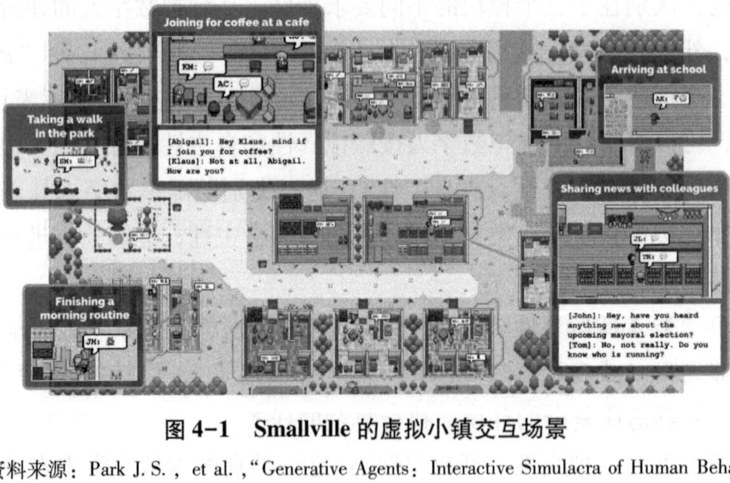

图4-1 Smallville的虚拟小镇交互场景

资料来源：Park J. S.，et al.，“Generative Agents：Interactive Simulacra of Human Behavior”，https：//arxiv. org/pdf/2304. 03442v1. pdf，April 4，2023.

---

① 朱嘉明：《元宇宙与数字经济》，中译出版社2022年版，第418页。

② Park J. S.，et al.，“Generative Agents：Interactive Simulacra of Human Behavior”，https：//arxiv. org/pdf/2304. 03442v1. pdf，April 4，2023.

在上述研究启发基础上，2023 年 9 月，复旦大学和米哈游公司的联合研究团队也在 arXiv 上发表文章“The Rise and Potential of Large Language Model Based Agents：A Survey”（《基于大型语言模型的智能体的兴起与潜力：一个综述》），指出自 20 世纪中期以来，人类开发智能体的技术在不断进步，截至目前，智能体已经具备了主动感知、计划、决策和彼此社交等生命体智能能力。文章还设想了一个智能体全面普及后的智能社会图景，如图 4-2 所示，在理想的智能体社会中，无论是厨房烧菜、音乐会乐队表演，抑或是灯笼制作等人类各种生产生活，都将离不开智能体的参与和贡献，甚至是主导性贡献。文章还给出了智能体大模型的大脑模块、感知模块和行动模块工作流程场景案例，当人类问智能体“今天是否会下雨”的时候，智能体感知模块将指令转换，大脑模块根据天气预报进行推理，最后行动模块做出行动响应，如果今天有雨，智能体就会把雨伞拿给人类，整个过程中，智能体可以实现与人类和环境的持续交互。①

图 4-2 《一个设想的智能体社会》图景

资料来源：Zhiheng Xi，et al.，“The Rise and Potential of Large Language Model Based Agents：A Survey”，https：//arxiv. org/pdf/2309. 07864. pdf，September 14，2023.

① Zhiheng Xi，et al.，“The Rise and Potential of Large Language Model Based Agents：A Survey”，https：//arxiv. org/pdf/2309. 07864. pdf，September 14，2023.

综上所述，当智能体日益普及化之后，在元宇宙人类新的生存方式中，将不仅仅存在人类这一唯一的具备改造自然能力和社会交往能力的生命体，大量由 AI 大模型驱动的“智能体”将与人类形成直接的共存关系。而我们人类需要提前做好的心理准备是理解和接纳“智能体”与人类共存于世的新时代。

第二节　元宇宙中人类的组织方式

1937 年，美国经济学家罗纳德·科斯（Ronald Harry Coase）在《经济学杂志》发表论文《企业的性质》（*The Nature of the Firm*），提出交易成本理论来解释企业存在的原因。科斯认为，通过企业内部的命令指挥控制系统来配置资源的效率和成本比通过市场交易的方式效率更高、成本更低，这就是企业存在的价值。正是凭借在企业理论方面的卓越贡献，科斯获得了 1991 年度诺贝尔经济学奖。科斯的企业理论研究还发现，由于有价值空间，企业的规模会趋向于不断扩大，直至企业内部组织的边际成本等于通过市场交易的边际成本。换句话说，当企业内部边际成本大于外部市场交易成本后，企业将不再是最优的组织形态。

有鉴于此，可以提出本章的一个核心问题：在元宇宙时代，企业是否还将是交易成本最小、效率最高的人类生产组织方式？在元宇宙新一代人类生存方式中，人类的组织方式将会发生深刻的变革。关于这一点，学术界和产业界都已达成共识。然而，人类的组织方式将会变成什么样子？哪些组织形态将会成为主流的组织方式？至今尚无定论。

本书认为，元宇宙新一代人类生存方式中的人类组织方式将会出现以下三种可能的方式：一是去中心化自治组织（DAO）将会越来越成为主流的组织方式。二是在 AIGC 技术强力支持下，“一人制公司”与小团队工作室组织将大量涌现。三是某些特定行业仍需传统的企业组织形态，少量的企业仍将保留。

一　基于区块链技术的 DAO 驱动 Web3.0 新型组织方式建构

DAO，全称 Decentralized Autonomous Organization，即“去中心化自治组织”，是一种基于区块链技术的代码自动管理组织模式，其决策机制和运作规则以智能合约方式在链上运行，成员共同参与组织治理与决策，无须中心化的管理机构或领导者。在元宇宙新生存方式背景下，越来越多的 DAO 驱动 Web3.0 新型组织管理模式形成以下机制。

第一，去中心化与自治机制：基于区块链系列技术，DAO 社区成员通过共识机制形成集体决策，这种集体决策机制是由智能合约高效率自动处理，且无须经过中心化的领导机构进行决策，在降低管理成本的同时保障了较高的决策效率和高度的自治性。

第二，透明与信任机制：DAO 的所有决策规则与机制、交易记录、决策过程都是透明公开的，并永久存储在区块链上，可以在任意时间进行追溯查询，极大地增加组织的透明度和可信性。

第三，跨地域灵活参与机制：DAO 的参与者可以来自全球任何地域，允许世界各地志同道合的人士加入，打破了传统的企业组织受限于地理区域阻碍等问题（即使某些企业的工作内容不受地理限制可以远程办公，但其薪酬、社保等制度规则仍然受到很多限制）。

第四，获市场认可的价值链体系与智能分配机制：本书认为，能否建构市场或社会认可的价值创造能力，其实是 DAO 取得成功和得以持续发展的最为重要的根基。企业之所以能够在市场上生存，其根本在于能够为社会、为用户创造市场认可的价值；否则，其内部决策效率再高、交易成本再低也难以在市场上存活。同样地，DAO 要在未来取代企业成为全社会主要的组织方式，必然需要首先能够建立一个满足市场和社会需求的价值链体系，其次这个体系必然需要能够比企业更加高质量、高效率和低成本。与此同时，个体要想加入 DAO 组织，且在 DAO 组织中立稳脚跟，将必须具备能够为这个价值链体系中的某个环节创造自身不可或缺乃至不可替代的独特价值。此外，基于区块链智能合约技术，整个价值网络中的 DAO 成员将会自动化获得与自身劳动贡献相对应的利益分配，从而实现整个价值链网络的持续生长。

二 “一人制公司”、小团队工作室与虚拟网络组织将大量涌现

回首 2022 年 11 月 30 日 ChatGPT 上线一年多以来，AIGC 已经爆发出了巨大的且令人惊艳的内容创作能力，而且随着 AI Agents、GPTs、GPT STORE 和 GPT Mentions 等功能的上线，以及谷歌 Gemini、百度文心一言、字节豆包、科大讯飞星火等各类 AI 大模型对上述功能的借鉴跟进，特别是 2024 年 2 月 15 日，美国 OpenAI 文生视频大模型 Sora 的

发布，让人们越来越认识到：拥有一个 AIGC 大模型相当于拥有了一支专业化的工作团队。

基于上述认识，未来虚实全面融合的元宇宙新生存方式中，基于 AIGC 大模型的“一人制公司”、小团队工作室与虚拟网络组织将大量涌现。人类将会在生成式人工智能技术的强力支持下，打破目前标准化的教育方式和一致性的工作组织模式，往“个人专业化”道路上快速转型。而且，随着全社会价值网络筛选机制的增强，具有“个人专业化”能力的人类，将会依托 AIGC 模型能力不断塑造自身的专业化能力和水平，进而成立大量“一人制公司”、小团队工作室或虚拟网络组织（人员之间通过网络形成合作关系但不成立具有上下从属关系的正式组织），以满足社会需求，进而在全社会价值网络中找到自己的“生态位”，以做出自身价值贡献和获得市场价值回馈。

三　某些少数行业仍将保留传统的企业组织形态

当然，需要指出的是，并非所有的企业组织在元宇宙时代都将消亡，对于某些少数行业，仍然将会保留传统的企业组织形式。

一般而言，对于固定投资金额较大、企业规模较大、工艺流程异常复杂的少部分行业，或涉及国计民生的、需要国家管控的行业，由于个人无法承受或短时期内个体难以完成工作任务，或受制于政府管理制度要求，还将在较长时期内保留传统的企业组织形态。

第五章

基于 AI 的元宇宙生产力范式变革

人工智能，是元宇宙时代的生产力引擎。元宇宙时代，在人工智能的推动下，显而易见能够带来的是生产效率和生产质量质的提升、生产成本将会大幅下降。当智能机器大量取代人类成为生产主力军时，整个人类社会的生产力将会发生三个方面的根本性升级：一是生产效率获得根本性提升，因为机器不需要休息，可以一天 24 小时、全年 365 天时时刻刻从事生产活动，而且机器的操作速度比人要快得多。二是生产质量获得根本性提升，人类不可避免的细节质量问题将会被精准的智能机器完全消除。三是在智能机器大规模普及后，生产成本将大幅度降低，因为机器生产者不需要发工资和加班费，不需要“五险一金”等福利保障，生产成本结构中的人工成本将逐渐削减趋向于零。除此之外，元宇宙时代的生产力，将会发生三个方面的深刻变革，分别是从物理世界生产力变革为虚实一体的生产力范式、从“执行密集型”升级为“智慧密集型”，还有从“专业分工型生产力”变革为“专业融合与智慧聚合型生产力”。正是上述变革带来了人类“职业替代的恐慌性危机”。当智能机器大规模在生产中使用后，人类真的会被取代吗?

第一节 从物理世界生产力变革为虚实一体的生产力范式

概括来讲，元宇宙时代，生产力的基础逻辑将发生根本性的变化，进而推动元宇宙时代生产力对传统的生产力模式产生根本性的变革。

一 传统生产力的资源基础和资源稀缺性发生根本变化

传统的生产力模式主要依赖于物理世界的资源和要素，核心包括土地、劳动力和资本。然而，在现实世界中，资源始终是有限的、稀缺的。不仅土地资源是稀缺的，水资源、矿产资源、动植物资源……都是稀缺的，而且随着人口增长和经济发展，资源枯竭问题正日益严峻。与此同时，我们的人力资源也是稀缺的，一方面，普通的劳动力资源稀缺，“用工荒”一年比一年“慌”；另一方面，高端的人才资源更是稀缺，难以满足生产力提升的总体需求。因此，传统的生产力函数往往受制于核心资源的稀缺性瓶颈，正因如此，稀缺成为传统经济学整个理论体系的立论前提。

元宇宙时代，上述传统生产力资源稀缺的问题将发生根本性变化。

第一，土地资源将会在虚拟空间里获得无限延展。虽然虚实一体的元宇宙新生产体系中，现实的土地资源仍然有限，但是可以想办法将其中一部分生产、一部分工作迁移到虚拟世界中，从而极大地缓解现实中土地资源的制约。当然，必须指出的是，对于必须依靠实体资源（如矿产资源等）进行生产制造的传统行业来讲，资源的稀缺性仍然是长期存在的，所不同的是，对于资源的加工制造过程，以及与之配套的日常办公活动所需要的实体土地资源将会越来越减少，例如越来越多的工作可以远程完成，从而不断降低对实体办公空间的需求，土地资源稀缺性问题将会得到极大缓解。

第二，人力资源的稀缺问题将在人工智能支撑的元宇宙生产体系中被逐渐地破解。例如，2024 年 2 月，ChatGPT 上线了 GPT Mentions 功能，输入一个@符号，三百万以上的 GPTs 任你调用，这无疑相当于公司拥有了海量的专家型员工等待你的差遣，而所需成本则基本可以忽略不计。此外，随着智能机器人技术的日益完善，在不久的将来，会有可以无限量供应的智能机器人投入生产过程中。换句话说，在无限延展的虚拟空间和可以大规模调用的智能机器人的支持下，生产力建设所必需的“资本”的稀缺性问题也将获得极大缓解。因此，可以说传统生产力的资源基础和资源稀缺性将在元宇宙新一代生产方式下发生根本性变化。

二 元宇宙建构虚实一体的生产力基础范式

元宇宙时代，将逐渐形成虚实一体的生产力范式。所谓元宇宙生产力，其实就是创造人类新一代生存方式所需要的各种物理与虚拟财富的能力。具体来讲，包含以下三个方面。

第一，生产主体将从单一的人类转变为三类以上的主体。传统的生产力主要依靠人类在利用工具的基础上形成。而在元宇宙新一代人类生存方式中，除了人类真身之外，还将有虚拟数字人、智能机器人这两类主体从事生产劳动、为世界创造产品和提供服务。此外，具有主观能动力的智能体，也很有可能参与生产建设，成为元宇宙生产力的第四类力量。

第二，虚实一体的生产环境与虚实融合的生产方式。随着数字化和虚拟化技术的发展，传统的生产环境逐渐变成更加多样化和灵活化的虚实一体的生产环境。在移动互联网时代，除了那些必须在线下物理空间中完成的生产环节外，其余大量的沟通、订单、设计、研发、内容制作、排产计划、支付、传输、反馈以及统计分析等生产相关环节都已经可以在网络虚拟环境中完成了。元宇宙时代，网络化的生产环境将进一步升级为虚拟空间，能够容纳和实现的生产环节将会更多，大部分生产过程，尤其是不需要在物理世界操作的环节，将全面迁移到虚拟世界进行。在具体生产方式上，人工智能、虚拟现实（VR）、增强现实（AR）、混合现实（MR）、计算机视觉、区块链等各种数字技术将打破传统生产模式的束缚，实现虚拟物品的生产、展示和销售，并实现实物产品与虚拟环境的互动，促进虚拟世界和物理世界的深度一体化。

第三，创造物理世界与虚拟世界的双重财富。与传统物理世界生产力仅仅创造物质财富不同，在全面虚实融合的元宇宙新一代人类生存方式中，人类社会的财富将会全面变成物质财富和数字财富双重结构。在区块链技术出现之前，人类社会也创造了很多虚拟物品，但是由于无法解决确权和泛滥复制等问题，这些虚拟物品无法成为拥有价值锚定的数字资产。而在区块链技术（特别是 NFT 技术）支撑的元宇宙时代，人类、虚拟数字人和智能机器人以及智能体在虚拟世界中生产创作出来的虚拟物品、虚拟信息等，都可以成为独一无二的数字资产，成为与现实物理世界实体财富相类似的数字财富。而且，随着人类虚实一体化新生存方式的日益深化发展，人类所拥有的数字财富可能大大超过物理财富。我们在建构的元宇宙新生存方式，正在逐渐形成日益庞大的虚拟经济体系。元宇宙时代，衡量一个国家的竞争力，将不再仅仅看其所拥有的物质财富总量，还需要重点考察其在虚拟世界所创造的数字财富总量。2021 年 9 月，萨尔瓦多将比特币确立为国家法定货币。2022 年 1 月，委内瑞拉政府宣布允许使用比特币和其他加密货币支付公共服务费用和税收。2022 年 4 月，中非共和国通过的加密货币监管法案将比特币作为该国参照货币，规定所有电子交易都可以用加密货币来支付和结算。2024 年 1 月，美国证券交易委员会（SEC）正式批准比特币现货 ETF，授权了 11 只 ETF 上市交易，标志着比特币数字资产可以在投资者的股票账户中进行交易，比特币正式成为全球投资者可以配置的投资资产。截至 2024 年 3 月 11 日，比特币价格突破 7.2 万美元，并呈现出不断上攻的潮涌态势。上述实例标志着数字财富已经在人类元宇宙新生存方式的征程上做好了初期准备。

第二节 “执行密集型”升级为“指挥密集型”生产力范式

元宇宙时代的生产力将从“人利用机器生产”变革为“人指挥机器生产”，这将带来人类的生产力从“执行密集型”升级为“指挥密集型”生产力范式。

在传统的生产力时代，人类社会中除了少部分精英群体是“指挥者”外，大部分人是“执行者”，可以称为“执行密集型生产力时代”。而生成式人工智能大规模投入生产过程后，智能机器将全面充当“执行者”的角色，将推动（“倒逼”）人类群体向“指挥者”升级。指挥，需要的不是执行力，而是智慧。当执行者角色被智能机器大量取代后，人类大部分群体长期以来被压抑的“智慧”将会获得释放，成为智能机器生产的指挥者。当人类群体大批量成为“指挥者”之后，人类的生产力范式将从“执行密集型生产力时代”升级为“指挥密集型生产力时代”。

可以预见，在智能机器大规模普及的时代，将是人类智慧大规模自由迸发的时代，真正迎来人的全面自由发展新时代。在现有生产力时代背景下，其实受限于经济导向为主的国家、组织和个人发展目标，大部分人类群体的智慧是被压抑的，是被扭曲的，是被退化的。统一的集体式教育模式更是将人类的智慧用有限的单一的标准来评估与测量，导致很多“非主流”的人类智慧被排斥、被遗弃。当智能机器大规模普及应用后，那些“非主流”的人类智慧将会通过智能机器的超强执行力而彰显出来，人类将会创造出无比绚丽多彩的文明成果，人类也将真正开启全面自由发展的新纪元。

因此，对于人类是否会被取代这一问题，本书的答案是：短期来看，或者说在人类生存方式升级过渡期阶段，由于大部分人所处的“执行力密集型”生产方式将会大量被智能机器所取代，而大部分人还未能从“执行者”转型升级为“指挥者”，还未能找到自己在人类新生态系统中的生态位，必然将会有大量的人类工作岗位被智能机器替代；但是长期来讲，或者说当人类生存方式升级完成后的阶段，大部分人类群体逐渐找到了发挥自身与生俱来的、独一无二的“智慧”之“用武之地”后，人类就将会度过痛苦的“涅槃期”，而进入充满创造性的“指挥密集型”生产力时代。

第三节 “专业分工型生产力”变革为“智慧聚合型生产力”范式

元宇宙时代的生产力将经历从“专业分工型生产力”变革为“专业融合智慧聚合型生产力”的转型升级过程。

人类社会的科学发展，从16世纪近代科学，特别是实验科学出现以来，便进入到专业分科模式。近代科学史学科的创立者、科学史学家乔治·萨顿（George Sarton）在其著作《科学史》（*The History of Science*）中明确指出近代科学的兴起导致了科学研究的专业化和分科化。[①] 实验科学需要日益专业、精密的仪器设备，需要日益专门化的实

① Sarton G., *The History of Science*, https://www.britannica.com/science/history-of-science, April 16, 2024.

验室，还需要日益专业化的科学研究人员，客观上也推动了科学研究逐渐走向机构化和专业化。分科型的科学研究，让研究者可以专注于特定的研究领域，提高了研究的效率，也大大促进了专题领域研究的不断深化，能够集中精力攻克特定领域的科学难题，从而建立起现代科学纵向精深的理论知识和产业体系。然而，日益细化的专业分科也带来了学科之间的“壁垒高墙”，造成了“隔行如隔山”的人类跨领域间的知识鸿沟，阻碍了学科之间的横向沟通与融合创新，学者的科研视野大大局限于自身的研究视域，难以从整体上把握科学问题，进而难以提出跨学科的创见性理论。这便是现代社会容易产生专家，却无法诞生大师的根本原因。

与此同时，随着技术的进步，生产工具不断进行更加专业化的改进，生产过程也变得越来越复杂，社会劳动群体需要不断掌握新的知识、新的技能才能适应生产的复杂性要求，然而一个人的时间和精力是有限的，不得不根据自身基础条件和主观意愿去专注于掌握一种或少数几种劳动技能，聪明的福特看到了这种时代背景下机器大生产与人类技能有限性之间的矛盾困境，发明了“流水线”，人类社会的大分工时代从此开启。社会大分工让个体劳动者得以专注于特定的劳动环节，在经过大量重复性训练后劳动效率自然可以获得大幅度提升；在此基础上，社会大分工还带来了生产规模的不断扩大，资本的密集投入也带来了生产技术的不断提升，推动了整个社会生产力的快速发展，社会产品种类更加丰富、生产质量日益提高，社会需求得到了越来越充分的满足。然而，需要认识到的是，社会大分工在促进社会整体生产力提升的同时，也带来了社会个体能力成长的缺陷问题，尤其是社会大分工使人成为生产过程中的“螺丝钉”，大大制约了人的全面自由发展，大量普通人的聪明才智无法得到充分施展，甚至被埋没和退化，人类文明的多样性其实是被大大压制的。

元宇宙时代，生成式人工智能将会彻底改变上述专业分工型的生产力范式，建构专业融合与智慧聚合型的新质生产力。

生成式人工智能，从其诞生之初，便不再是专业分工型的科学研究模式和社会生产方式，而是通过将人类各行各业文明成果“混沌式”地填喂给智能机器，让智能机器通过无数次的挖掘和训练，在“大力出奇迹”的“黑箱”模式下，智能机器逐渐习得了人类文明的底层逻辑，从而“涌现”出“类人智慧”，所以我们看到，无论是 ChatGPT，还是 Sora，或者是 Gemini、Midjourney 等，都是通用型的数据库与通识型的知识库，能够回答各行各业的问题、完成千行百业的任务，充分地体现出跨学科、跨行业、跨领域的“专业融合与智慧聚合”。

在生成式人工智能的加持下，人类的科学研究将会逐渐在纵深向的“科学沟壑”间搭建起横向的跨学科连通，进而形成纵横交错、全息融通的科学网络和知识体系；传统社会大分工中的执行层工作将会逐渐交由智能机器来完成，人类将会逐渐升级到自由智慧的指挥层。在上述的科学融合与社会生产融合的基础上，人类的生产力范式也将从专业分工型转型升级为专业融合与智慧聚合型生产力。

第六章

元宇宙的空间理论导引

本章希望能够对元宇宙在空间意义上的内涵与效应进行导引性分析。在进入正式分析之前，我们需要对本章所讲的元宇宙概念范畴做一个说明。我们知道，如前文所述，关于元宇宙的内涵界定包含了四大层次，其中本书所重点阐述的元宇宙作为人类新一代生存方式，实际上是完整含义的元宇宙概念范畴。然而需要指出的是，如果在这一概念层次上分析元宇宙的空间问题，将会过于庞大，难以在一章的篇幅内说清楚，因此，本章将研究视域进行缩小，聚焦到较为狭义的第一层次（元宇宙是一个虚拟世界）和第二层次（元宇宙是一个虚实融合的世界）的元宇宙概念上来进行关于元宇宙空间理论的分析研究。

第一节　元宇宙空间：基于场域理论的分析

法国社会学家皮埃尔·布迪厄（Pierre Bourdieu）在20世纪90年代提出了场域理论。布迪厄认为，场域（fields）是在各种位置之间存在的客观关系的网络或构型。[①] 在我们生活的社会中，存在着各种各样的场域，每个场域都有其内在的规则和力量结构，而这些场域时时刻刻处于相互作用和博弈之中，影响着个体和群体的行为模式，进而形成了复杂的社会结构形态。在社会的复杂结构中，经济资本、文化资本、社会资本和象征资本等影响着个体在场域中的地位和权力，进而形成场域

① ［法］皮埃尔·布迪厄、［美］华康德：《实践与反思——反思社会学导引》，李猛、李康译，中央编译出版社1998年版，第133—134页。

空间中的支配关系、从属关系以及结构上的同源关系等。场域理论中还提出了个体的惯习（habitus）概念，即个体在特定社会环境中形成的思维、感知和行为模式。惯习是个体在与场域的互动、博弈过程中将场域规则和结构进行内化后的结果，惯习既包含个体对环境的适应，也包含个体对环境的影响。

场域理论为研究元宇宙空间的个体行为、群体模式和社会结构提供了有力的理论工具。在狭义的定义框架内，作为3D虚拟空间意义上的元宇宙，必然是一个大的复杂场域。不同的元宇宙空间可以被视为不同的场域，每个场域都有自己的规则制度、资本力量和社会结构，个体或群体在这些元宇宙场域中互动、竞争与合作，形成了一个复杂的“小社会”。

第一，元宇宙场域中的资本竞夺效应：在元宇宙得到普及应用之后，元宇宙空间中将由开发者、用户、商家、生态服务者等各种参与主体构成，这些参与主体将在元宇宙空间中争夺各种形式的资本，包括经济资本、社交资本、文化资本以及技术资本等。

第二，元宇宙场域中的文化价值引领效应：传统的物理世界中，经济资本往往占据主导地位，而在元宇宙的3D虚拟空间场域中，数字资产是元宇宙经济体系中核心的资产形态。数字资产的价值往往不仅由其客观的经济价值所决定，还取决于该数字资产的历史沉淀、故事叙事、价值观共识、在线声誉等文化价值因素，形成不同于现实物理世界的文化价值引领效应。

第三，元宇宙场域中的“符号暴力”效应：元宇宙中的互动和权力结构体现了布迪厄场域理论中的“符号暴力”概念。布迪厄在其场域理论中提出了“符号暴力”（symbolic violence，也有译为象征暴力）现象，在元宇宙场域中将更加突出。在元宇宙虚拟空间中，那些善于运用虚拟空间规则的群体将会通过社交优势、资本力量去潜移默化地影响和塑造元宇宙空间的规则和标准，从而改变其他群体的参与门槛和利益分配机制。

第二节　元宇宙空间：基于空间生产理论的解析

法国社会学家亨利·列斐伏尔于1974年发表了《空间的生产》一书，他指出空间不仅仅是一个物理世界的客观存在，同时还是权力结构、意识形态和社会关系在空间中的体现和再生产。他指出“空间除了是一种生产手段，也是一种控制手段，因此还是一种支配手段、一种权力方式”。列斐伏尔提出了著名的由空间实践（spatial practices）、空间表象（representations of space）和表征性空间（representational spaces）构成的“三位一体空间辩证法”。第一，空间实践。包括生产与再生产，以及每一种社会形态的特殊位置与空间特征集合。空间实践确保连续性和某种程度上的内聚性。就社会空间以及每一位既定社会成员与空间的关系来说，这种内聚性意味着有保证层次上的能力/资质与特殊层次上的述行（performance）。第二，空间表象。与生产关系以及这些关系所强加的“秩序”捆绑在一起，从而也与知识，与符号、代码以及种种“台前的”关系捆绑在一起。第三，表征性空间。表现为形形色色的象征体系，有时被编码，有时未被编码，与社会生活隐藏的方面或秘密的方面相关联，也与艺术相关联。①

一　三位一体的元宇宙空间

列斐伏尔的空间生产理论建构了关于空间的“元理论”，为我们提供了一个批判现代社会空间存在的重要的分析框架和方法论，也为我们理解数字时代新的空间生产范式提供了厚实的理论基础。正如列斐伏尔所指出的，“每一种生产方式及其亚变种（所有被普遍概念例证的社会）——都生产出一个空间，它自身的空间”。在元宇宙所将要为人类建构的新一代生存方式中，必然会有元宇宙时代的空间生产。“空间代表着社会现实的同时性与共时性秩序；时间代表着社会的历时性秩序和社会生产的历史过程……人类以其身体性与感觉性、感知与想象，思维

① 摘自［法］亨利·列斐伏尔《空间的生产》，刘怀玉等译，商务印书馆2020年版，第41、51页。

与意识形态，通过他们的活动与实践，进入彼此的相互联系之中。”①

数字技术正在重新塑造我们对于空间的生产方式和认知理解。元宇宙空间，恰恰是通过 3D 虚拟空间的建构让人们能够以其身体性与感觉性、感知与想象，思维与意识形态，通过在元宇宙空间中的活动与实践，以沉浸式、拟真性的方式进入彼此的相互联系之中，从而生产出具有元宇宙属性的新空间。

在元宇宙空间语境中，同样存在三位一体的空间关系：一是元宇宙空间实践代表了人们可感知的虚拟空间，既包括元宇宙空间中所有能够让用户能看到、听到、嗅到、触到的元素实践，也包括用户在元宇宙空间中的移动和互动实践。二是元宇宙空间表象，主要体现在元宇宙虚拟空间环境的规划、设计以及技术开发理念和思想中，归根结底是对元宇宙空间决策者所构想空间的一种呈现。三是表征性的元宇宙空间，即进入到元宇宙空间中的用户所“活生生”“亲历”的空间，也包括用户对元宇宙空间的理解、体验，特别是通过大量的虚拟符号象征所赋予元宇宙空间的特定意义。

二 元宇宙空间生产的关键特性

元宇宙，并不仅仅是人类在虚拟世界搭建技术层面的发展进步，而且还是人类社会在社会关系、意识形态与权力结构博弈进程中的空间再生产过程。元宇宙空间生产具备以下几个关键特性：

第一，元宇宙空间的数字虚拟性。在元宇宙中，空间是通过数字虚拟技术的应用被创造和再创造的，这包括了虚拟世界的设计、用户之间的互动以及数字资产的创造和交换等数字化过程。②③

第二，元宇宙空间的虚实双重性。元宇宙虚拟世界的生产，不仅仅反映了元宇宙空间决策者对虚拟空间的设计思想，同时还反映了其在现实世界中权力结构、意识形态等社会博弈的结果。同样，元宇宙虚拟空

---

① 摘自［法］亨利·列斐伏尔《空间的生产》，刘怀玉等译，孟锴校，商务印书馆 2021 年版，中译本代序言 xvii。

② Song C.，et al.，“Exploring the Key Characteristics and Theoretical Framework for Research on the Metaverse”，*Applied Sciences*，Vol. 13，No. 13，June 28，2023，p. 7628.

③ Xu X.，et al.，“Metaverse Space Ecological Scene Design Based on Multimedia Digital Technology”，*Mobile Information Systems*，Vol. 2022，p. 13.

间的设计还将反过来对现实世界的社会结构和人类行为产生影响，展现了虚拟与现实“你中有我，我中有你”的双重性。[①]

第三，元宇宙空间的社会功能性。元宇宙空间不仅仅具有经济功能性，还具有极强的社会功能性。元宇宙中的空间生产可以看作空间设计者、技术开发者、内容创作者、消费体验者等多参与方之间的复杂的、持续的社会互动过程，其中虚拟空间不再仅仅是物理世界的模拟，而是成为社会实践、文化表达和经济活动的综合系统。[②]

第三节　元宇宙空间效应的理论初探

一　元宇宙：空间经济学是基本逻辑

元宇宙，首先是一个新的空间。我们首先要建构的是空间意义上的元宇宙，不仅仅是建造虚拟空间，还需要逐步建构空间生产关系。每一个元宇宙空间将是一个小社会，所有的小社会组合起来，就是人类新的生存方式；新的生产生活生存方式的成果就是人类新的文明形态。

元宇宙空间经济学的基本逻辑：元宇宙经济的核心模型是空间效应，即一切经济模式都要围绕“空间”这个概念来展开。要从互联网时代的连接逻辑、网络效应，升级为元宇宙时代的空间逻辑、空间效应；要从互联网的关系生产时代升级为元宇宙的空间生产时代。

第一，从移动计算升级为空间计算。当前我们所处的移动互联网，其核心计算技术是移动计算，移动通信、移动社交、移动支付、移动直播等各种场景都离不开移动计算。元宇宙空间中人们的各种生产与生活场景都将升级为3D空间，需要运用空间算法和技术对空间信息和数据进行处理和分析。进入元宇宙时代，空间计算将成为继移动计算后支撑人类新生存方式的核心计算技术。

第二，从“远程在线”升级为“实时在场”。互联网时代建立的是

① Guan J., et al., “Extended Reality and Internet of Things for Hyper-Connected Metaverse Environments”, 2022 IEEE Conference on Virtual Reality and 3D User Interfaces Abstracts and Workshops (VRW), Christchurch, New Zealand, 2022, pp. 163-168.

② Schumacher P.,“The Metaverse as Opportunity for Architecture and Society: Design Drivers”, *Core Competencies*, Vol. 1, No. 11, June 28, 2022.

连接，是关系，是人、物、场景的“在线”，是远程的线性连接逻辑。元宇宙时代，建立的是空间，是人、物、机器在空间中的“在场”，而且这种在场是实时的全感官的交互。

第三，从连接效应升级为全息效应。互联网建构的是单纯的连接效应，尽管无数的连接形成了网络效应，驱动了整个互联网经济的繁荣发展，然而，二维的连接能够给到交互双方的信息毕竟有限，人们无法感受到彼此身处的三维场景和氛围等信息。元宇宙通过空间的建构，“实时在场感”的营造，让人们身临其境地体会视觉、听觉、触觉、味觉、嗅觉等各种感官的全息感觉。

二　元宇宙：空间场效应

从物理学上来讲，场是能量的外在表征。自然界是由物质构成的，物质是有能量的，能量通过场实现彼此作用和在空间中的传播。能量可以影响场的状态和特征，能量的增加或减少可以引起场在强度、频率以及相位等状态属性的变化。场与能量也是可以相互转化的，并且都遵循能量守恒定律。

元宇宙空间，在我们所界定的当前阶段的 3D 虚拟空间内涵上来讲，虽然是一个由计算机程序代码构建的虚拟空间，其中的“物质”并非真实存在而仅是一串代码，并不存在物理学意义上的“能量”，然而元宇宙空间也同样具有“场”的效应，这种场效应也会驱动用户（或称为数字虚拟代理人）发生行为的改变。因此，可以借鉴物理学意义上的场理论来分析元宇宙空间的场效应。

第一，元宇宙空间中的“场”。在元宇宙中，一方面，3D 空间的营造会产生“场”；另一方面，用户与用户、用户与虚拟物体、环境之间的交互也会产生“场”。元宇宙空间中的“场”都是以数据与信息流的方式存在。这些“场”的状态变化，会影响元宇宙空间的环境改变，也会改变用户在元宇宙空间中的行为取向和体验感。

第二，元宇宙空间中“场”的作用与传播。元宇宙空间中不同的“场”也处于相互作用与交流传播过程中。例如，在元宇宙空间中的用户（数字虚拟人）、虚拟物体等各种存在物之间交互过程中，便会引起数据与信息流的交互过程，从而引起“场”与“场”的作用和传播。

第三，元宇宙空间中的“社会场”“心理场”。用户在元宇宙空间场中还会受到周围用户的言语行为、社会规范以及价值观等各方面的作用和影响，形成“社会场”“心理场”。元宇宙空间环境、情绪氛围或情境感知等因素，会对元宇宙中的用户个体或群体的行为、态度和结果产生影响和塑造，从而产生不同的元宇宙空间场效应。

三 元宇宙：建构于网络效应基础上的空间效应

（一）网络效应：互联网经济学的核心驱动

关于网络效应（Network Effect）的研究，可以追溯到20世纪70年代末期。当时梅特卡夫在研究电话、传真机等通信设备时发现，随着加入通信网络中的用户数量的增加，网络的价值会成倍增长。80年代，梅特卡夫在给3COM公司销售员做培训时明确提出网络价值与连接用户数量的平方成正比的规律。这一规律在1993年正式被命名为梅特卡夫定律。在学术界，Katz和Shapiro发表了开拓性论文验证了网络效应的存在[①]，并指出网络效应会带来需求方的规模经济。[②]

所谓网络效应，简单来讲就是产品或服务的价值会随着使用该产品或服务的用户数量的增长而快速增长。网络效应是互联网经济形成和发展的基础逻辑。当互联网用户数量增加时，信息能够得到快速传播和分享，互联网上提供的产品和服务也会产生更大的价值；而当互联网产品和服务价值更高时，就会吸引更大规模的用户使用互联网，从而形成正向反馈循环，进而也促成了互联网经济的形成。

对于互联网平台而言，当有更多的用户使用时，便会有更多的卖家加入平台，进而吸引更多的用户在该平台上进行购买和消费，更多的卖家为用户提供了更多的产品和服务选择，每个用户获得的价值也就更高，进而又会吸引更多的买家加入。而且，在这个过程中，平台的固定成本随着用户数量和卖家数量的增加而不断降低，在规模经济的同时实现了边际成本大幅下降，直至接近于零。在网络效应的驱动下，用户转换平台将失去自己前期建立的社交关系、积累的资源和原平台提供的产品选择，卖家如果转换平台将失去原平台积累的用户，因此占据优势地位的互联网平台会逐步形成强大的市场地位和竞争壁垒，导致中小型平

① Katz M. L.，“Network Externalities，Competition，and Compatibility”，*American Economic Review*，Vol. 75，No. 3，June，1985，pp. 424-440.

② 蒋传海：《网络效应、转移成本和竞争性价格歧视》，《经济研究》2010年第9期。

台和新进入者难以与之竞争。这就是平台经济形成和越来越强大的核心逻辑。

（二）元宇宙：网络效应基础上的空间效应逻辑

元宇宙，首先遵循网络效应逻辑。一方面，在元宇宙所构建的世界中，随着越来越多用户的加入，（狭义含义的）元宇宙虚拟世界也将拥有更多的“人气”，进而将吸引更多的商家入驻其中，从而获取更多的用户进入元宇宙世界进行消费，带来元宇宙平台整体价值的不断提升；另一方面，元宇宙还是一个用户共创的世界，随着用户的增多，用户生产内容也会随之增加，消费者能够在元宇宙世界中获得的内容产品和服务体验也将会随之增多，从而进一步增强元宇宙世界的吸引力，产生更强的网络集聚效应。

元宇宙，不仅是一个互联网络平台，更是一个虚实互联空间。元宇宙的运行不仅仅遵循网络效应，还将由空间效应所驱动。这里通过几个维度的比较，来深入分析“元宇宙”与“互联网”的区别。

第一，人与人的关系。互联网建构的是人与人之间的连接关系，元宇宙建构的是人与人之间的空间关系。互联网建构的连接关系是二维的、平面的，而元宇宙建构的空间关系是三维的、立体的。

第二，交互内容与性质。互联网中人与人、人与机器、机器与机器之间的交互内容主要是文字、图片、音频、视频、数据等二维信息，交互性质通常是线性的（方向可能是多向度的）；元宇宙中人与人、人与机器、机器与机器之间的交互内容除了常见模态内容之外，人与人的交互还将通过虚拟化身进行肢体动作和言语表情等丰富的信息表达，其交互性质是超越线性的全息维度的交互。

第三，用户与信息的关系感知。互联网中，作为消费者或用户，其所感知到的信息的传达，人与信息是相互独立的，作为信息接收方的用户，需要去根据经验“脑补”信息发送方所处的情境。元宇宙中，信息接收方接收到的不仅仅是狭义的信息，还将通过“全感官体验”获得“身临其境”，即通过沉浸感获得第三维空间感知，达到“用户在场景之中”的氛围感知。当然，需要指出的是，目前相关技术尚不完善，无论是VR/AR/MR技术，还是全息投影技术，都还无法让我们“身临其境”的感觉达到理想的状态。但是，可以明显预见到的是，理想的元宇宙体验将会在不远的将来得以实现。

第四，商业模式。互联网中由于“连接”是基础，所以互联网所有的商业模式都是建立在“连接”基础上的，例如商家会在各种网络页面中尽可能多地放置商品链接以求触达消费者，消费者也是通过点击链接跳转到购物页面完成购买和消费。而元宇宙的基础是“空间”，所以元宇宙的商业模式需要从以“连接”为起点转变为围绕“空间”来建构，例如商家不再需要在空间中给出链接，而是需要建构起空间，并直接给出商品（数字化商品，或实体商品的虚拟展示物），消费者可以直接在空间中“抓取”商品完成类似于超市的购物体验。

第四节　空间再认识与元宇宙空间建构策略

一　空间再认识：三个层次的空间

笔者认为，任何一个空间，其实都包含了三层含义，或者说包含了三个层次的“空间”。

第一个层次——客体的空间。一方面，这里的客体空间是指在真实物理世界客观存在的空间，如一栋房子、一个主题公园，或者一辆汽车等。另一方面，可以作为客体的空间，还包括网络虚拟空间。虽然网络虚拟空间并非在物理世界真实存在，而是由计算机程序代码所生成、运行和控制，但是其具有明确的客观属性：一是因为网络虚拟空间的存在和运行是建立在明确的规则和逻辑基础之上的，这是不受个体主观意志影响的，而且这些规则和逻辑是以客观的技术协议方式存在的，且能够彼此之间具备兼容性、互操作性，这些都说明网络虚拟空间具备客观性基础。二是人类在网络虚拟空间中的行为和事件都是可观测和可记录的，这些观测和记录是真实存在、具有强客观性的。三是网络虚拟空间中的物体，其属性、行为和特征是程序设定的，具有稳定性和可预测性，进而确保人类与虚拟空间物体的交互过程具有可预测性、稳定性和客观性。

作为客体的空间，具有一个特点，即作为客体对象的一致性，不以任何个体的意志为转移。任何人来到这个空间，无论是现实中的空间还是网络虚拟空间，作为客体存在的这个空间都是不变的、一致的。

第二个层次——感知的空间。即人类通过感觉器官和认知能力所感知到的空间，这其中既包含了客体的空间，同时还包含了建构于客体空间基础之上的人类对于空间的感觉、理解和体验。因此，感知的空间是客体存在与主观感知的融合空间。感知的空间，要受到人类感觉器官的条件约束，人们通过各自的视觉、听觉、触觉、嗅觉、味觉等感觉器官对空间的形状、大小、颜色、声音、触感、味道等进行感知会有不同的认知。感知的空间同时还要受到人们的知识结构、社会阅历及个人经验的影响，因此，不同的人对同一空间会有不同的感知。例如，同一栋房子，在里面住过的人和没住过的人会有不同的感知体验。

第三个层次——意义的空间。即人类（既可能是个体，也可以是集体）主动将某种价值意义赋予空间，是一种主观的精神层面建构的空间，也可以称为“价值的空间”。意义的空间包含个体和集体两大维度。在个体维度上，意义的空间，是指个体基于内心世界的信仰、价值观、意图目标等所主观建构的、独属于自己的、具有专属价值意义的空间，例如某个空间是你举办婚礼的空间，那么这个空间对于你的意义与其他人是有根本不同的；在集体维度上，意义的空间是由特定群体范围的社会成员共同构建的、具有集体认同共识价值的空间，例如当年的中共一大会址与嘉兴南湖上的红船。

感知的空间与意义的空间，似乎有些交叉重复、缠绕不清，但其实并非如此，二者是有根本区别的：一是有无主观动机的根本不同：“感知的空间”，核心在于人类“无意识的感知”，是没有赋予某个空间以任何意义的主观动机的；“意义的空间”强调的是人类“主观的建构”。二是有无“同一性”：感知的空间，每个人都是不同的，甚至可以说对于同一个“客体空间”，没有任何两个人的“感知空间”是完全相同的。而意义的空间，在集体维度上，是可以由集体共同建构的具有基本一致的“价值意义”的空间。三是“有”“无”的区别：感知的空间，是始终存在的，无论是何种客体的空间，每个人都会有自己的感知，这是无法避免的；而意义的空间是人们主观建构的，当人们不去建构的时候，便没有意义的产生，也就不会产生“意义的空间”。

二 元宇宙：三个层次空间的建构策略

按照狭义的元宇宙内涵框架，在当前阶段，元宇宙首先需要建构的是能够与现实世界互联融通的3D虚拟世界。进而在此基础上才能实现虚实一体化，否则，如果3D虚拟世界还没有，自然无法实现所谓的虚实融合。因此，在当前阶段的元宇宙作为3D虚拟世界的概念框架下，这里我们来探讨元宇宙空间的三个层次策略问题。

根据上述三个层次的空间理论，这里结合元宇宙3D虚拟世界的空间特性进行分析，可以发现元宇宙空间在不同空间层次上应着力建构的策略方向如下：

第一层次元宇宙空间的建构策略：作为客体的元宇宙空间，从现阶段基础内涵来讲，是一个由数字技术建构的3D虚拟空间，即通过VR/AR/MR、3D建模等元宇宙系列技术群打造的3D虚拟空间。这里的3D虚拟空间基本上可以分为三类：第一类是完全复刻现实的人类生产与生活场景；第二类是完全虚构的3D虚拟世界；第三类是介于二者之间，即既有现实世界同时也有虚拟世界的混合体。

无论哪一类3D虚拟空间，都需要建构一个核心属性：客观性。作为客体的元宇宙空间，应着力打造以下四个方面的特性：一是元宇宙空间要具备规则的明确性和技术协议的兼容性与互操作性；二是人们（无论是自然人还是数字虚拟人）在元宇宙空间中的行为和事件都具有可观测性和可记录性；三是元宇宙空间中的物体运行是有规律的（这种规律可以脱离物理定律，但是要能够自成体系），具有稳定性和可预测性；四是元宇宙3D虚拟空间还应具备“可迭代性”，即可以不断搭建、修正和迭代升级，逐渐形成一个可持续优化更新的空间。

第二层次元宇宙空间的建构策略：作为感知的空间，即人类通过感觉器官和认知能力所感知到的虚实互通的全感氛围与知觉体验空间。作为感知层的元宇宙空间，应着力打造三个方面的特性：一是元宇宙空间的“沉浸性”。通过对元宇宙空间的形状、大小、颜色、声音、触感、味道、氛围等设计打造随时随地身临其境的沉浸式体验，并使线上线下融为一体。二是元宇宙空间的“交互性”。根据目标群体的需求偏好，设计元宇宙空间的故事性、游戏性、趣味性、互动性、娱乐性或知识性等，充分调动受众群体的视觉、听觉、触觉、味觉等多感官知觉，实现令人印象深刻的亲身感知与体验。三是让元宇宙空间能够为现实中感觉身心疲惫的群体提供一种“灵韵性”，即打破刻板僵硬的常规生活与工作例常，通过元宇宙空间为用户提供蕴含能量与灵韵的体验感知。

第三层次元宇宙空间的建构策略：作为意义的空间，即赋予元宇宙空间以个体层面或者集体层面的“意义”。作为意义层面的元宇宙空间，应具备以下几个方面的特性：一是元宇宙空间的“精神价值性”。通过各种符号、仪式、流程等让用户在空间里获得精神层面的价值意义。二是元宇宙空间的“意义传承性”。通过人与人之间的交互、集体的培养引导实现意义的传承与弘扬。三是打造元宇宙空间“自在性”。这是第三层次中要求最高的特性，即要通过元宇宙空间打破人们单向度的生存方式，回归多维多元多向度的自在与快乐，这是元宇宙空间需要赋予人类的深远价值与意义。

第七章

信息技术革命与元宇宙媒介理论

回顾人类社会从文字的发明，到造纸术印刷术的出现，再到声音和图像的传输，还有后来的计算机与互联网的普及，可以看出，整个人类的社会演化史其实正是一部媒介技术的演进史。元宇宙，相比于过往媒介，是又一次跨越式的媒介升维。

第一节　人类信息技术革命及其媒介特征

人类社会自诞生以来，经历了四次重大的信息技术革命。文字的发明是人类历史上第一次信息技术革命，而且也成为人类根本区别于动物的文明起点；造纸和印刷术的发明推动人类进入第二次信息技术革命；第三次信息技术革命是人类光芒绽放的电子信息时代，主要包含两大阶段：第一阶段是电报、电话、无线电的发明，第二阶段是电影和电视的发明；第四次信息技术革命开启了人类历史上的辉煌文明年代，也包含了两大阶段：第一阶段是计算机的发明，第二阶段是互联网和移动通信技术推动的信息革命。

一　第一次信息技术革命：文字

在远古时代，人类除了口语传播之外，还会用一些特别的方式来进行信息的记录，例如结绳记事、壁画、岩画等。后来随着经济社会的发展，上述简单的信息记录方式已经不能满足人们越来越复杂的信息记录与传播需求，人类逐渐发明了文字符号来进行信息的记录。

国外最古老的文字，起源于距今五千多年前的古代西南亚的楔形文字和古埃及的象形文字。中国古文字的起源，最早可以追溯到距今六千多年前的仰韶文化时期，到了公元前1600年左右的商朝时期出现了甲骨文。[①]《周易·系辞传下》曾记载“上古结绳而治，后世圣人易之以书契，百官以治，万民以察”。可见，上古时期先民采用结绳记事的治理方式，后来圣人（伏羲）发明了文书契据来治理国家，《三皇本纪》也有云：“伏羲造书契以代结绳之政。”

文字的出现，是人类文化科技发展史上第一次重大的信息技术革命，同时也是人类文化生产力第一次质的飞跃。文字出现以前的人类，主要通过口语、音乐、舞蹈、身体艺术以及壁画岩画等方式创作文化产品，生产效率低下、内容形态单一，在时间和空间上的传播都极为有限。文字的发明，使人类能够创作生产更为复杂的文化内容，能够跨越时间和空间的局限，长期记录和广泛传播复杂的思想、知识和文化，大大提高了信息传递的规模、效率和准确性，极大地促进了人类文化的积累和文明的传承。

在纸张发明之前，主要的媒介载体是龟壳、竹简、羊皮卷等物质载体，传输的内容是单一的文字及简化的图形。在媒介建构的社会关系层面，文字信息有限传播时期其实建构的是一种信息等级制度。由于文字记录非常稀缺，往往掌握在权力中心阶级手中，谁能优先掌握信息，谁就拥有了权力。最为典型的就是中世纪的欧洲，由于《圣经》文本稀缺，只有神职人员才有资格阅读和解释《圣经》，普通民众只能通过神职人员的讲解来了解《圣经》的内容，教会实际上控制了对《圣经》内容的解释权，进而控制了国家的权力体系和社会资源的分配权。

二　第二次信息技术革命：造纸和印刷术

根据中国考古发现，最早在西汉时期就有了造纸的早期尝试。到了公元105年，东汉蔡伦发明了现代意义上的造纸术，其基本工艺至今仍然沿用。到了公元7世纪的隋朝时期，中国就发明了雕版印刷术。[②]1045年前后的北宋年间，毕昇发明了活字印刷术。1450年，德国人古

① 于省吾：《关于古文字研究的若干问题》，《文物》1973年第2期。

② 施宇、童兵：《中国古代印刷术的技术演进研究——基于传播视角的东西方比较考察》，《出版发行研究》2023年第8期。

登堡发明了活字印刷机。1650 年，德国发行了第一份日报……[①]造纸和印刷术的发明，极大地推动了信息的复制和传播，在大大提高信息传递效率的同时，也极大地拓展了信息传播的范围，同时也通过大范围的信息平权化推动了欧洲的宗教改革和文艺复兴。

造纸和印刷术的发明，同时也带来了新一轮文化生产力质的提升。在纸张发明之前，文字的主要载体是龟壳、竹简、羊皮卷等，传输的内容是单一的文字及简化的图形，文化生产力低下且难以大范围传播。正是因为有了纸张和印刷技术，人类社会才有了书籍的编撰和印刷，有了小说等文学作品的生产创作和诗词歌赋的广泛传播，有了报纸和期刊等新闻传媒业的发展……可以说，造纸和印刷术的发明，真正催生了现代意义上的文化产业。

在媒介属性方面，造纸和印刷术带来的第二次信息技术革命时期，主要的媒介载体是信件、报纸、杂志、各类书籍以及各类印刷品；传输的内容主要是文字和印刷版图画。

在媒介建构的社会关系层面，纸质出版物虽然实现了传播范围意义上的信息平权化，让普通人也能够低成本地获取信息，然而在出版物有限版面上印刷内容的选择权、编辑权仍然由中心化组织掌控，即所谓的"把关人"制度。因此，纸媒时代的信息传播建构的是中心辐射化的社会关系结构。

三　第三次信息技术革命：声音与图像

（一）第三次人类信息技术革命（第一阶段）：电报、电话、无线电的发明

1837 年，美国莫尔斯发明了第一台电报机；1876 年，美国贝尔公司发明了有线电话；1895 年，意大利马可尼发明了无线电……19 世纪的一系列发明推动人类的电子通信文化生产力时代正式开启。在电话和无线电为主的电子通信时代，文化生产力获得了两个方面质的改变：一方面，人类的文化生产与传播从书面文字升级为电子信号和声音，实现了内容模态的根本性提升，也催生了音乐文化产业的诞生和发展。另一

① 邢杰等编著：《元宇宙通证：通向未来的护照》，中译出版社 2021 年版，附录人类科技发展史全景长图。

方面是电子通信重构了人与人之间的时空关系，实现了文化内容传受双方的时空同一性。1920 年，美国西海岸电话接线员接通一个来自东海岸的电话需要 14 分钟时间，到了 1930 年只需要 2 分钟[①]，整个大陆的电子传播时空被极大地压缩。[②] 与此同时，相较于传统的书信和报纸、期刊，电话和无线电广播第一次为文化内容的发送者和接收者建构了同一时间与同一个电子空间，大大提升信息传播速度的同时，第一次让跨越空间的实时交流和即时文化生产成为现实。

（二）第三次人类信息技术革命（第二阶段）：电影、电视的发明

1895 年，法国卢米埃兄弟开创了第一次公开播映电影的历史；1925 年，英国工程师贝尔德发明了世界上第一台电视机。电影和电视的发明，从至少两个层面推动了文化生产力质的提升：一是使文化内容生产与传播升级到图片和动态图像阶段，实现了内容模态的再次升级，主要的媒介载体也升级为电影放映机、电视机、电视网络（无线/有线）等影像传输媒介。二是推动全球文化产业进入到影视文化产业时代，需要特别指出的是，影视文化产业是一个产业链很长的系统，电影和电视的技术发明实际上催生了剧本编剧、表演、演艺经纪、音乐 MTV、化妆、时尚、服装设计、影视基地、影视内容制作、电影院线、电视网络、电视机、音响、摄影摄像设备、VCD/DVD、卡拉 OK 等众多文化衍生行业，第一次以前所未有的多样化业态极大地满足了人类的精神文化需求。

需要指出的是，在媒介建构的社会关系层面，无论是第一阶段的无线电（广播），还是第二阶段的电影和电视，“把关人”制度依然在其中起到核心主导作用，依然没有改变纸媒时代中心辐射状的社会结构基础。所不同的是，电报与电话的发明，推动人类社会开始建构高效率的点对点线性传播的社会关系连接方式，成为中心辐射型社会结构的有益补充。

---

① Albert R.，“Effects of Space-adjusting Technologies on the Human Geography of the Future”，In：R. Abler，D. Janelle，etc.，*Human Geography in a Shrinking World*，North Scituate，MA：Duxbury Press，1975.

② ［美］保罗·亚当斯：《媒介与传播地理学》，袁艳译，中国传媒大学出版社 2020 年版，第 46 页。

四 第四次信息技术革命：计算机与互联网

（一）第四次人类信息技术革命（第一阶段）：计算机的发明

1946 年，美国宾夕法尼亚大学发明了世界上第一台电子计算机 ENIAC（Electronic Numerical Integrator and Computer），开启了人类的电子计算时代。随着计算机技术的不断迭代优化，人类检索、储存和处理信息的能力获得了空前的提升。计算机被广泛应用于数学运算、情报分析、辅助设计、内容制作、游戏开发等各个领域。

计算机在开启人类电脑时代的同时，也推动了文化生产力的新质化改变，文化内容的大规模储存、检索和处理成为可能，电脑打字以超出手写创作 3—4 倍的速度提升人类内容生产效能；电脑辅助设计、数字资讯、数字音乐、数字影视、数字游戏、数字艺术……数字文化产业开始全面兴起。

计算机媒介时代，主要的媒介载体是各种大型和中小型计算机硬件和各类计算机软件等计算媒介；信息内容则包含文字、图片、音频和视频等多模态内容。然而由于缺乏网络传输能力，计算机媒介功能其实是大大受限的。

（二）第四次人类信息技术革命（第二阶段）：互联网与移动通信技术

1969 年，美国国防部建立了一个名为阿帕网（ARPANET）的互联网络，标志着互联网的诞生。随后的 1974 年，美国人瑟夫和卡恩提出了传输控制协议（TCP）和网络协议（IP），即 TCP/IP 协议，并在 20 世纪 80 年代成为全球网络通信标准，实现了全世界的计算机互联通信和数据传输。1989 年，英国科学家蒂姆·伯纳斯—李（Tim Berners-Lee）发明了一种基于超文本和超媒体的信息检索和浏览系统——万维网（World Wide Web），从此人类的整个生存方式开始进入到网络时代。

在互联网技术突飞猛进的同时，移动通信技术也在同步推动人类的信息技术革命：1983 年诞生了世界上第一代商用移动电话系统（1G），同步发明的手机因体积和重量很大，被国人俗称为“大哥大”；20 世纪 90 年代开始采用第二代移动通信网络标准（2G），手机变得小巧便捷，而且出现了短信（SMS）和来电显示等功能；21 世纪初升级为第三代移动通信网络标准（3G），智能手机开始出现，移动上网和音视频通话开始日益普及，苹果 iOS 和谷歌 Android 移动操作系统推动全球手机实现网络连接；21 世纪前 10 年以来的第四代移动通信网络标准（4G）推动人类真正进入到全面移动互联时代，网络化生存方式成为人们的日常现实；2019 年，第五代移动通信网络标准（5G）在全球多个国家开始商用服务，超高速率、超低时延、超大连接正在推动人类信息传输能力的跃升。

这一时期的主要媒介载体是计算机、互联网，还有移动互联网时代的智能手机、平板电脑等移动网络化媒介；信息传输的内容不仅包含文字、图片、音频、视频、流媒体等各种多模态内容，同时还兴起了网络在线直播等实时画面传输模式。人类之间的信息传播从之前的单向度变成了多向度、交互式和社群化。在媒介建构的社会关系层面，互联网打破了纸媒时代和电子媒介时代建构的中心辐射型社会关系，通过复杂的网络连接形成网络状的社会关系结构。与此同时，在移动通信 1G 时代，通过信息传播建立的是少数人之间的网络联系；在 2G 时代，通过信息传播建立了全社会的网络连接关系；在 3G 时代，通过信息传播实际上建构了整个社会的连接网络；在 4G 时代，通过广泛、高效的信息传播，建构了圈层化、社群化的社会结构关系。

概括而言，以计算机和互联网为代表的第四次信息技术革命，推动人类文化生产力至少实现了五个方面的升维：一是实现内容创作数字化。二是文字、图片、音频、视频、流媒体、直播等各种模态内容的生成与组合。三是数字化、网络化、移动化传播。四是结合人工智能和大数据技术推动文化生产力进入算法时代。五是推动人类进入移动化文化生产与社群化文化传播的新时代。

五　人类四次信息技术革命总结

人类的信息传输发展史告诉我们：每一次信息传输技术革新，带来的都是人类在时间、空间、模态及其他各种物理束缚上的突破，都是在人与信息的关系、人与人的关系、人与世界的关系层面的升级与重塑，同时也是文化生产力的新质化升维。通过前文的梳理分析，现将人类社会四次信息技术革命及其媒介特征、社会关系结构演化趋势进行总结，如表 7-1 所示。

表 7-1　人类社会四次信息技术革命及其媒介特征

历次信息技术革命	标志性事件	主要媒介载体	信息内容	社会关系结构
第一次信息技术革命：文字的出现	两河流域的楔形文字和古埃及的象形文字；中国甲骨文	龟壳、竹简、羊皮卷等	简单文字及简化图形	信息等级制度，权力集中
第二次信息技术革命：造纸和印刷术	中国的活字印刷术（1045年）和德国古登堡的活字印刷机（1450年）	信件、报纸、杂志、书籍、印刷品	文字和印刷版图画	信息平权化与"把关人"制度
第三次信息技术革命（一）：电报、电话、无线电	美国莫尔斯的电报机（1837年）、贝尔的有线电话（1876年）、意大利马可尼的无线电（1895年）	电报机、电话机、收音机等	文字和语音	电子通信，空间关系重构
第三次信息技术革命（二）：电影、电视	法国卢米埃兄弟的电影（1895年）、英国工程师贝尔德的电视机（1925年）	电影放映机、电视机、电视网络	动态图像、声音及图片	中心辐射型社会结构
第四次信息技术革命（一）：计算机的发明	美国宾夕法尼亚大学的电子计算机ENIAC（1946年）	各种计算机硬件和软件	文字、图片、音频和视频	信息处理能力提升，数字信息时代
第四次信息技术革命（二）：互联网与移动通信技术	美国国防部的阿帕网（ARPANET，1969年）、蒂姆·伯纳斯—李的万维网（1989年）	计算机、互联网、智能手机、平板等	文字、图片、音频、视频、流媒体	网络型社会关系，去中心化

第二节　媒介进化与再媒介化理论

一　信息技术革命的媒介进化逻辑

麦克卢汉指出新媒介诞生后，旧媒介会成为新媒介的内容。根据这一理论，我们可以分析四次信息技术革命演化过程中的媒介进化逻辑：第一，从纸媒到电子媒体（电话、电报、广播）。电子媒体诞生后，纸媒（如书籍、报纸、杂志）的内容开始通过电子形式（如新闻广播、电报等）进行传播，由此可见，纸媒成为电子媒体的内容。第二，从电子媒体到电影电视。当电影和电视成为主流媒介时，很多的电子媒体（如广播节目）和纸媒的内容（如新闻报道、文学作品）被转化为电影剧本和电视节目，即成为电影和电视媒介的内容。第三，从电影电视到互联网。进入互联网时代，纸媒、广播、电视、电影等各种传统媒体的内容都被数字化网络化，成为互联网的内容。例如，人们通过在线流媒体平台观看电影和电视节目，在线收听广播节目，通过在线方式阅读电子书和浏览电子报新闻。

就互联网媒体而言，其间又经历了门户网站和搜索引擎（Web1.0）阶段、社交媒体和平台媒体（Web2.0）阶段，目前正在开启 Web3.0 新型媒体阶段。从 Web1.0 到 Web2.0 的进化过程中，Web1.0 时期的静态网页内容（文章、新闻等）成为 Web2.0 互动平台（如社交媒体、平台媒体）上讨论和分享的内容。用户不仅可以访问这些内容，还能对其进行评论、分享和重新创作。Web1.0 的媒介内容在 Web2.0 新媒介中被进一步活化，融入了用户互动和社交网络。特别是平台媒体的崛起和繁荣发展标志着互联网从简单的信息浏览和交流工具，转变为综合性的生活与生产平台，对互联网的商业模式、用户行为和人类生存方式产生了深远的影响。从 Web2.0 到 Web3.0 的进化过程来看，Web2.0 用户生成内容和社交互动信息构成了 Web3.0 中的数据，进而成为基于区块链技术和人工智能技术的 Web3.0 媒介生态中确权、定价、交易和分配的基础。

总之，每一个新的 Web 阶段不仅建立在前一个阶段的基础之上，而且还重新利用和转化了前一个阶段的内容和形式。Web1.0 的静态内容在 Web2.0 中变成了互动的焦点，在 Web3.0 中则可能成为个性化服务和智能处理的原材料。这一过程体现了媒介内容和形态的连续演化，以及新技术如何重塑旧媒介价值的内在逻辑。在上述媒介进化过程中，旧媒介并不是简单地消失，而是被转化和重新包装，成为新媒介的一部分。新媒介不仅拓展了信息传播的方式和范围，也重新定义了内容的形式和传播途径。那么，元宇宙，作为一种新的媒介，将会带来怎样的媒介进化呢？

二 信息技术演化中的再媒介化规律

媒介进化过程中，还存在一种“再媒介化”现象：当电子媒介崛起后，打破了传统的印刷媒介与受众之间的直接触达关系。例如，广播媒介对报纸媒介的二度媒介化成为一种普遍现象，中央人民广播电台著名的“新闻和报纸摘要”栏目就是最为典型的例子。后来的电视和电影媒介又重复了上述的再度媒介化过程，于是我们看到了在电视时代，看报纸的越来越少了，听广播的也越来越少了，大量的受众群体被电视这种新媒介所抢夺。

当互联网媒介崛起后，再度且更加彻底地打破了传统印刷媒介与受众之间的直接触达范式，也毫不留情地抢夺了电视媒介的受众群体。特别是平台型媒体崛起后，以风卷残云之势快速在传统媒体与受众之间构筑起了新的媒介，广大的受众群体大批量涌向互联网媒介。特别是平台媒体崛起后，对传统媒体的再媒介化侵蚀更加明显。无论是美国的CNN、《纽约时报》、《华盛顿邮报》，还是英国BBC，在传统媒体时代都曾经“不可一世”，现在也不得不“屈尊”到Facebook、X（原Twitter）、Instagram上开设账号才能接触到更加广泛的目标受众群体。

再媒介化的过程，并不仅仅是体现了不同媒介形态之间的相互影响和转化[①]，更为重要的是，笔者认为，再媒介化的过程是一个打破传统媒介赖以为继的“二次售卖”商业模式。

媒体，无论是西方的，还是中国的，基本上主要的商业模式仍然是“二次售卖”商业模式，这种商业模式的核心基础是受众群体。当一家媒体拥有了大量的受众群体后，其才能将这些受众群体（注意力或时间）售卖给广告主以获得盈利和生存发展。

然而，当新媒介成为传统媒体与受众群体之间的媒介后，原本属于传统媒体的受众群体就被新媒体所抢夺，导致传统媒体的二次售卖型商业模式被“釜底抽薪”。近年来国内大批主流媒体式微，一方面是由于其生产的媒体内容和形式难以适应年轻受众群体的需求；另一方面恰恰是因为在媒介进化过程中，被互联网媒体、社交媒体、平台媒体再媒介化，导致大量主流媒体逐渐失去了主战场和主阵地。

---

① 参见美国学者Jay David Bolter和Richard Grusin在*Remediation：Understanding New Media*一书中提出的再媒介化（Remediation）理论，参见Jay David Bolter and Richard Grusin，*Remediation：Understanding New Media*，USA：MIT Press，1998。

第三节　元宇宙框架下的第五次信息技术革命

如前文所述，元宇宙是新一代信息技术的“集成”创新。这里所谓的“新一代信息技术”，其实就是当前正在徐徐展开的人类新一轮信息革命浪潮。元宇宙，在新一代信息技术集成框架下开启的正是人类第五次信息技术革命。其中，空间交互技术、Web3.0（区块链）技术、AIGC 技术三大类信息技术群是第五次信息技术革命中的核心推动力。

一　元宇宙：媒介四元律的思考

1988 年，马歇尔·麦克卢汉与埃里克·麦克卢汉的合著《媒介定律：新科学》(*Laws of Media*: *The New Science*) 中明确提出了媒介四元律。

保罗·莱文森指出，“麦克卢汉的媒介四元律对任何一种媒介的冲击力和发展都提出了四个问题”。[①] 现将麦克卢汉的媒介四元律（媒介四定律）要点呈现如下：第一，提升（Enhancement）：这个人工制造物使什么得到提升或强化？或者使什么成为可能？或者使什么得以加速？第二，过时（Obsolescence）：如果情景中的某个方面增大或提升，原有的条件或未被提升的情景就会被取代。在此，新的“器官”使什么东西靠边或过时呢？第三，复活（Retrieval）：新的形式使过去的什么行动或服务再现或再用？什么曾经过时的、老的基础得到恢复，而且成为新形式固有的东西？第四，逆转（Reversal）：新形式被推向潜能（另一个互补的行动）的极限之后，它原有的特征会发生逆转。新形式的逆转潜能是什么？[②]

元宇宙，作为一种新兴媒介，其必然会对媒介生态系统产生巨大的冲击和影响，这里根据麦克卢汉的媒介四元律理论进行简要分析如下：

第一，元宇宙提升了受众的虚拟互动和体验能力：元宇宙通过虚拟现实和增强现实等系列技术群，使人们能够在虚拟空间中体验不受物理

---

① ［美］保罗·莱文森：《莱文森精粹》，何道宽编译，中国人民大学出版社 2007 年版，第 179 页。

② 摘自［加］埃里克·麦克卢汉、弗兰克·秦格龙编《麦克卢汉精粹》（第二版），何道宽译，中国大百科全书出版社 2021 年版，第 504 页。

限制的活动与互动场景，增强了人们在虚拟世界中的存在和交互能力，极大地扩展了人们的认知和感知界限。

第二，元宇宙可能导致某些传统的传媒业态变得过时：元宇宙提供了一种全新的沉浸式互动体验，传统的文本、图片，或以二维屏幕为基础的社交媒体、娱乐媒体及其他传媒业态（如社交网络、网络游戏和在线视频内容等）在与以3D为主的沉浸式空间、Web3.0的价值互联网和AIGC创作者经济体验对比中显得极为受限和缺乏吸引力。

第三，元宇宙恢复了互联网时代被忽略或压制的“现场体验感”：在互联网所建构的虚拟环境中，通过互联网媒介传输的世界是二维的，人们的现场参与和实地体验诉求被极大地忽略或压制。元宇宙通过XR、3D等各类场景空间技术为受众提供了“拟真”的参与现场，让受众回归到更为直接、身临其境的交流和体验互动过程中。

第四，元宇宙未来达到巅峰时会出现回归真实的逆转现象：元宇宙通过建构“拟真”模态满足受众的“真实体验感”。然而“感觉”毕竟只是感觉，不是真实，所以当元宇宙在未来发展成熟后，当人类真正生存在一个虚与实深度一体化的元宇宙时代，回归物理真实反而会成为人们最为迫切的需求和愿望。

二　空间交互维度上元宇宙信息技术革命

麦克卢汉提出的媒介四元律为理解元宇宙媒介提供了重要的分析框架。同时还需要认识到的是，与过往媒介所不同的是，元宇宙媒介传输的是“场景”、建构的是“共情”，是第三维感知意义上的新媒介。

（一）元宇宙媒介传输的是“场景”，收到的是“全感体验”

元宇宙媒介，在传输内容上与现有媒介存在根本不同。这里我们从各类媒介的传输内容上做一个简要分析。

纸质媒介时代，人们通过信件、报纸、杂志、各类书籍以及各类印刷品媒介传输的内容主要是文字和印刷版图画。

电子媒介时代，在电报、电话、无线电等媒介阶段，传输的内容是文字和声音，特别是人的语音成为电话和广播传输的主要内容；在电视与电影媒介阶段，传播的内容变成了动态图像、声音及图片等。

互联网媒介时代：从发送方来讲，发送出来的是文字、图片、音频、视频或直播画面等多媒体形态的内容；在接收端我们能够接收到的是视觉和听觉两大感官可以识别的丰富的信息，然而其仅仅作用于视觉和听觉两个感官，所以无法使人产生身临其境的氛围感。例如，你在外地出差，晚饭时间家人在厨房做菜，她（他）可能给你发送过来关于菜肴的文字、照片或者视频。以信息量最为丰富的视频为例，接收到视频的你，能够听到食物加工过程的声音、看到煎炒烹炸的过程和一盘冒着热气的佳肴的动态图像，但是无法真正感受到扑鼻的香气、咀嚼的味道、热气腾腾的厨房等整个现场的氛围感，而只能通过经验脑补整个场景。

元宇宙媒介时代：首先在发送端的传输内容上，不仅仅包含了文字、图片、音频、视频或直播画面等多媒体形态的内容，还将包含气味、触感、氛围感等互联网时代无法传输的模态内容；在接收端，我们能够接收到的除了视觉和听觉之外，还能接收到嗅觉、味觉、触觉和整体的场景知觉。还以上面的厨房场景为例，在未来比较理想的元宇宙媒介时代，信息接收方不仅仅能够接收到厨房烧菜的视频、音频信息，还将能够获得香气的嗅觉与品尝的味觉、汗珠从脸上流下来的感觉以及热度和气味弥漫的厨房的那种整体身临其境的感觉。在信息传输的逻辑上：传统媒介的信息传输方式，信息是从发送端推送到接收端的过程。元宇宙媒介的信息传输方式则不再是简单地推送信息的传输过程，而是接收端通过元宇宙媒介硬件（如 VR/AR 等）在接收端模拟生成的与信息发送端所在的事件发生地尽可能一样的场景。这个信息传输过程给人的感觉更像是在接收端的人“进入”发送端的场景中去的过程。信息的传输方式从“外部信息推送给我”变成了“我在场景中”（“我进入到场景中去”），二者的信息传输逻辑是完全不同的。

综上所述，如果说互联网媒介传输的是部分感官信息，那么元宇宙媒介传输的是“全感信息+具身感觉”，或者说得更简单一点，元宇宙传输的是“场景”，收到的是“全感体验”。

（二）元宇宙媒介：建构的是“共情”

空间交互维度上的元宇宙媒介，区别于传统媒介的核心在于其多模态的“场景”传输能力。传统媒介如文字、图片、音频和视频，尽管在传递视觉和听觉信息方面效果显著，但是无法将整个“场景”传递出来，难以给人身临其境的感觉。相比之下，元宇宙媒介不仅覆盖了基本的视觉和听觉信息形态，还扩展到了气味、触感以及更加整体性的氛围感知，从而提供了一种更全面的、沉浸式的体验。多感官信息的融合能极大地提升用户的体验质量，尤其在模拟真实世界环境时，这种全方位的感官刺激，让信息的接收方收到的是一种“全感体验”，获得了与信息发送方共同的视觉、听觉、味觉、触觉和感觉等神经刺激。脑科学研究表明，人类大脑在观察他人行动时会激活相似的神经反应。也就是说，在元宇宙媒介的信息传播与获取过程中，接收者的大脑会模拟出与信息发送者相似的神经反应，实现个体对他人情绪和经验的认知和理解，从而产生心理上的共鸣、建立双方的共情连接关系。

总结来讲，与传统媒介仅仅传递“信息”所不同的是，元宇宙媒介通过“场景”的传输，让信息接收者获得“全感体验”，进而建立传受双方的“共情关系”。这种共情关系的建立，不仅是媒介技术进步的体现，更将具有深远的社会意义。在元宇宙环境中，用户能够更加真实地体验和感受他人的情感和感官体验，不同地区的人们可以更好地理解不同文化和社会背景下生活方式和感受，从而促进更深层次的理解和共鸣。“美美与共，天下大同”，或许可以在元宇宙媒介时代得以真正实现。

（三）元宇宙：第三维感知意义上的新媒介

保罗·莱文森指出，“对环境日益增加的控制力，人与人的互动，对第三维的感知，各自以不同的方式构成我们生存所必需的条件。它们预示和假设媒介本身的功能”。[①] 这些属性是媒介演化强有力的出发点和目标。在媒介的人性化趋势意义上，传统的印刷媒介、电子媒介和互联网媒介，虽然在人类信息传播方面做出了巨大的贡献，但是它们都存在一个共性缺陷：缺乏第三维感知属性。

第三维感知能力，是人类的本能，也是人类生存和发展的基本需求。在人类生存意义上，人类需要通过第三维感知来判断物体的大小、形状、位置和距离等信息，从而更好地避免碰撞和危险。在成长与发展层面，第三维感知可以促进人类的认知发展，提高人类的空间能力和思维能力，激发人类的创造力和想象力。在媒介意义上，第三维感知可以

① ［美］保罗·莱文森：《莱文森精粹》，何道宽编译，中国人民大学出版社 2007 年版，第 184 页。

让人们使用自然的身体语言和手势进行交流和互动，提供更符合人类天然感知习惯的交互方式，这种方式才是更接近于人类现实生活的本能性媒介模式。

然而，传统的印刷媒介、电子媒介和互联网媒介给人类提供的仅是基于二维平面的媒介体验，存在以下三个方面的缺陷：

第一，信息呈现的二维局限性。例如印刷纸面、电子屏幕都是二维媒介的信息呈现方式。虽然互联网传输的视频可以是三维的，或者可以模拟三维效果，但用户实际上也是在二维屏幕上观看的。

第二，互动性和沉浸感的局限性。尽管电子媒介和互联网媒介在努力提供可能的互动性，但这种互动通常限于点击、输入文字、语音交互或观看视频等。用户始终缺乏空间感和真实感，无法产生真正的沉浸式体验。

第三，感官体验的根本缺陷。印刷媒介、电子媒介和互联网媒介主要依赖于视觉和听觉。在触觉、嗅觉、味觉和整体感觉方面，传统媒介是无法传递上述重要感官信息的。

元宇宙媒介，在媒介进化意义上，被视为第三维感知媒介，将从第三维感知维度很好地弥补印刷媒介、电子媒介和互联网媒介等传统媒介的根本不足：第一，元宇宙媒介正不断优化对现实三维世界的模拟。元宇宙媒介通过模拟现实世界的物理属性，如空间、时间和物体的动态，为人类提供第三维度感知。用户可以在元宇宙形成的虚拟空间中行走、触摸物体、互动交流，就像在现实世界中一样。第二，元宇宙媒介能够提供越来越好的沉浸感和互动性体验。元宇宙媒介通过虚拟现实（VR）、增强现实（AR）、计算机视觉、实时渲染等一系列技术提供日益接近现实三维空间的沉浸式体验。而且在这个过程中，用户不仅是观察者，还是参与者，能够在虚拟空间中以几乎真实的方式与他人和环境互动。第三，元宇宙媒介正在努力提供全感官的信息传递。元宇宙媒介在提供视觉和听觉信息的同时，正在通过触觉模拟、气味模拟、运动模拟、情感模拟等全感官模拟技术，提供越来越真实、丰富、细腻的类人真实体验，将完全超越传统媒介所能提供的二维信息限制，实现复杂的三维感知信息传达和交互，第一次从媒介维度实现人类本能需求的接近满足。

正如莱文森所说，第三维感知是人类属性中最悠远的属性（它比人类的历史还要悠远)，而且19世纪以后的媒介中，这样的感知却成为参与最少、再现最少的属性。[①] 所谓的第三维感知，其实就是人类的本能，人类看到的现实物体都是三维的，所以人类天生是具备第三维度感知的。但是人类以往创造的媒介，大部分都是一维或二维的，即使是电视能够展现三维的东西，但是也仅仅是一个二维的屏幕所展现的，并非是现实的三维物体。元宇宙，在媒介意义上最大的价值是让人类摆脱了传统的听和视的螺旋式媒介再现博弈，使得人类的媒介博弈升维到第三维度感知的层面。元宇宙媒介，通过场景传输，所弥补的，或者说再现的，恰恰是第三维感知。元宇宙媒介所补偿的、再现的、扩大的和提升的，并且被现有的听觉媒介、视觉媒介、平台媒介所忽略的、打压的，恰恰是人类对第三维感知的本能属性。

三　Web3.0（区块链）维度上元宇宙信息技术革命

基于区块链技术群基础上的Web3.0，在第五次信息技术革命浪潮中，带来的是人类世界信息、身份和价值的全面变革，推动信息互联网迈向价值互联网的转变。

（一）Web3.0（区块链）推动“信息”属性改变

第一，实现去中心化和透明性。Web3.0基于区块链分布式账本技术，将信息和交易记录存储在遍布全球各地的众多节点上，改变以往集中存储在少数中心服务器上的模式。这种去中心化机制使得数据难以被篡改或隐瞒，提高了整体系统的安全性和可靠性，更大幅度提高了信息传播的透明度。

第二，塑造信息的可追溯性。基于区块链技术的Web3.0将所有信息记录在一个不可篡改的分布式账本上，任何人都可以查看和验证历史信息，大幅提高了信息传播的可溯源性。

第三，打破信息垄断、保障公众知情权。区块链技术使用公开的共识算法（工作量证明PoW或权益证明PoS）来验证交易和记录信息，任何人都可以参与这一过程并进行监督，确保了信息的公开性和可信性，有助于打破信息垄断，更好地保障公众知情权。

---

① ［美］保罗·莱文森：《莱文森精粹》，何道宽编译，中国人民大学出版社2007年版，第184页。

（二）Web3.0（区块链）确立“身份”的唯一属性

第一，确立数字身份唯一性。区块链 NFT 技术第一次真正解决了人类、物品和信息在虚拟世界的唯一性问题，即所有的人都可以在虚拟世界中拥有独一无二、不可替代的唯一身份；所有的物品，无论是实体物品还是虚拟物品，也都可以拥有唯一的标识码。

第二，建立数据主权与自主管理能力。数字身份唯一性赋予了个人对数字身份和数据资产的自主控制权。用户可以自主决定自己的信息和数据如何被使用和分享以及收益如何分配，从而将打破中心化平台对用户信息权（所有权使用权）的垄断和剥削。

（三）Web3.0（区块链）建构价值互联网新范式

第一，数字资产价值确立。区块链 NFT 技术让互联网时代可被任意复制、篡改的数字信息成为虚拟世界中具有唯一性、不可篡改性、不可复制性的数字资产。只有在具有“唯一身份的人”“唯一标识的物”的基础上（二者缺一不可），数字资产才能得以真正确权进而可以进行交易流通，人类的数字经济体系才能得以建构。

第二，价值互联网新范式。一是确立数字资产价值。二是实现了价值资产的自由流通。三是实现了用户参与的价值共创网络。四是实现用户参与共创的价值回馈。五是实现用户对价值收益分配的自主控制。这为人类社会带来了全新的价值互联网，有助于构建更加公平正义的经济秩序。

四　AIGC 维度上元宇宙信息技术革命

2022 年 11 月 30 日 ChatGPT 的上线，推动了人类第五次信息技术革命新的高潮，将很可能从根本上颠覆传统的信息生产、信息传播方式，并将有力地推动人类文明的进程。

（一）AIGC 推动信息生产与传播范式的根本变革

第一，创作主体的变革。随着人工智能技术的发展，人机合作生产，即人类和机器共同参与创作的模式，逐渐成为内容的主要生产方式。过去，人工智能仅仅是作为辅助工具存在，而人类则扮演着创作者的主体角色。然而，ChatGPT、Midjourney、Sora 等大模型的崛起，我们目睹了人类逐渐从创作者主体演变为指令发出主体的变迁，这意味着真正的创作主体正逐渐由人类转变为智能机器。

第二，个性化内容创造与多样化创意爆发。AIGC 系统可以基于用户需求和偏好生成个性化内容，满足了个体在信息获取和表达方面的个性化需求；AIGC 还可以快速生成大量创意内容，为人类创作提供新的灵感启发，催生新的创意并产生新的内容形态。

第三，跨模态内容生成新模式。AI 大模型推动传统的"文生文""图生图"内容生产逻辑升级为跨模态的内容生成模式。一个文本经过 AI 大模型的处理可以高效生成一部小说、一篇论文、一系列图片、一个短视频，乃至一部电影或者一款游戏。AIGC 真正实现了内容生产维度上的媒体一体化融合。

第四，信息传播效率极大地提升。AIGC 可以通过机器人流程自动化（RPA）技术，实现内容的多平台智能分发，大幅提高内容分发效率、降低信息传播成本；AIGC 可以实现大规模定制化分发传播，实现信息传播的完全个性化。AIGC 还可以高效实现信息内容的多语言翻译，大幅提升信息国际传播效率和全球可及性。

第五，内容生产和传播的平权化。AIGC 技术能使内容的生产不再受限于专业技术人员，大幅降低了生产门槛和成本，让普通用户也能轻松生产高质量的文本、图像、视频等内容，能够拥有更多参与内容创作的机会，从而更充分享有参与社会话语的权利，从根本上打破了专业内容生产技能和中心化内容传播渠道的障碍，实现了人类信息权利的民主化与平等化。

（二）AI 大模型建构人类文明交融的全球媒介大枢纽

AI 大模型每时每刻都在汇聚全球各国各行各业各类信息，都在按照世界各地人类的指令生成各种知识和各类信息，可以说，AI 大模型正在成为全球最为核心、规模最大、效率最高的媒介大枢纽。

AI 大模型让各类文明资源已经可以瞬间无国界调用，为全球各地的创作者提供了无比丰富的世界素材库，使其能够在创作中自主选择和融汇不同国家、不同历史时期的信息元素，呈现出新颖而多元的精品力作。

综上所述，AI 大模型通过前所未有的跨越国界的灵活性、便利性、低成本性，将极大地促进世界各国文明资源的广泛而深刻的融合。不同文明之间的边界将逐渐模糊，不同内涵的文化元素将在数字创作中互相渗透，进而形成更加开放、包容的文化认同观，从而建构一个人类文明交流融通的真正的共同体时代。

第八章

元宇宙的技术体系简析

目前，产业界和学术界对于元宇宙技术体系达成的一个基本共识是：元宇宙并非仅指一两种具体的技术，而是一系列技术的有机组合。正如国家五部委办公厅联合发布的《元宇宙产业创新发展三年行动计划（2023—2025年）》（工信厅联科〔2023〕49号）中所明确指出的，元宇宙是“新一代信息技术集成创新和应用的未来产业”。邢杰等指出元宇宙是由区块链技术、交互技术、电子游戏技术、网络及运算技术、人工智能技术和物联网技术六大支柱性技术体系构成的组合。① 陈林生等从“内部视角”分析元宇宙技术，指出从技术组分看，元宇宙是互联网、大数据、人工智能、区块链、人机互动等一系列新先进技术的信息时空组合；从技术自创生机制看，元宇宙是新数字技术的“组合进化”；从技术本质看，元宇宙技术是对信息数字现象有目的的编程。②

本书认为，元宇宙是人类新一代生存方式。作为“人类新一代生存方式”的元宇宙包含四大板块——元宇宙的主体及其组织方式、元宇宙的生产与分配方式、元宇宙的栖息与生活方式、元宇宙的文化形成与传承方式。在上述四大板块中，需要着力于技术开发创新的核心环节包括：一是元宇宙中的非人类“主体”部分需要着力于“类人”技术的开发，其目的在于让非人类的主体更加“像人”。二是元宇宙的“生

① 邢杰等编著：《元宇宙通证：通向未来的护照》，中译出版社2021年版，第69—72页。

② 陈林生等：《元宇宙技术本质、演进机制与其产业发展逻辑》，《科学学研究》2024年第2期。

产力”部分需要着力于元宇宙生产力技术的开发，从而不断提升元宇宙创造物理和虚拟财富的能力。三是元宇宙的“生产关系”部分需要着力于元宇宙生产关系支撑技术的开发，其目的在于建构支撑人类新一代生存方式的新型生产关系的顺畅运行机制。四是元宇宙栖息与生活方式板块需要着力于“场景空间”技术开发，从而建构适应于人类新一代生存方式的新型场景空间。元宇宙的文化形成与传承方式板块主要在于元宇宙技术的应用创新，其相关技术大部分都在前述板块中进行了阐释。需要说明的是，技术并非本书的重点，因此，本章主要就相关技术在元宇宙中的功能和价值进行简要分析。

第一节　元宇宙“主体”的技术群

“人”是元宇宙中的核心主体。在未来元宇宙所要承载的新一代人类生存方式（人类社会）中，除了有“人”的具身化参与外，还将有大量的非人类主体，与人类共存于元宇宙世界中。这些非人类主体，一方面是在线上以虚拟数字人的方式存在；另一方面是在线下还将有大量的智能机器人出现在很多场景中。因此，在元宇宙关于“人”的技术群中，主要包含虚拟数字人技术群和智能机器人技术群两大类。

一　虚拟数字人技术群

虚拟数字人是建构虚拟世界层面的元宇宙的核心主体。虚拟主播、虚拟员工、虚拟市民等虚拟数字人已经越来越多地通过文旅、文博、影视、游戏、媒体等各个细分领域进入人类社会的日常生活中。虚拟数字人的核心在于外表、行为（包括言语行为）和思想，围绕上述三个核心板块，目前虚拟数字人的打造包含计算机图形学类技术（3D 建模技术、渲染技术等）、动作捕捉技术、语音合成技术和人工智能技术等核心技术。这里仅对部分核心技术进行简要分析。

（一）虚拟数字人的“外表”类技术

虚拟数字人的“外表”类技术主要是以计算机图形学类技术为重点。计算机图形学（Computer Graphics）是利用数学算法和计算机技术制作、处理和视觉化显示数字化图形、图像的科学，其涵盖了建模（特别是 3D 建模）技术、渲染技术、动画技术和人机交互技术等。

第一，3D 建模技术。在生成式人工智能技术大规模普及化应用之前，3D 建模技术是构建虚拟数字人外观模型的核心技术。虚拟数字人的形体、人脸、肤色、五官、发型、服装等各种外貌细节都需要 3D 建模技术来设计和打造。随着计算机图形学技术的发展，三维建模技术也不断进步，已经可以实现高度逼真的虚拟数字人造型。

第二，渲染技术。渲染技术是改善虚拟数字人视觉效果的核心技术。渲染技术通过计算机图形学相关技术，对虚拟数字人进行光照、纹理、阴影等各种细节的精细化处理，同时还可以做到实时光线追踪和全局光照，使虚拟数字人在屏幕上呈现真实、生动的视觉效果。

（二）虚拟数字人的“行为”类技术

第一，动作捕捉技术。动作捕捉技术是构建虚拟数字人动作、表情等实时行为信息的核心技术。动作捕捉技术通过捕捉真人的实时动作数据，并将其映射到虚拟数字人的模型上，使其尽可能展现出跟真人一样的自然流畅的动作和表情。传统的动作捕捉技术包括机械式运动捕捉、光学式运动捕捉、惯性式动作捕捉三种方式。由于上述方式需要配备价格很高的动捕设备，应用范围较为局限。采用手机和电脑摄像头、基于图像识别的轻量化动作捕捉方式目前正在元宇宙领域广泛应用；另外随着传感器和计算机处理能力的提升，动作捕捉技术也越来越精细化、智能化。①

第二，语音合成技术。语音合成技术是构建虚拟数字人语言行为系统的核心技术。语音合成技术主要包含语言模型、声学模型和声码器等多方面的技术。通过语音合成技术，虚拟数字人不仅能够“开口说话”，实现自然和流畅的语音输出，还能够根据不同的语境调整语音语调和情感表达方式。近年来，语音合成技术越来越多地与深度学习、神经网络等人工智能技术融合，形成 AI 语音合成技术，推动合成语音的质量和自然度不断提高。②

（三）虚拟数字人的“思想”类技术

人工智能技术是建构虚拟数字人“思想”系统的核心技术。虚拟

---

① 任宝身、仲祥成：《轻量化动作捕捉在数字虚拟人驱动中的应用研究》，《现代电视技术》2022 年第 10 期。

② 陈志业等：《AI 语音合成技术的应用与展望》，《影视制作》2023 年第 3 期。

数字人在开发过程中，通常会用到的人工智能技术包括：一是自然语言处理（NLP）技术，用于理解和生成人类语言，使虚拟数字人能够理解人类的语言，并能够与人类进行对话和沟通交流；二是计算机视觉技术，用于识别和理解人类的面部表情、身体动作和姿态，使虚拟数字人能够更准确识别人类的真实想法和情感倾向；三是机器学习技术，通过对虚拟数字人的机器学习训练，将使其能够更好地理解和响应用户的需求和行为；四是深度学习技术，通过创建和训练深度神经网络模型，使虚拟数字人在表情和动作生成、语音交互、情感识别以及智能决策等方面表现更加接近于人类；五是AI大模型技术，通过引入拥有巨量参数的AI大模型，可以使得虚拟数字人的智能水平更高，通过生成对抗网络（GAN）技术创造出更加逼真的表情、皮肤和形象，可以帮助虚拟数字人更好地适应不同用户需求和偏好，更好地提升用户体验。

需要指出的是，随着AI大模型技术的日益成熟，人工智能技术在虚拟数字人领域的应用已经突破了“思维”领域，而扩展至整体虚拟数字人的智能化生成全过程。特别是2024年2月OpenAI发布的文生视频大模型Sora，可以不需要传统的3D建模和渲染技术，而直接通过海量视频数据训练生成逼真、生动的虚拟数字人。毫无疑问，随着Sora这种AI大模型在虚拟数字人领域的普及化应用，整个虚拟数字人行业将迎来颠覆性革新。

二　智能机器人技术群

智能机器人技术日新月异，可以预见，在不久的将来，智能机器人将成为元宇宙时代与我们人类共存的另一类核心主体。智能机器人是由一系列软硬件组合而成的复杂系统，包含感知系统、决策系统、执行系统、能量系统和通信系统等核心技术模块。

第一，感知系统。智能机器人的信息采集和识别系统，用于机器人对周围环境的感知、识别和理解，具体包括传感器技术、摄像头技术、麦克风技术、激光雷达技术等一系列技术组合来实现视觉、听觉、触觉、嗅觉等多种类人感官功能。

第二，决策系统。类似于智能机器人的“大脑”，通过对人类指令和感知系统采集到的信息进行分析，然后根据预设的目标和规则做出决策。决策系统主要包括数据处理单元、知识库（存储知识和经验）、推理引擎（通过人工智能等技术进行推理和决策）等。

第三，执行系统。执行智能机器人决策系统的指令，并控制机器人的动作以确保其准确性和稳定性。执行系统主要包括电机控制技术、传感器控制技术、执行器控制技术等一系列技术组合。

第四，通信系统。为智能机器人提供全方位实时通信，包括人类与智能机器人之间的通信、智能机器人之间的通信，以及智能机器人与其他设备之间的通信等。

第五，能量系统。为智能机器人的感知、决策与执行等主体功能实现和整体顺畅运行提供能量，主要包括电池技术、电源管理技术、能量储存技术、能力转换技术等。

第二节　元宇宙生产力技术群

元宇宙生产力技术群，顾名思义，是构筑元宇宙这一人类新一代生存方式的生产力体系的支撑性技术统称，具体包括 AIGC 技术、计算技术、物联网技术、网络与通信技术等。

一　AIGC 技术

AIGC，即“人工智能生成内容”（Artificial Intelligence Generated Content），是支撑未来元宇宙建构最为关键的一种人工智能技术。AIGC 是指利用人工智能技术在无须或者很少人类直接参与的情况下自动生成内容的过程和结果。通过人工智能的机器学习、自然语言处理、Transformer 技术、对抗生成网络（GAN）技术、计算机视觉等技术，AIGC 可以创造文字、图片、音乐、视频等多种模态的内容。2022 年 11 月 30 日，ChatGPT 上线标志着人类 AIGC 时代的正式开启。ChatGPT 是基于 GPT（Generative Pre-trained Transformer）架构的聊天机器人，是由 OpenAI 开发的一种自然语言处理（NLP）模型，核心技术路线主要包括以下几个方面：一是 Transformer：GPT 基于 Transformer 的架构，是一种注意力机制（Attention Mechanism）模型，能够处理序列化数据。二是预训练与微调（Pre-training and Fine-tuning）：GPT 模型首先在大规模的数据集上进行预训练，学习语言的一般特征，然后在特定任务的数据集上进行微调，以适应特定的应用场景。三是无监督学习：GPT

模型的预训练过程通常是无监督的，不需要标签数据。四是大规模数据集训练：GPT 模型从网上收集海量文本数据进行训练，掌握广泛的语言技能和世界知识。①

二 计算技术

计算技术是支撑元宇宙软硬件系统顺畅运行的核心技术。有了足够强大的计算技术，元宇宙的各种软件平台和交互设备才能实时精准响应且更加轻量化、高清化和低成本化。计算技术最早可以追溯到古代的算盘及其他相关计算工具及算法，17 世纪 40 年代有了机械计算器，20 世纪 40 年代计算机的发明开启了人类的电子计算时代，21 世纪以来大数据、云计算、边缘计算、隐私计算、空间计算的兴起使得计算技术的应用更加广泛且深入，未来量子计算、生物计算的探索开发又将推动人类的计算能力产生质的飞跃。

第一，大数据技术。大数据是元宇宙计算技术体系中的核心技术之一。2011 年麦肯锡在美国举办的 EMC World 大会上首次提出了大数据（Big Data）的概念。随后 2012 年世界经济论坛发布大数据研究报告，美国政府发布大数据研究与发展倡议，联合国发布大数据的机遇与挑战白皮书，大数据技术成为全球关注焦点。大数据具有典型的 4 "V" 特征：Volume（容量大）、Variety（种类多）、Velocity（速度快）、Value（价值密度低）。② 大数据技术主要包含大数据采集技术、大数据批处理和流处理技术、大数据存储技术、大数据挖掘技术、大数据管理技术、大数据可视化技术以及大数据安全技术等。

第二，云计算技术。云计算技术思想最早可以追溯到 20 世纪 60 年代，2007 年 IBM 和谷歌公司的云计算合作推动其成为产业界和学术界的关注焦点。云计算（cloud computing）是以按需分配计算资源为运行方式，通过网络技术、分布式计算技术等实现资源共享、动态部署、动态扩展、实时监控的新一代商业计算模式，其服务类型包括基础设施即

---

① Ashish Vaswani, et al.,"Attention is All You Need", https://arxiv.org/abs/1706.03762, August 2, 2023.

② 刘智慧、张泉灵：《大数据技术研究综述》，《浙江大学学报》（工学版）2014 年第 6 期。

服务（IaaS）、平台即服务（PaaS）和软件即服务（SaaS）三种类型。[①] 2009 年，Santos 等针对云计算中的安全问题提出了可信云计算的思想和技术方案。[②] 从发展趋势来看，云计算技术正在向边缘计算和混合云模型方向拓展。

第三，边缘计算技术。边缘计算技术可以追溯到 2010 年左右。由于带宽和延迟的问题，云计算无法满足实时数据处理的需求，边缘计算应运而生。边缘计算是将计算下沉到靠近用户和数据源的网络边缘提供数据缓存和处理功能，从而有效减少数据传输时间、提高处理速度的计算范式。[③] 边缘计算具备低延迟、高效率、高安全性以及位置感知等突出特点。5G 通信技术的高带宽、低延迟等特性正在推动边缘计算获得更加广泛的应用。与此同时，边缘计算正在与人工智能、机器学习等技术融合形成智慧边缘技术，并且还在与云计算融合形成边缘云计算的新计算模型。

三 物联网技术

物联网技术是构筑元宇宙时代社会生产力的另一核心技术。物联网最早的技术思想来源于 1999 年美国 MIT（麻省理工学院）自动识别中心（Auto-ID Labs）提出的“网络无线射频识别（RFID）系统”，把现实中的所有物品通过信息传感设备连接到互联网从而实现自动识别和网络化管理。2005 年，国际电信联盟（International Telecommunication Union，ITU）在全球信息社会世界峰会（WSIS）上将其正式命名为“物联网”（the Internet of Things）[④]，并提出任何时间、任何地点、任何事物相互连通的万物互联时代。从技术体系构成来讲，物联网技术包含了感知层技术、网络层技术、应用层技术和管理层技术四大层次，其中感知层技术通过各类传感器为元宇宙世界构建感知与识别系统；网络层技术为虚实互通的元宇宙世界提供通信和连接保障；应用层技术为元

---

① 张玉清等：《云计算环境安全综述》，《软件学报》2016 年第 6 期。

② Santos N.，et al.，“Towards Trusted Cloud Computing”，Proceedings of the Workshop on Hot Topics in Cloud Computing，Berkeley：USENIX Association，June 1-5，2009.

③ 赵明：《边缘计算技术及应用综述》，《计算机科学》2020 年第 S1 期。

④ International Telecommunication Union，“Internet Reports 2005：The Internet of Things”，Geneva：ITU，June 15，2009.

宇宙万物随时随地互联提供应用服务；管理层技术为物联网系统的顺畅运行和安全可靠提供技术支撑。①

四 网络与通信技术

网络与通信技术为元宇宙提供基础的网络连接支撑，是元宇宙生产力得以建构的基础设施类核心技术群，具体包括互联网技术与通信网络技术两类基础技术，其中对于元宇宙起到主要支撑作用的是目前正在全球广泛推广的5G通信技术和主要国家在加紧研制的6G通信技术。只有通过足够快速的数据传输、足够低的延迟时间和足够广泛的万物连接，元宇宙才能真正得以顺畅运行。

第三节 元宇宙生产关系技术群

元宇宙，作为新一代人类生存方式，将建构与互联网时代网络效应、平台经济为主导所不同的新型生产关系。元宇宙生产关系的核心技术支撑是区块链技术群。区块链技术群具体包括哈希算法、时间戳技术、数据验证机制、共识机制、分布式存储技术、智能合约技术、分布式账本技术、DAO组织模式等，为元宇宙系统提供去中心化的数据加密与验证机制、共识机制、版权记录机制、自动交易与分配机制、数字资产管理机制等，构建了分布式、安全、可信和智能化的下一代互联网，是元宇宙新型生产关系系统的核心技术保障。

2008年，中本聪在论文《比特币：一种点对点的电子现金系统》中描述了一种全新的电子现金理念，2009年1月比特币系统开始运行，而支撑比特币运行和交易的底层技术便是区块链技术。关于区块链的标准化界定，国际电气与电子工程师协会于2020年3月5日批准通过的IEEE首个关于区块链的国际标准“IEEE Standard for Data Format for Blockchain Systems”中对区块链给出了两个标准化定义：一是区块链是一种不可伪造、不可变和可追溯的链接块数据结构，以及一种基于这种链接块数据结构并通过对等网络环境中的透明和可信规则构建的事务实

① 孙其博等：《物联网：概念、架构与关键技术研究综述》，《北京邮电大学学报》2010年第3期。

现和管理模式。二是区块链是一种通过在对等网络环境中构建不可伪造、不可变和可追溯的链接块数据结构的事务实现和管理模式。ISO 22739：2020《区块链和分布式账本技术词汇》对区块链进行了标准化界定："区块链是用密码技术将共识确认的区块按顺序追加形成的分布式账本，具有技术、金融和社会属性。"在对区块链的内涵界定基础上，本书对与区块链相关的几大核心技术概念进行厘清和阐释如下：

第一，区块。在区块链系统中，区块是用于记录最新数据的永久账本，它是构成区块链条的基本单元。每个区块包含区块头（Block Header）、版本号（Version）、上一个区块的哈希值（Previous Block Hash）、当前区块所有交易的 Merkle 根哈希值（Merkle Root Hash）、时间戳（Timestamp）、工作量证明随机数（Nonce）等关键数据结构内容。

第二，哈希算法。又称为散列算法，是通过特殊的数学运算方式将任意长度的输入数据转换成一个固定长度的且彼此不同的字符串输出，称为哈希值或散列值，具有不可逆性、雪崩效应（原始数据微小变化导致完全不同哈希值）、极难重复性（不同输入几乎完全不可能得到相同哈希值）等核心特征。哈希算法的计算过程又被称为创建"数字指纹"的过程。

第三，时间戳技术。简单来讲，时间戳就是记录"区块"上链的时间的技术。通过时间戳的记录，区块上链先后顺序就被永久记录下来，为整条区块链建立了一个统一的时间线，避免了数据被篡改的可能性。

第四，智能合约技术。最早是 1994 年由密码学家尼克·萨博提出，所谓的智能合约，其实就是将合约各方之间的协议条件用数字编码形式加以定义并存储在区块链上，在满足条件时自动执行协议规定的行动条款，无须人工干预。智能合约具有不可更改性（除非合约本身允许升级）、可信执行性（处理结果对所有节点公开并且可核实）、高效率与低交易成本性等多项关键特性。[①]

① 张雯婷：《基于区块链的网络空间数字劳工劳动图景重塑》，硕士学位论文，华东政法大学，2022 年。

作为一个分布式账本，区块链中每一个区块都包含网络交易有效确认的信息，利用密码学形成数据记录，为网络信息的价值锚定提供有效支持。区块链平台共识机制和分布式数据储存的特点为实现去中心价值化管理提供技术支持，同时“时间戳”将前后区块串联起来，使区块链中的信息能够自动验证、确认、形成共识，并可追溯信息，具有透明性和可检查性，进而对网络价值进行量化。网络用户在区块链系统中进行交易时，智能合约保障点对点可信任交易。智能合约是一套以计算机语言编程形成的合约，以计算机自动执行的功能替代了传统第三方的角色，有效保障价值流通过程中按合同既定的各方利益约定进行价值分配。概言之，在互联网价值流动过程中，区块链在底层技术层面搭建起网络空间数字劳工价值共创和利益共享平台，实现了数字劳动的价值锚定、价值量化以及价值流通，为数字劳动图景的创新重构提供了创新思路。①

第四节　元宇宙场景空间技术群

元宇宙场景空间技术群是指为用户全感官、全方位、身临其境般体验虚实无缝融合的元宇宙各种场景、搭建服务用户的元宇宙空间的各项技术总和。元宇宙场景空间技术群主要包括数字孪生技术、XR（扩展现实）技术、类全息投影技术、传感交互技术、脑机交互技术、智能驾驶技术等，现做简要分析如下。

一　数字孪生技术

数字孪生（Digital Twin）技术是元宇宙场景空间建构的核心技术之一，是利用数字技术对现实物体或空间的形态、特征等进行全方位建模，构建与现实世界完全一样的虚拟世界的数学模型，是实现物理世界与现实世界相互融合的最为核心的技术。

二　XR（扩展现实）技术

XR（Extended Reality，扩展现实）技术是元宇宙场景空间建构的

① 臧志彭、张雯婷：《价值共创与利益共享——区块链对网络文化空间数字劳工劳动图景的重塑》，《文化产业研究》2021 年第 2 期。

核心技术之一，具体包括 VR（Virtual Reality，虚拟现实）技术、AR（Augmented Reality，增强现实）技术、MR（Mixed Reality，混合现实）技术，为元宇宙的用户提供各种沉浸式体验，是当前建构元宇宙场景空间系统最为主要的一类核心技术。

三　类全息投影技术

类全息投影技术是元宇宙场景空间建构的又一类核心技术。严格意义上的全息投影技术是利用光的干涉和衍射原理记录并再现物体真实三维图像的技术，由于此类技术还不成熟，往往被称为类全息投影技术。目前主要的全息技术包括反射全息和激光 3D 全息。类全息投影技术与 XR 类技术的区别在于，能够帮助用户在不需要佩戴任何硬件设备的情况下，实现裸眼观看物体的 3D 虚拟图像，从而为用户建构一个自然状态下的元宇宙场景空间系统。

四　传感交互技术

传感交互技术是元宇宙场景空间建构的另一类核心技术。传感技术是基于敏感机理、敏感材料、计算测量技术和各类传感设备实现对被感知对象的信息获取与信息处理的一类技术的统称。我们的人体其实是一个充满精密传感器的组合体，脑、眼睛、耳朵、鼻子、嘴巴、皮肤、四肢、手指、脚趾等都可以作为人机交互的界面，服务于元宇宙场景的传感技术也在往这些方面加速发展，如触觉传感技术、电子皮肤技术、气味传感技术、声音传感技术、视觉传感技术等。前文的 XR 技术、类全息投影技术主要解决的是元宇宙场景中“观看”这一视觉问题，而传感交互技术一方面为“观看”提供信息传导和反馈，另一方面为用户提供触觉、听觉、嗅觉等全感官体验的核心技术支持。

五　虚拟拍摄技术

虚拟拍摄技术是一种利用计算机图形学、虚拟现实等多种技术来创建虚拟场景，并将其与真实场景融合在一起的新型制作技术，主要包括场景建模技术、灯光和材质设置技术、摄像机跟踪技术、虚实场景合成技术等。虚拟拍摄技术是元宇宙虚拟场景空间建构、创造丰富多样虚拟体验的核心技术。

例如，2024 年元旦前后热播的电视剧《繁花》中的黄河路，其中有一部分是影棚采用了虚拟制作的方式还原了当年繁华热闹的黄河路场景。剧中场景多处采用了混合现实、虚拟制作和虚拟引擎技术，同时采用“立面+天幕+移动”LED显示屏及全套VP虚拟制片解决方案，为观众呈现了极富年代感的上海。①

六　空间计算技术

空间计算是在XR、3D、计算机图形学、机器视觉、物联网、传感、体感、AIGC等融合技术的加持下，基于空间操作系统，使得用户能够以数字化方式（如数字分身等）与空间场景、空间中的物体或程序进行实时交互，从而实现物理世界与虚拟世界无缝衔接、深度融合，让用户获得虚实一体、身临其境的沉浸式体验的元宇宙基础技术。②

七　脑机交互技术

脑机交互技术是未来元宇宙场景空间建构的重要技术方向。脑机接口技术的目标是让计算机能够对人类意念进行直接读取和解码，从而识别人的意图、情绪等内在思维和信息，进而能够理解和执行相应指令。随着脑机交互技术的进步，人类和机器（计算机）之间的界限将会逐渐模糊，人机融合的时代将会开启。

八　智能驾驶技术

智能驾驶技术是未来元宇宙场景空间建构的另一个重要技术方向。汽车是一个大多数人每天都要用到的交通工具，当汽车的智能驾驶技术发达到人类可以完全从驾驶中解放出来的时候，汽车将是一个拥有巨量用户的元宇宙场景空间。

---

① “上海科技”公众号：《〈繁花〉的“黄河路”，不是黄河路？原来〈繁花〉中也有元宇宙……》，https：//mp. weixin. qq. com/s/Frs1sJv91-lRwxhtEr_2iw。

② 詹新惠：《进入空间计算时代的传播想象》，《青年记者》2023年第22期。

第九章

元宇宙的产业体系框架

熊彼特早在20世纪三四十年代就明确指出，创新能够从内部不停地革新经济结构，不断地破坏旧有的秩序和结构，同时在不断地创造新的结构。他认为，创新是经济发展的本质规定。布莱恩·阿瑟在《技术的本质：技术是什么，它是如何进化的》一书中也认为，经济发展是技术进化的结果。[①]

元宇宙技术体系研究表明，元宇宙首先是技术创新的结果，是在网络与计算技术、虚实交互技术、人工智能技术、区块链技术等一系列新兴技术创新发展基础上形成的经济社会的整体性变革过程。这一变革过程，正在不断破坏传统的产业秩序和结构，同时也在持续地创造新的业态、新的模式与新的结构，从而逐渐形成元宇宙产业体系和元宇宙经济系统。

第一节　国外有关元宇宙的产业框架

一　Mathew Ball 的元宇宙产业框架

美国著名投资人马修·鲍尔（Mathew Ball）提出了元宇宙产业体系的八个构成，分别是硬件、网络、计算、虚拟平台、交换工具和标准、支付、内容服务和资产、用户行为[②]，如图 9-1 所示。该框架获得了产业界的普遍共识，这里做简要摘录和介绍。

---

① 陈林生等：《元宇宙技术本质、演进机制与其产业发展逻辑》，《科学学研究》2024年第2期。

② Mathew Ball，"Framework for the Metaverse"，https：//www. matthewball. vc/the-metaverse-primer，April 7，2021

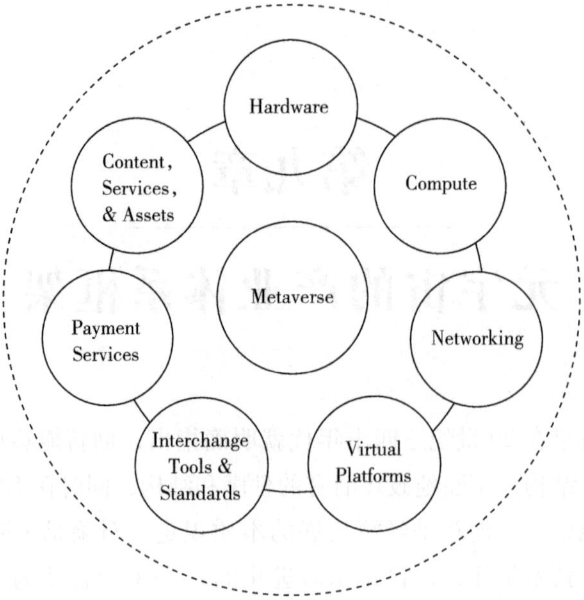

图 9-1 马修·鲍尔（Mathew Ball）元宇宙分析框架

第一，硬件。用于访问、交互或开发元宇宙的物理技术和设备。一方面包括面向消费者的硬件，如手机、VR、触觉手套等。另一方面包括企业端的硬件，如工业相机、扫描仪、传感器等。但并不包括芯片、服务器、光缆等硬件。

第二，网络。持久的实时连接、高带宽和分散式数据传输，包括主干提供商、网络、交换中心，同时还包括路由服务商、数据传输服务商等。

第三，计算。支持元宇宙顺畅运行的计算能力，涵盖物理计算、渲染、数据对账（reconciliation）与同步、人工智能、投影、动作捕捉与转译等多种复杂功能。

第四，虚拟平台。沉浸式数字模拟（以三维为主）的开发和运营，为用户和企业提供探索、创作、社交和参与各种体验的环境和世界。这些虚拟平台拥有庞大的开发者和内容创作者生态系统。

第五，交换工具和标准。用于实现互操作性的实际标准，包括工具、协议、格式、服务和引擎等，以支持元宇宙的创建、运营和持续改进。

第六，支付。数字支付流程、平台及其运营，包括将法定货币兑换为比特币、以太坊等加密数字货币的入口和通道服务等。

第七，内容服务和资产。与用户数据和身份关联的数字资产的设计/创作、销售、转售、存储、安全保护和财务管理。这里涵盖所有“建立于”元宇宙之上的或“服务于”元宇宙的业务和服务，但不包括平台所有者垂直整合到虚拟平台中的服务。

第八，用户行为。可观察到的与元宇宙直接相关的或反映其原则和理念的消费者和企业行为的变化，包括支出和投资、时间和注意力、决策和能力等方面。这些行为在早期被视为“趋势”，其后将显示出持久的全球性社会意义。①

二 Jon Radoff 的元宇宙产业框架

美国实时游戏服务平台 Beamable 的首席执行官兼联合创始人 Jon Radoff 提出了元宇宙价值链的七大环节，分别是体验、发现、创作者经济、空间计算、去中心化、人机交互、基础设施②，如图 9-2 所示。

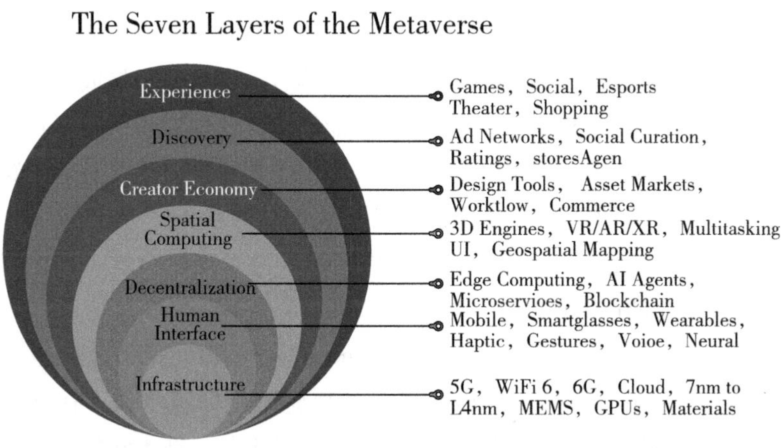

图 9-2 拉多夫（Jon Radoff）的元宇宙分析框架

① Matthew Ball, “Framework for the Metaverse”, https://www.matthewball.vc/the-metaverse-primer, April 7, 2021.

② Jon Radoff, “The Metaverse Value-Chain”, https://medium.com/building-the-metaverse/the-metaverse-value-chain-afcf9e09e3a7, April 7, 2021.

Jon Radoff 认为元宇宙的价值链应该是一个由创作者驱动的、建立在去中心化基础上的未来产业和技术体系。他强调现在的产业投资和决策应努力实现一个由创作者创造的能够提供丰富体验的元宇宙，而不是由下一波看门人和租金掠夺者定义的封闭的元宇宙。这里将 Jon Radoff 关于元宇宙产业价值链理论进行摘要和概括介绍。

第一层：体验（Experience）。元宇宙不是 3D、2D 或图形化的空间，而是关于物理空间、距离和物体的不可阻挡的去物化过程（it is about the inexorable dematerialization of physical space, distance, and objects）。当物理空间被去物化时，原本稀缺的体验机会将会更加丰富，例如现场音乐会的前排座椅数量有限，但在元宇宙中的虚拟音乐会可以让你独享最佳位置。元宇宙还将引导我们进入"内容—社区复合体"的新体验模式，内容在用户社区的互动中产生，用户成为内容的实质性创作者和传播者。

第二层：发现（Discovery）。发现层是推动和吸引人们探索新体验的庞大的生态系统，主要包括引入型（用户主动寻求体验信息）和推送型（向用户推荐营销）两类。随着内容本身在更多元宇宙环境中更容易交换、交易和分享，内容本身也将成为一种营销资产。典型的例子是 NFT（Non-Fungible Token，非同质化通证）。内容市场将成为应用程序市场以外的另一种发现方式。让用户能够更方便地加入朋友正在参与的活动中的这种实时存在功能在未来元宇宙中也将扮演重要角色。跨越元宇宙中各种活动的实时发现机制将把人们从异步的"社交网络"转向实时的"社交活动"，而这将是创作者最大的发现机会之一，也将是人类社交范式的巨大改变。

第三层：创作者经济（Creator Economy）。伴随元宇宙体验越来越沉浸的同时，元宇宙时代的创作者数量也将呈指数级增长。在这一层中，包含了创作者在创作过程中所需要的各种工具、技术和模板，同时还提供了一个以内容为核心的社交网络与货币化功能，并且将开发的过程重塑为一个自上而下、以创意为中心的过程。

第四层：空间计算（Spatial Computing）。所谓的空间计算，其目标是打破物理世界和数字世界之间的界限，让两者能够相互渗透、相互引导。空间计算的技术关键在于设计出超越传统屏幕和键盘边界的系统，而不是做简单的现实模拟。空间计算，其核心是追求现实和虚拟世界的无缝融合，打造一个更加沉浸式、更加自然的人机交互体验。

第五层：去中心化（Decentralization）。区块链技术，可以在软件之间实现价值交换，提供自主身份和新的内容，以及货币捆绑和解绑方式。这个创新领域被称为Web3，它将金融资产从集中式控制和托管中解放出来。此外，边缘计算将把云端计算带到人们的家中，实现低延迟的、去中心化的计算能力需求。

第六层：人机界面（Human Interface）。计算设备正变得更贴近人们的身体，推动人类向赛博格化的转变。人机交互界面将迎来新的发展趋势：一是智能手机将进一步小型化，传感器、嵌入式AI、边缘计算等功能将会使手机越来越强大，并吸收更多元宇宙时代的应用程序和体验功能。二是笨重的VR设备将会演化为能够提供AR和VR应用程序，并集成智能手机所有功能的智能眼镜。

第七层：基础设施（Infrastructure）。基础设施层主要是指支持我们设备的底层技术，包括高速率、大带宽、低延迟的5G和接下来的6G技术；3纳米制程或者更小的半导体芯片；微小传感器；紧凑耐用的电池等。①

三　本书提出的元宇宙产业框架

在学习借鉴国外有关元宇宙产业分析框架的基础上，本书提出关于元宇宙的产业分析框架，如图9-3所示。本书认为，整个元宇宙产业链可以分为两大板块：一是元宇宙核心产业链；二是元宇宙衍生产业链。

第一，基础设施端。位于核心产业链的最底层，包括5G网络、操作系统、网络安全、芯片、云服务器和超算中心等。第二，交互硬件端。位于基础设施上端，主要包括人机交互设备、智能机器人、可穿戴设备等能够实现人与元宇宙世界进行交互的各类硬件设备。第三，应用型通用技术端。指的是在元宇宙新的空间里所构建的应用，普遍会用到的应用层面的通用型技术，具体包括人工智能、区块链、沉浸式技术、

① Jon Radoff, "The Metaverse Value-Chain", https://medium.com/building-the-metaverse/the-metaverse-value-chain-afcf9e09e3a7, April 7, 2021.

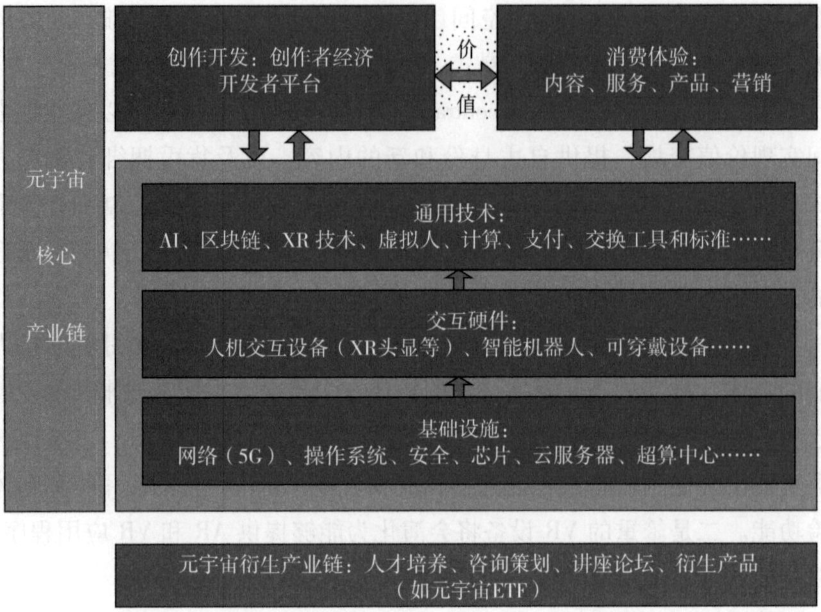

图 9-3　本书提出的元宇宙产业分析框架

资料来源：笔者设计。

虚拟人技术、计算、支付技术等。基础设施、交互硬件、通用技术这三层构成了整个元宇宙产业发展的基础底座。第四，创作开发端。实际上包含内容创作者和应用程序开发者两大类主体，创作开发端是指为创作者、开发者提供的元宇宙经济系统里的创作空间和开发平台。第五，消费体验端。主要是指为全世界消费者提供的元宇宙相关的内容、服务、产品及相应的营销体验等。创作开发端与消费体验端能够在元宇宙产业链基础底座的支撑下进行频繁的创新价值交换，形成元宇宙空间的网络效应。

以上五个产业链端是元宇宙核心产业链的组成部分。在核心产业链的基础上，实际上又衍生出了一些新的元宇宙相关产业链，例如元宇宙人才培养、元宇宙项目策划咨询、讲座论坛，以及元宇宙金融衍生产品开发等。

第二节　经典理论视角下元宇宙产业创新演化逻辑

一　熊彼特创新视角下元宇宙产业的创新机理

熊彼特提出了创新的五种类型理论框架，包括采用一种新的产品或产品的一种新特性（产品创新）、采用一种新的生产方法（技术创新/生产创新）、开辟一个新的市场（市场创新）、一种新的供应来源（资源配置创新/供应链创新）和产业新的组织形态（组织创新/结构创新）五个方面。参考熊彼特的五种创新类型理论，可以解释元宇宙产业的创新活动机理。

第一，元宇宙产业的产品创新属性。元宇宙，首先是一种全面而深入的产品创新活动，通过 VR、AR、MR、区块链、人工智能、空间计算等技术的集成应用，创造出了消费者以往并不熟悉的新的文化体验产品，例如 Meta Quest VR 一体机，或者苹果公司新发布的 Vision Pro，又或者是风靡上海的“风起洛阳 VR”体验项目；同时也广泛地赋予已有文化产品新的功能和特性，例如正在全国博物馆广泛推广的 AR 导览体验。

第二，元宇宙产业的技术创新与生产创新。元宇宙的相关硬件产品、内容产品或服务体验，在生产过程中广泛采用了新的生产方法。例如，VR 大空间沉浸式探索项目《消失的法老——胡夫金字塔沉浸式探索体验展》，让消费者不必去埃及金字塔现场也能沉浸式走进4500 年前古埃及金字塔错综复杂的内部结构、观赏金字塔顶部风光（现场无法攀爬欣赏）、近距离观看法老木乃伊的制作过程……而 2022 年 11 月 30 日上线的 ChatGPT 更是开创了 AIGC（AI 生产内容）的全新生产范式创新模式。

第三，元宇宙产业的市场创新。元宇宙的细分行业在全球范围内开创了很多新的市场，例如基于区块链技术的 NFT 与数字藏品便是一个典型案例：王家卫导演 2021 年 10 月以 428 万港元成功拍卖了 1999 年《花样年华》未公开片段 NFT，推动了影视数字资产 NFT 新市场发展，一方面催生了传统影迷粉丝群体的纪念品收藏新市场，另一方面推动非影迷粉丝群体进入影视数字资产交易市场；BBC 科幻电视剧《神秘博士》推出NFT交易卡 Doctor Who 联动开发了粉丝的游戏玩家市场……类似的市场创新在元宇宙领域随处可见。

第四，元宇宙产业的资源配置创新（供应链创新）。元宇宙的很多领域正在改变传统的资源配置、创新供应链。例如，越来越多的历史街区与城市工业遗产、文化遗产的改造更新正在应用元宇宙的相关技术和设计方案，大量的旅游景区都在建设线上的元宇宙虚拟景区或虚拟导览体验，正在形成线上线下相结合的旅游项目开发供应链和资源配置路线；苹果 VisionPro 与 Unity 正在用统一的协议标准来推进渲染管道、插件、输入输出方式等系列标准化，从而让不同的开发者开发的内容能够在同一个元宇宙空间中实现互操作，这将推动元宇宙领域打造全新 App 供应链模式。

第五，元宇宙产业的组织创新/结构创新。元宇宙的诞生和发展过程，必然是一个打破传统垄断组织、形成新的产业结构的过程，同时也很可能是打破已经诞生了400多年的“企业”这一基础的生产组织形态。正如前文关于元宇宙发展三阶段理论所述，Web3.0 的区块链、NFT 等技术形态正在建构的“创作者经济”模式将会逐步瓦解目前移动互联网时代“垄断一切”的平台经济模式；与此同时，AIGC 带来的 C 端生产力的全面解放，又将在极大程度上加速这一瓦解进程，二者共同推动元宇宙发展进入生产关系变革的2.0阶段，将形成全新的多中心的产业结构形态和日益增多的共建共治共享的社群化组织结构。

二 佩蕾斯“技术—经济”范式下元宇宙产业未来演化周期

英国著名演化经济学家佩蕾斯（Carlota Perez）的《技术创新与金融资本》一书对18世纪末以来全球经济的五次发展巨浪进行了深入分析，提出每一轮技术创新浪潮将经历安装期（Installation Period）和应用期（Deployment Period）两大发展阶段：在安装期，将发生新技术对传统产业体系的破坏性重组，进而建立新的产业体系和基础设施，这其中又分为导入阶段（Irruption Phrase）和狂热阶段（Frenzy Phrase）。在应用期，新技术主导的产业体系逐步成型、新的经济范式得以确立。而且她指出上述两大阶段大约都将经历20—30年的演化时间，而这期间又可以分为协同阶段（Synergy Phrase）和成熟阶段（Maturity Phrase），如图 9-4 和图 9-5 所示。①

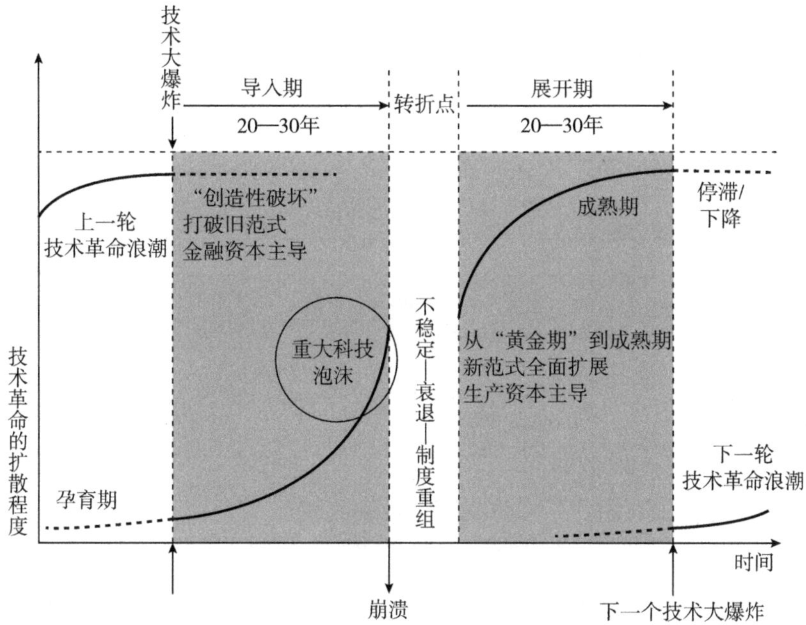

图 9-4 佩蕾斯提出的技术—经济范式阶段划分

资料来源：翻译自 Perez C.，"Great Surges of Development and Alternative Forms of Globalization，Theotonio Dos Santos and Carlos Eduardo Martins，Long Duration and Conjuncture in Contemporary Capitalism"，REGGEN-UNESCO/UNU，Universidad Federal de Santa Catarina，2007。

按照上述"技术—经济"演化范式，可以认为元宇宙从 2021 年开始进入安装期，近两年来我们也陆陆续续看到了元宇宙对一些传统行业的颠覆性影响和创新性重构迹象，元宇宙的新型基础设施也在开始建构。预计到 2050 年左右，我们有可能将会进入到从安装期向应用期升级的过渡阶段。到那时候，元宇宙的经济范式将会正式形成，我们也将正式进入新型生产关系成型的元宇宙 2.0 阶段。

① Perez C.，"Great Surges of Development and Alternative Forms of Globalization，Theotonio Dos Santos and Carlos Eduardo Martins，Long Duration and Conjuncture in Contemporary Capitalism"，REGGEN-UNESCO/UNU，Universidad Federal de Santa Catarina，2007.

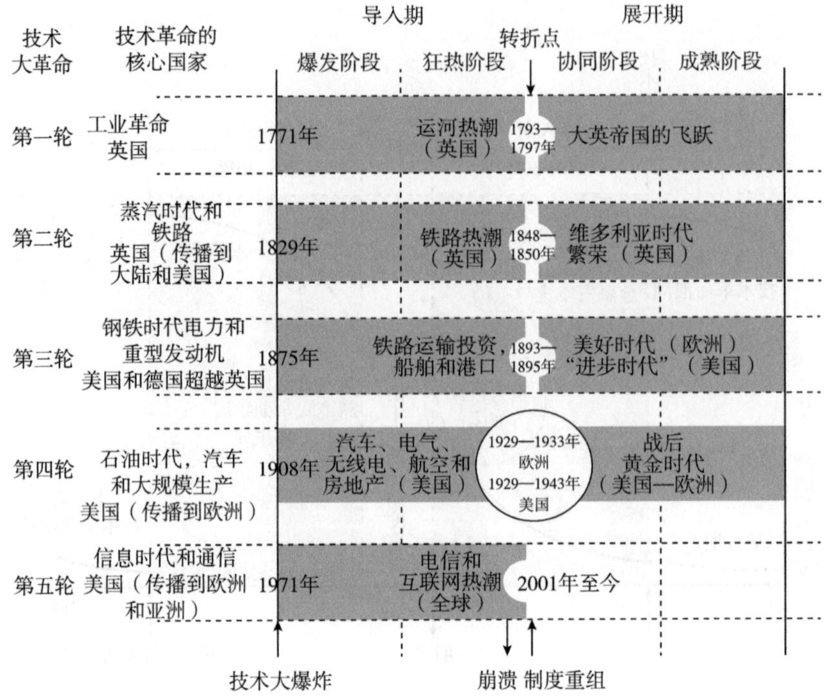

图 9-5　佩蕾斯提出的全球经济五次发展巨浪的演化过程

资料来源：翻译自 Perez C.，“Great Surges of Development and Alternative Forms of Globalization，Theotonio Dos Santos and Carlos Eduardo Martins，Long Duration and Conjuncture in Contemporary Capitalism”，REGGEN-UNESCO/UNU，Universidad Federal de Santa Catarina，2007。

第三节　元宇宙产业体系的基本框架

当前，我们正处于元宇宙“技术—经济”发展巨浪的第一阶段——导入阶段。

在导入阶段，首先要经历的是思想的洗礼，是新的技术革命思想对传统习惯和思想理念的冲击与重塑；与此同时，是新的技术逻辑对传统的生产方式、技术规程与制度标准的重塑过程。① 元宇宙产业体系将在上述的思想冲击与技术重塑进程中得以逐步建立和展开。概括来讲，导入阶段的元宇宙产业体系，从底层设施到行业应用包含了六大结构层面。

第一，行业应用层。指元宇宙在各个细分行业产生的具体场景应用，具体可以分解为农林牧渔元宇宙、工业元宇宙、建筑元宇宙、交通运输元宇宙、文教体元宇宙、金融元宇宙、住宿餐饮元宇宙、医疗卫生元宇宙、公共服务元宇宙等，未来将逐步实现千行百业的元宇宙化。

世界经济论坛 2024 年 3 月发布了《产业元宇宙导航：未来创新蓝图》(*Navigating the Industrial Metaverse*：*A Blueprint for Future Innovations*)，其中明确指出元宇宙能够利用数字信息和人工智能技术优化人员、实物商品、资产、地点、流程、供应链、运营、现场服务和设备以及环境等各方面的交互作用和远程协作，实现物理世界和虚拟世界之间的双向知识流动，从而加速产业革命。② 2023 年 10 月 27 日，工业和信息化部工业文化发展中心、工业元宇宙协同发展组织经过实地调研、座谈论证和专家评审，最终遴选出 24 项"工业元宇宙协同发展组织 2023 年度优秀案例"，如表 9-1 所示。

表 9-1 工业元宇宙协同发展组织 2023 年度优秀案例

企业名称	案例名称
技术研发设计类	
中冶京诚工程技术有限公司	钢铁行业数字孪生工厂全生命周期管理平台
南京芯视元电子有限公司	天目 MicroLED 微显示芯片

① Perez C.，"Great Surges of Development and Alternative Forms of Globalization，Theotonio Dos Santos and Carlos Eduardo Martins，Long Duration and Conjuncture in Contemporary Capitalism"，REGGEN-UNESCO/UNU，Universidad Federal de Santa Catarina，2007.

② World Economic Forum，"Navigating the Industrial Metaverse：A Blueprint for Future Innovations"，https：//www3. weforum. org/docs/WEF_Navigating_the_Industrial_Metaverse_A_Blueprint_2024. pdf，March 12，2024.

续表

企业名称	案例名称
杭州灵伴科技有限公司	灵伴工业元宇宙平台
南京维赛客网络科技有限公司	中核集团新疆阿尔塔什水利枢纽元宇宙工业项目
亮风台（上海）信息科技有限公司	亮风台天工数智工业现场解决方案
江西软件职业技术大学	基于体积视频技术的元宇宙数字红色文旅数字资产公共服务平台建设
北京蓝亚盒子科技有限公司	基于全平台的工业元宇宙 3D 引擎 LayaAir
北京大视景科技有限公司	钢厂产线一张图三维视频融合智能管理系统
北京优锘科技股份有限公司	ThingJS-X 零代码平台
生产运维管理类	
中车大连机车车辆有限公司	基于数字孪生技术的智能化产线建设
光线云（杭州）科技有限公司	光线云数字孪生城市
英特工程仿真技术（大连）有限公司	大型水轮发电机组关键设备物理场在线监测系统
长沙宏达威爱信息科技有限公司	挖掘机仿真操作平台
宝略科技（浙江）有限公司	余姚国华电厂智能运行监测预警项目
大连奥托股份有限公司	奥托汽车白车身装备生产线
信华信技术股份有限公司	基于数字孪生的焦炉机械智能决策分析系统
中铱数字科技有限公司	基于众铱链的数字供应链协同平台 2.0
中兴通讯股份有限公司	中国电信 2022 年杭州亚运会 AR 智慧指挥运维系统
南通海赛未来数字科技有限公司	海赛墨子空间临江生物科技产业园区元宇宙平台
慧拓仿真实验室	基于矿山元宇宙的煤矿运输无人化应用与实践
宁波未知数字信息技术有限公司	数字孪生+增强现实工业平台
网易（杭州）网络有限公司	网易伏羲智能装载机平台创新应用

续表

企业名称	案例名称
成都森海灵犀科技有限公司	什邡第三自来水厂数字孪生系统
产品测试培训类	
武汉灏存科技有限公司	灏存元宇宙人机交互平台

资料来源：工业和信息化部工业文化发展中心官网，https：//www.miit-icdc.org/info/1008/13124.htm。

第二，网络平台层。指服务于元宇宙产业体系信息流通、技术流通和资产流通的网络组织或平台，主要包括社群平台（网络组织）、开发平台（网络组织）和交易平台（网络组织）。

第三，产业生态层。指元宇宙产业体系的配套服务行业以及衍生行业，主要包括金融服务、人才服务、传播服务、咨询服务和法律服务等，与上述五大结构层面相关行业、范式创新循环内核以及内外双轮动力机制共同构成了元宇宙产业生态系统。

第四，交互硬件层。即用来实现人与人、人与机器、机器与机器之间进行交互的各类硬件设备，包括但不限于 XR 设备、可穿戴设备、智能机器等。

第五，核心技术层。即支撑元宇宙产业体系得以运行的核心技术体系，包括但不限于前文所述之元宇宙“主体”的技术群、场景空间技术群、生产力技术群以及生产关系技术群等。

第六，基础设施层。位于产业体系的最底层，是整个元宇宙产业体系创新发展的基石，具体包括但不限于算力基础设施（如芯片、超算中心等）、存储基础设施（本地存储、云端存储等）、通信基础设施（5G/6G 等）、安全基础设施（网络安全、数据安全等）等。

随着千行百业的元宇宙化，元宇宙产业体系将逐渐发展壮大。关于元宇宙产业体系的基本概况如图 9-6 所示。

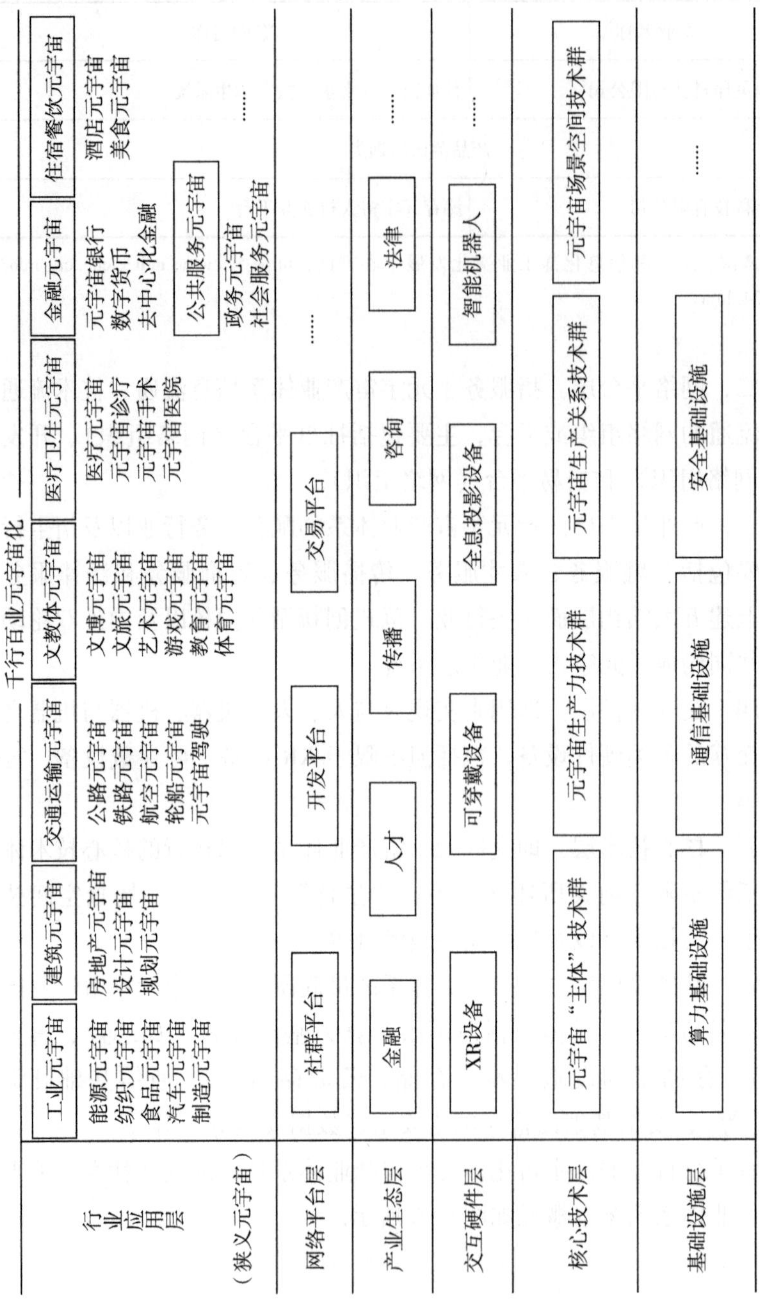

图 9–6 元宇宙产业体系示例

资料来源：笔者设计。

第十章

Web3.0、区块链与元宇宙生产关系

生产力与生产关系是相互作用、辩证统一的关系。生产力是生产关系形成的前提和基础。有什么样的生产力，就会产生相应的生产关系与之匹配。而当技术革命性突破、生产要素创新性配置、产业深度转型升级而催生更高一级的先进生产力时，就会推动传统的生产关系发生根本性变革，从而适应新的生产力要求。因此，在元宇宙新一代生产力技术的颠覆性创新、生产要素的重新配置推动下，元宇宙生产关系正在孕育而生。

第一节　Web3.0 与元宇宙的关系：支撑生产力和生产关系

元宇宙，是人类新一代生存方式。Web3.0 是元宇宙的重要组成部分，为元宇宙这一人类未来新生存方式中的“生产力”“生产关系”提供基础支撑。

一　Web3.0 与 Web3 之辩：建构新 Web3.0

下一代互联网到底是 Web3.0 还是 Web3？很多人认为 Web3.0 与 Web3 是有根本区别的。近年来，关于这一论题的争辩在国内外学术界和产业界一直争论不休。具体来讲：

Web3.0 是蒂姆·伯纳斯—李（Tim Berners-Lee）首先提出来的。他发现传统的互联网存在根本性缺陷，即机器无法理解给人类阅读的

HTML 网页内容，且机器与机器之间也无法实现信息的理解和互操作。2006 年，伯纳斯—李发表了文章《Web3.0：语义网的愿景》，提出了语义网（Semantic Web）的概念，其核心思想在于重构互联网信息的基础结构，建立机器能够识别理解的标准化语义结构信息及信任体系，为人工智能代理机器提供标准化、可互操作的交互机制。

Web3 是由以太坊（Ethereum）的共同创始人加文·伍德（Gavin Wood）在 2014 年提出的，其核心思想在于为了解决传统互联网在发展过程中逐渐形成的中心化垄断、数据控制、存储安全风险等问题，加文·伍德基于区块链技术提出了构建一个去中心化、点对点交互的网络架构模式。Web3 网络通过去中心化架构将数据控制权还给用户，允许内容生产者和消费者之间直接交互和点对点交易，并实现数据存储的分布式以避免中心化数据库存储的系统稳定性风险。基于区块链、智能合约等技术，Web3 网络形成了去中心化应用（DApps）、去中心化金融（DeFi）、点对点交易与分配机制以及非同质化代币（NFTs）、去中心化自治组织（DAO）等全新的应用模式。

从技术路线来看，Web3.0 和 Web3 确实是两个不同的理念思想和技术方案。伯纳斯—李的 Web3.0 重点在于重构现有网络的语义系统和交互机制；而加文·伍德的 Web3 则是希望通过区块链技术重构传统互联网的底层逻辑，希望通过去中心化的价值互联网逻辑从根本上打破信息互联网时代网络效应造成的中心化垄断的必然宿命。毫无疑问，无论是伯纳斯—李的 Web3.0，还是加文·伍德的 Web3，二者的出发点都在于解决 Web1.0 和 Web2.0 等传统互联网所存在的根本性问题，其目标都是为了建设有利于实现信息共享、提升交互效率、更好地满足用户需求的下一代互联网。

既然如此，在内涵界定层面，从长远来看，人类不需要在 Web3.0 与 Web3 这两个“名称符号”上面耗费太多争论的时间和精力，而应该聚精会神研究如何将 Web3.0 与 Web3 两大概念体系的内涵精华进行汇流统合，研究人类社会在下一个互联网时代如何能够获得更加科学、高效和稳健的发展。按照人类社会互联网发展的历史演进大趋势，我们经历了 Web1.0 时代和 Web2.0 时代，下一步必然将进入 Web3.0 时代，这是历史“符号”发展演进的必然逻辑。有鉴于此，本书认为，对于下一代互联网，应该统一采用 Web3.0 这一“名称符号”，在概念范畴方面，应该将加文·伍德提出的 Web3 概念内涵全部融入 Web3.0 的内涵体系中，从而形成新的包含伯纳斯—李的 Web3.0 和加文·伍德提出的 Web3 内涵的“新 Web3.0”。[①] 而且，需要特别强调的是，作为在传统互联网时代经过不懈努力取得领先地位的中国，能否在下一代互联网继续保持领先地位，其核心恰恰在于能否准确把握未来互联网发展的时代大趋势。经过上述分析，我们可以基本明确未来互联网的发展大方向必然是 Web3.0 与 Web3 大合流基础上的新 Web3.0 发展趋势。

2023 年 8 月，工业和信息化部在《对全国政协十四届一次会议第 02969 号提案的答复》中明确表示国家对发展 Web3.0 产业的高度重视，指出了中国发展 Web3.0 拥有良好的产业基础、广阔的发展空间和一定的独特优势，并提出将“推动开展分布式数字身份（DID）等应用试点……探索机构和个人 Web3.0 数字身份认证和数字资产管理体系，建立数据治理和交易流通机制”[②]，为中国发展 Web3.0 提供了良好的基础环境和明确的发展方向。在国际上因 Web3.0 与 Web3 路线纷争之际，我们需要尽快建构中国式 Web3.0 的理论体系、技术体系和产业体系，从而确保中国在未来互联网发展进程中的全球领导者地位。

二 新 Web3.0 对元宇宙生产力与生产关系的建构

（一）基于人工智能技术的 Web3.0 建构元宇宙生产力：嵌入 AI 大模型的互联网是未来走向

蒂姆·伯纳斯—李提出的 Web3.0 概念，主要聚焦于以人工智能为核心技术支撑的“语义网”（Semantic Web），其核心宗旨在于通过网络信息结构的重构创建一个全球范围内的信息共享网络，并且让机器能够理解和处理人类认知意义上的信息类型，从而实现数据的互操作性和网络间的智能化和主动化服务。举个简单的例子，假设你想晚上 8 点到电影院看一部电影，基于语义网络的智能代理会自动寻找附近电影院晚上的电影放映信息、每部电影的评论信息、余票信息和座位信息，网络

---

① 臧志彭等：《中国文化元宇宙白皮书》，中国文化产业协会文化元宇宙专业委员会 2023 年 11 月 18 日在上海长三角国际文化产业博览会正式公开发布。

② 工业和信息化部：《对全国政协十四届一次会议第 02969 号提案的答复》，https://www.miit.gov.cn/zwgk/jytafwgk/art/2023/art_7eba1016ef5a4d98979b0167f38c4b35.html。

智能代理还会为你提供智能化的交通路线规划，为你提供看电影需要的整体信息解决方案。毫无疑问，伯纳斯—李所畅想的语义网愿景，恰恰与元宇宙这一人类未来虚实融合一体化新生存方式不谋而合！在元宇宙新一代生存方式中，人类必然需要打破不同网站间的信息孤岛，形成不同网站间可以信息共享、互动操作、主动形成整体解决方案的虚实融合的网络信息智能沟通新范式。而这种新范式，必然需要 Web3. 0 提供智能网络层面的“生产力”支撑。

从目前技术层面的进展来看，语义网技术栈中已经初步形成了 RDF（Resource Description Framework）、RDFS（RDF Schema）、OWL（WebOntology Language）和 SPARQL（SPARQL Protocol and RDF Query Language）四个方面的技术标准框架。其中，RDF 是一种描述资源及其之间关系的元数据模型；RDFS 是 RDF 词汇表，用于定义 RDF 资源的类和属性；OWL 是一种用于创建本体（Ontologies）的标记语言，用于定义概念（类）、属性和它们之间的关系，以及规则来控制这些概念和属性如何组合，并支持推理能力（Inference）；SPARQL 用于实现对 RDF 格式的数据进行查询、检索、添加、修改或删除等编辑功能，是语义网环境中数据交互和知识检索的重要技术标准。然而，按照伯纳斯—李的语义网理想愿景，仅仅依靠上述技术标准还远远不够，例如面向用户需求的智能化交互、超级智能代理、准确推理技术等，在伯纳斯—李所设计的语义网技术框架下都显得过于理想化而可能根本无法实现，这也是为什么伯纳斯—李 Web3. 0 技术体系自提出以来并未获得广泛认可和推进实施的背后隐忧。

虽然伯纳斯—李 Web3. 0 语义网范式进展不顺，但是其所努力开发的核心技术恰恰成为 2022 年底以来得到功能涌现的人工智能大模型的基础技术支撑。RDF 和 RDFS 的三元组（实体—属性—值）知识形式、复杂的网络结构、基于类和属性关系的逻辑推理能力可以为 AI 大模型提供强大的知识表示和组织机制，使得 AI 大模型不仅能够处理和理解大量的结构化数据，还能基于这些数据进行复杂的推理和决策。这种知识的深度理解和利用是实现高级 AI 应用（如问答系统、智能助手、复杂决策支持系统等）的关键。OWL 丰富的语义框架为 AI 大模型提供了一种形式化的、可理解的知识基础，使得 AI 能够更准确地理解和处理复杂的概念和实体之间的关系。SPARQL 通过对 RDF 格式存储的知识库进行复杂的查询和编辑功能使得 AI 大模型能够动态地访问和利用海量结构化知识，实现信息检索、知识推理和决策制定等深层功能。

由此可见，伯纳斯—李 Web3.0 语义网愿景与 AI 大模型的相互加持，将为建构元宇宙“生产力”提供重要支撑。而这一思想，实际上在微软 Microsoft Edge 浏览器嵌入 GPT 大模型后的 Copilot 上已经初现端倪。

（二）基于区块链技术的 Web3.0 建构元宇宙的“生产关系”

在新 Web3.0 体系中继承下来的由加文·伍德倡导建构的 Web3 模块，其实质是通过区块链技术建构一个破除中心化权力垄断的价值互联网，实现创作者与消费者、人与数据、人与平台以及人与人之间相互关系的重构。归根结底，在上文所建构的新 Web3.0 体系中，加文·伍德所倡导建构的 Web3，实际上是对人类未来虚实全面融合新生存方式中的新型“生产关系”进行的前期建构。

对元宇宙而言，以区块链技术为核心的 Web3.0，其使命在于推动建构元宇宙人类新一代生存方式中的生产关系。Web3.0 对元宇宙生产关系的推动建构可以从数据所有制、用户的地位与相互关系以及利益分配方式等维度来认识。

1. 元宇宙中“数据”生产资料所有制关系的建构

数据是人类在元宇宙数字经济时代的核心生产资料之一。在传统互联网经济体系中，用户每天在互联网上的行动记录、交流互动、买卖交易等产生了大量的数据，这些数据虽然由用户创造，但是却不归用户掌握，而是完全由平台掌控，换句话说，互联网平台经济模式下，“数据”生产资料的所有权和使用权归平台掌控。基于区块链的 Web3，通过分布式数据存储、点对点传输、时间戳、共识机制、加密算法、智能合约等系列技术实现了用户对数据的所有权与使用权的统一掌控，重塑了“数据”生产资料所有制关系。

2. 用户在元宇宙生产中的地位和相互关系建构

传统的互联网平台经济系统中，内容创作者和消费者其实都是平台的“数字劳动者”，劳动分工和工作组织方式往往由平台所主导，内容创作者和消费者等都成为平台的“数字劳工”而成为数字经济时代的

“被剥削者”。以区块链为基础的Web3.0体系具有价值锚定、价值量化以及价值流通管理等技术价值，为解决网络文化空间中数字劳工劳动价值被平台漠视、劳动利益被平台剥削等问题提供了全新的解决路径。Web3.0的共同开发、共同核查和共同推荐等内在逻辑机理，在经济利益层面驱动“数字劳工”向“数字股东”的身份转变，在非经济利益层面将促使数字劳工情感劳动转向需求满足①，从而促进元宇宙生产体系中劳动者全新的地位和关系得以建构。

3. 元宇宙中的利益分配方式建构

传统互联网平台经济体系中的利益分配主导权，牢牢掌控在平台手中。平台用户生产出具有商业价值的数字内容商品，连同用户注意力作为出售给广告商的商品，都成为网络平台资本方的利润贡献。而在Web3.0所支撑建构的元宇宙经济生产关系框架下，内容生产者通过区块链智能合约技术与用户直接交易，用户根据智能合约中具体规定实现自动支付后获取授权内容，用户支付的经济报酬可以即时分配给内容生产者。这一全新的分配方式将以往的平台制定分配规则转变为用户自主分配机制，将平台主导的二次分配转变为内容创作者主导的直接分配，从而形成了元宇宙中的利益分配方式的系统建构。

此外，需要说明的是，“Web3.0”这一名称符号仅是继Web1.0、Web2.0之后的一个互联网发展的阶段，在Web3.0之后，必然还会有更为高级的Web4.0、Web5.0……元宇宙作为人类新一代生存方式，其将经历的历史时期将会比Web3.0要长得多。在元宇宙人类新生存方式的生产关系建构历程上，Web3.0将仅是其中的早期初创阶段，正如人类的互联网生存方式经历了Web1.0和Web2.0时代一样。

第二节　价值主导的自主共创型元宇宙生产关系

作为人类新一代生存方式的元宇宙时代的生产关系，将不再是权力和资本主导的“支配型”生产关系，而将是价值主导的“自主型”生

① 臧志彭、张雯婷：《价值共创与利益共享——区块链对网络文化空间数字劳工劳动图景的重塑》，《文化产业研究》2021年第2期。

产关系。

一　传统经济的“支配型”生产关系

历史上主流的生产关系其实是权力和资本主导的“支配型”生产关系，具体来讲，包含了奴隶社会和封建社会时期以权力为主导的“使役型”生产关系，也包括资本主义社会时期以资本为主导的“剥削型”生产关系。

（一）“使役型”生产关系

“使役型”生产关系是一种以人身依附为基础的生产关系，在奴隶制社会和封建农奴制社会时期，土地等生产资料所有权牢牢掌控在统治者或地主（封建贵族）的手中，他们拥有对劳动者的支配权，劳动者的人身自由受到限制，统治阶级可以强迫劳动者为自己劳动，而劳动者创造的价值大部分被统治阶级占有，劳动者只能获得微薄的、维持基本生存的回报。

（二）“剥削型”生产关系

“剥削型”生产关系是资本主义生产关系的本质。根据马克思的研究，在资本主义生产关系中，土地、工厂、机器设备等生产资料由资本家掌控，劳动者只能依靠出卖自己的劳动力以换取远低于其创造的价值的工资，从而维持生存。劳动者在生产过程中创造的价值超过了资本家支付给他们的工资，而这部分超额价值（剩余价值）被资本家无偿占有。虽然随着技术的进步带来生产效率的大幅提升，加上劳动者集体意识、民主意识和谈判力量的增强，劳动者获取的工资报酬和生活条件获得了非常大的改善，但是资本主义剥削型生产关系的本质并没有改变。

在资本主义现代雇佣劳动体系下，虽然劳动者有了跳槽的自由，但是从宏观群体层面来讲，生产资料整体掌握在资本家手中，劳动者无论跳槽到哪一家公司，都不得不遵从资本家的“支配”，因此，“剥削型”生产关系也是一种事实上的“支配型”生产关系。

二　元宇宙经济的“自主型”生产关系

元宇宙经济系统与传统经济系统的本质区别在于，价值主导逻辑将取代传统的权力和资本主导逻辑。这里的价值主导，是指谁为市场创造了价值，谁就将获得按照价值贡献进行的利益分配。实现上述元宇宙经济新范式的核心，在于两大技术支撑：一是生成式人工智能技术对个体生产能力的支撑；二是区块链技术对价值利益分配机制的支撑。

（一）元宇宙“自主型”生产关系的两大支撑

1. 生成式人工智能技术对个体生产能力的支撑

在以ChatGPT、Sora等为代表的AIGC大模型出现之前，资本密集型生产方式和人力资源密集型生产方式是人类主要的生产方式。一方面，生产需要依靠厂房、设备等生产资料，而这些生产资料不是普通的个体能够承担的，或者即使个体能够承担也没有必要承担以免造成社会大量的重复建设和资源浪费。另一方面，很多工作往往不是某一个个体能够独立完成的，而是需要有一个专业的团队来合作完成，就单个劳动者个体而言，难以负担或没有必要负担招募整个工作团队来完成工作任务。因此，从根本上说，传统的资本密集型和人力资源密集型生产方式，都是由资本或权力为主导进行的资源配置。

而当ChatGPT等AIGC大模型日益普及化应用以来，人们越来越发现原来困住劳动者个体的资本门槛、人力资源门槛以及技术门槛，正在大幅降低甚至趋向于零：例如，原来需要由专业设备、专业软件和专业技术才能制作的专业级3D图片、动画，现在可以由Midjourney、Stable-diffusion等大模型来代为设计，原本需要导演、拍摄、灯光、剪辑、后期制作等一支专业化团队才能制作完成的视频，现在可以由Sora来自动生成，而劳动者所需要做的就是写出有效的提示词（prompt）。

也就是说，在生成式人工智能的加持下，普通的劳动者个体，可以低成本拥有能够替代大型生产设备、替代专业生产技术、替代专业团队的生产能力，而且依托这种生产能力生产出来的产品是可以在市场上获得价值认可和收入回报的。简单一句话，生成式人工智能支撑劳动者个体实现了商业闭环的能力。

2. 区块链技术对价值利益分配机制的支撑

传统的利益分配是由掌握了生产资料所有权的中心化的机构或统治者所决定。以当前的平台经济时代为例，由于信息爆炸（过多过繁）或信息散落（不知道哪里能够找到需要的资源或产品）的原因，导致人们无法在短时间内也无法以低成本的方式通过人工检索找到需要的资源或产品；此外，在网络双方彼此不认识难以建立信任关系等背景下，平台以其第三方信任机制、精准推荐机制、信息资源聚合优势等多方面的竞争力在移动互联网时代快速崛起，并成为主导全球经济社会发展的核心力量。然而，随着平台的日益强大，其逐渐掌控了卖家资源、掌控了买家信息，还掌控了查询和交易等行为数据，进而掌控了经济收益分配的权力，最终，无论是消费者还是创作者，都成为平台的“数字劳工”。

区块链，通过点对点技术天然地弱化了平台等中心化机构对生产资料的所有权和使用权控制，通过智能合约技术实现了劳动者价值贡献的智能化、自动化收益分配。以数字文创作品为例，当创作者将作品在区块链上发布后，其发行、交易等行为由创作者自主掌握，相应的权益直接授予创作者，跨过了中间平台的控制；在多人合作数字文创作品的生产过程中，区块链技术的时间戳、可溯源、公开、不可篡改机制精准定位各参与者的贡献，通过智能合约技术在作品完成确权时按照贡献比例智能化、自动化分配权益并记录在链，后续交易与收益分配等都按照创作者在作品中的贡献展开，实现了分配的公平与公开透明，将彻底改变“数字劳工”受平台剥削却无法脱离平台的窘况。正是上述机制建构了元宇宙经济模式下劳动者“自主型”的生产关系。

所谓的“自主型”生产关系，与过去经济模式下的“使役型”“剥削型”等“支配型”生产关系根本不同的是，过去的劳动者要么是被强迫劳动，要么是不得不出卖自己的劳动，而元宇宙将通过区块链技术构建的智能分配机制、AIGC 构建的自主生产能力，实现劳动者的“劳动自主性”，即自己决定自己“要不要劳动”“要如何劳动”“要获得多少分配”（按照社群达成的透明的利益分配共识规则来判断）。这就是作为劳动者的“自由”。

（二）元宇宙“自主型”生产关系的两个规律性特征

元宇宙“自主型”生产关系，与传统经济中的权力或资本主导逻辑根本不同的是，其内在主导逻辑是价值主导。这里的“价值”包含两个层次：一个层次是自我创造价值，即自己愿意并且有能力创造的产品或服务所具有的价值。另一个层次是市场回报价值，即能够符合市场需求、市场愿意以合理价格购买劳动者生产的产品或服务的回报价值。这里所说的“市场”其实是全球连通的大市场。需要认识到的是，与以往比较分割性地认识本地市场、区域市场、全球市场不同的是，在全球网络通信技术和人工智能技术日益发达的未来，市场将越来越全球一体连通化和即时搜索精准对接化。反全球化和人为设置连通阻碍将变得越来越困难。

元宇宙“自主型”生产关系的价值主导逻辑具有两个方面的规律性特征：

一方面，上述两个层次的价值需要和谐匹配才能够可持续。显然，自我创造价值是劳动者个体的小逻辑，反映的是个体的自我价值意愿，而市场回报价值是市场需求的大逻辑，反映的是整个社会的价值链网络。只有当自我创造价值与市场回报价值能够匹配，二者实现和谐一致，劳动者自身才能实现从价值创造到价值传递再到价值回报的价值链闭环，也就是真正实现靠自己的努力去获取财富，然后用这些财富来养活自己和家人，并进行新一轮的价值创造，如此周而往复持续发展；然而如果二者不能匹配，即自我无法创造市场认可的价值，那么劳动者就无法获取财富回报，进而将难以为继。

另一方面，价值主导逻辑同样遵循残酷的优胜劣汰市场逻辑。只有劳动者个体创造的价值能够被市场纳入整体的价值链网络，或是在市场整体价值链网络中成为一个不可或缺的价值节点，劳动者个体才能够在市场上获得期望的价值回报。也就是说，传统经济体系中的市场优胜劣汰规律，在元宇宙“自主型”生产关系的价值主导逻辑中同样适用。

三　当前区块链作为元宇宙生产关系支撑技术的缺陷

虽然上文的分析高度认可了区块链作为元宇宙这一人类新生存方式中生产关系的核心支撑技术重要价值，但是，必须指出的是，当前的区块链技术体系，从其设计理念和模式路径上存在三大关键缺陷。

（一）价值体系混乱

目前运行的区块链体系，第一个关键缺陷就在于简单化地将人类社会的商业价值（经济价值）与道德价值、情感价值等混为一谈、杂糅一体。人类社会的价值体系，除了商业价值（一切能够以金钱来衡量的物质价值）之外，还包含情感价值、道德价值等那些不能够用金钱来衡量的精神层面的价值。然而，当前的区块链技术，在运行机制设计上将一切价值都简单化为以“Token”（商业代币）作为衡量标准的粗暴模式，强行地将人与人之间的道德价值、情感价值等这些难以用金钱来衡量的精神价值一刀切地用“Token”（商业代币）来量化作价，这是有违人性、有悖人类社会规律的。在区块链技术系统运行的早期阶段，靠这种物化价值逻辑来吸引用户是勉强可行的（但其实应该还有其他可能路径），但是如果长期以这种混乱的价值体系来运行，一方面，必然导致基于区块链技术的整个数字社会价值体系紊乱，物欲横行、乌烟瘴气。另一方面，区块链系统自身也必将走到穷途末路，最终被社会良知所摒弃。或许正是因为看到了这一点，以太坊创始人 Vitalik Buterin 在 2022 年初提出了“Soulbound Token”（以下简称 SBT），即所谓的“灵魂绑定代币”，希望用这种与个人永久绑定的、唯一的、不可转让的和非金融化的代币来捆绑住个人的“灵魂”，意在利用人们爱惜自身在虚拟世界中的信誉和声望的本性来抵御物欲的横流。然而，“灵魂绑定代币”这种机制能发挥的作用空间有限，其或许能够在一定程度上解决虚拟世界的信誉评价和商业诚信问题，但是却无法解决人类精神价值（情感价值、道德价值）无处安放的根本问题。

（二）缺乏统一大市场和低效交易速度

现今区块链体系运行中的第二个关键缺陷是“孤岛化带来的缺乏统一大市场”“低效的交易速度”问题。想想互联网时代，为什么美国和中国能够领跑全球？为什么欧洲会大幅落后？为什么日本会有“逝去的二十年”？为什么印度能够突飞猛进？

第一个核心密码在于“统一大市场”。统一大市场，其促成的不仅仅是市场层面的商品交换流通与价值实现，更是在于充分建构了买卖双方的网络效应。在统一大市场中，一方面买方足够多、需求量足够大，形成了对卖方强大的市场需求吸引力；另一方面卖方足够多，所能供给的产品花样种类足够丰富、数量足够多，能够满足大量的买方需求，进而不断吸引更多的买方需求汇聚而来，于是逐步形成了越来越强大的叠加的网络效应。

第二个核心密码在于全面互通互信的快捷交易能力带来快速的市场资源配置效率。统一大市场，必然需要与之配套的快捷高效的市场效率。而决定市场效率的一个关键因素就是快捷的交易速度。方便快捷的支付手段，能够加快商品流通速度，提升供给与需求的交易速度，从而实现极高的市场效率。当一个国家的市场效率越高时，其所带来的资源的市场化配置效率也必然越高，这个国家能够创造的财富也越多，国家也就会日益强大；反之则会日益落后。因为，在全球一体化和全球互联网的背景下，资源的配置并非是由一个国家内部的市场需求来配置的，而是要由全球市场需求来配置的。所以，当一个国家的市场需求足够大、市场化资源配置效率足够高的时候，就有能力吸引国外未被充分配置的资源进入该国的市场化资源配置系统获得更充分的资源利用效率，进而必将会对全球的资源形成一种虹吸效应。

美国和中国为什么在互联网时代会在全球形成越来越明显的领先效应？一方面，是因为美国和中国的国内市场都足够大，而且都是全国统一的大市场；另一方面，是因为美国和中国都有全面互通互信的方便快捷的支付手段。而在这两个国家之间进行比较的话，很明显，我们知道，中国国内的全国市场更加一体化，区域之间的市场分割阻力比较小，与此同时，基于支付宝和微信建构起来的数字支付方式全球效率领先；反观美国，其州与州之间的独立性更强，州际法律、税收制度规则等差异较大，而且在很多地区还仍然主要依赖于传统的信用卡支付系统，所以，我们看到中国在互联网时代的崛起速度是大大超越美国的。

再来看欧洲就更加明显了。欧洲虽然建立了欧盟，但是一方面，欧洲总体地域面积比美国和中国小太多，市场总体规模不够大；另一方面，各国彼此之间语言不通、货币不通、税制不同、法律不同，阻碍欧洲形成统一大市场的因素太多，而且都很难在短时间内看到完全打通的可能。再加上欧洲文化特别关注个人隐私信息保护，导致全面互通互信、方便快捷的支付手段很难施行。在这种情况下，欧洲内部的市场化资源配置效率必然很低，其大量的资源必将被全球市场效率更高的地方所汲取。

日本在互联网时代，尤其是移动互联网时代的发展滞后，原因在于：一是由于日本本土地域狭小，国内市场需求规模有限；二是严重老龄化、两极分化权力等级制度以及高度福利社会机制引发的“无欲望”文化盛行，导致市场需求增长缓慢；三是日本的移动支付始终发展零散缓慢，难以支撑移动互联时代迫切的支付需求，因此日本未能在智能互联时代的全球竞争格局中形成明显的规模优势。

印度是一个打破地域隔阂建构全国统一数字大市场和快捷支付机制

的典型成功案例。莫迪政府上任后致力于建设“数字印度”，摆脱因自然地理因素造成的传统市场分割的千年之弊，从而建构一个超越地方割据势力的全国统一化的数字大市场：一是强力推行公民信息采集，建立每一个公民的数字身份，从2015年确立“数字印度”到2017年11月，印度数字身份证注册用户数量已经超过了11亿人，而且覆盖了99%的18岁以上居民。二是通过“废钞令”变相“迫使”大量没有银行账号的公民在短期内全面开设银行账户[①]。而当数字身份证与银行账户绑定后，印度公民以全球最快的速度建构了数字支付基础设施。与此同时，印度本土运营商从2016年开始在全印度铺设4G网络，到2019年已经建立了近十万个基站，覆盖20多万个村庄和90%的印度人口[②]。此外，印度国内外电信运营商和手机厂商大规模低价促销竞争模式，快速将印度人民的互联网生活全面送入了4G时代。印度社会移动互联网上的统一大市场也因此高效建成。近年来印度经济也突飞猛进，2022年印度GDP增长率达到了7.2%，2023年第四季度GDP增长率高达8.4%，成为全球主要国家中经济增长最快的经济体。

现有的区块链系统，无论是国内还是国外，都是一个个“孤岛”，不同的区块链与区块链之间（比特币与以太坊之间，以太坊与Solana之间，公链、联盟链与私链之间等）尚未建立真正的互联互通机制，随之而来的就是不同区块链上的数字资产价值无法互相认可，绝大部分区块链系统都是“独立王国”，导致数字资产尚不能实现在各个区块链间的价值互认和互操作，进而导致数字世界的统一市场价值体系根本无法建构，因而人们所畅想的基于区块链的世界数字经济体系也无法实现。

与此同时，区块链系统还存在交易效率低下的技术难题。区块链从比特币大规模应用以来就一直因为交易效率低下而饱受诟病。一是共识机制的限制。目前主流的共识机制，如工作量证明（PoW）和权益证明（PoS），都存在性能瓶颈。以工作量证明（PoW）为共识机制的比

① CIE智库：《图解莫迪政府所打造的“数字印度”》，https://www.secrss.com/articles/3352，2018年6月15日。

② 丁直仁：《掘金印度：4G已覆盖90%人口 印度人宁可看广告也不付费》，https://www.sohu.com/a/345103297_100117963。

特币系统，其每秒只能处理大约 7 笔交易，而 Visa 每秒可以处理数千笔交易。从工作量证明（PoW）转换为权益证明（PoS）的以太坊，虽然理论上可以显著提高交易速度和网络的可扩展性，但是由于受限于当前分片技术等扩容问题导致其交易速度仍然较低。二是区块大小的限制，目前大多数区块链的区块都比较小（比特币系统的每个区块大小仅约 1M），从而保障区块链的安全性和稳定性。然而，容量有限的区块自然无法承载足够多的交易信息，而如果区块过大同样也会影响传播速度和安全性。三是验证机制和链式记录模式的限制，区块链上的每笔交易都需要经过所有节点的验证才能被确认，而且区块链上的每个节点都需要记录和存储之前所有区块的数据，随着交易量的不断增加，上述过程必然需要消耗越来越多的时间和效率。

统一大市场和高效交易效率是经济高速发展的重要基础，这一原理不仅仅适用于现实物理世界，其实更加适用于数字经济世界。在统一的大市场中，信息和资产的流动范围更广、流通速度更快，产生的价值就更大。为什么互联网所建构的信息经济规模，正在越来越大，甚至在很多领域可以超越实体经济的规模总量？其核心就在于在这些领域所建立的数字化的统一大市场和快捷便利的支付手段，其规模远远超越了线下实体市场的规模，其信息和资产价值的线上流通效率大大超越了线下的流通效率。正如梅特卡夫定律所揭示的，网络的价值等于网络用户数量的平方。由于当前区块链所建构的数字经济都是局域化的、孤岛化的，而且交易效率低下，所以目前人们所建构的以区块链为基础的数字经济体系的价值其实极为有限。

（三）数字资产经济系统残缺不全

第三个关键缺陷在于“存储受限导致伪去中心化、缺乏链上链下一体化保护机制和数字经济体系残缺不全”之困境。人类社会的经济系统，其实始终在围绕三件事运转：一是资产的创造；二是资产的存储；三是资产的流转。互联网，在信息经济层面，很好地解决了上述三大核心任务，一是建立了信息资产的高效创造机制，同时也通过有价值的信息指挥着实体资产的创造；二是建立了稳定安全的信息资产存储载体和空间（如服务器和云服务器）；三是建立了高效顺畅的信息资产流通流转机制。

然而，当前的区块链网络系统在上述三大核心任务方面才刚刚起步、步履蹒跚，尤其是在资产的存储方面更是异常薄弱、有悖初衷。关于资产创造和资产流转前文已经有过阐释，这里着重就资产的存储进行分析。现在的区块链系统缺乏链上链下一体化存储与保护技术，目前存储在区块中的仅仅是包含资产基本信息的“元数据”，换句话说，当前我们所谓的“上链”，仅仅是资产基本信息记录的上链，而并非资产本身。那么资产存储在哪里呢？实体资产仍然存储在现实物理世界；数字资产则绝大多数存储在中心化的服务器上，也就是本书所说的“伪去中心化”窘境。

目前也有一些组织在探索区块链去中心化存储平台，主要有 IPFS（Inter Planetary File System）、Arweave、Swarm 等少数几个平台，但各自都存在诸多的问题，根本无法承载整个数字经济世界数字资产大规模、高频率的存储需求和安全保障需求。由此可见，人们希望通过区块链所建构的数字经济体系，其实至今缺乏数字资产存储这一基础的、必备的功能板块，是残缺不全的。

综上所述，依托区块链技术的元宇宙生产关系，仍然任重而道远。这也是为什么本书将其作为元宇宙 2.0 阶段的任务，而未将其列入元宇宙 1.0 阶段的主要原因。虽然区块链的技术现状存在上述关键缺陷，但是区块链所倡导的分布式理念和其所初步建构的运行机制取得的实效已经说明这一大方向是正确的，剩下需要做的就是我们如何去完善。

第三节　NFT 确立数字身份支撑元宇宙新生存方式

2021 年是历史性的节点。在这一年，有一个有意思的现象：2021 年先是被人们称为“NFT 元年”，后又被称为“元宇宙元年”。所谓的 NFT，英文全称为 Non-Fungible Token，中文一般翻译为非同质化通证。NFT 是建立在区块链技术基础上具有独一无二性、不可复制性、不可分割性、不可篡改性的加密数字权益凭证。区块链 NFT 与元宇宙的关系在于，其能够确立虚拟数字人、智能机器人、智能体等一切可被复制物的唯一数字身份，进而支撑起元宇宙经济、元宇宙社会、元宇宙生态等整个元宇宙新生存方式。

一　NFT 确立唯一性的数字身份

NFT 与元宇宙在同一年爆发其实并不是巧合。核心点在于，之前人类也在构建各种虚拟世界自由宇宙，如漫威宇宙、DC 宇宙等，都未破圈，主流社会基本认为这就是个游戏、科幻小说或者电影，总体上就是文化娱乐产业的一种新玩法而已。除此之外，这些虚拟世界自由宇宙，都存在一个根本问题：无法解决人或物在虚拟世界中的唯一性问题。即使之前一度非常成功、具有“破圈”意义的“第二人生”（Second Life），也由于无法解决人或物的数字身份唯一性进而无法形成数字资产的确权和交易逻辑这一根本问题而导致内部经济系统、社会系统逐渐瓦解。

NFT 的诞生，解决了一大核心问题，那就是“人和物在虚拟世界中的身份唯一性”这一重大课题。人之所以为人，之所以在这个世界上具有存在价值，就是因为全世界没有任何两个人是完全相同的，即使长相非常相近的同卵双胞胎也是两个互不相同又各具自身存在意义的生命体。

然而，在 NFT 出现之前，人类在虚拟世界中构建的虚拟数字人却无法解决“身份唯一性”的问题。虽然人类可以通过不同的身材、体型、服饰、发型、装饰、妆容等各种方式来让自己的虚拟人看起来与众不同，但是却无法解决“无差别复制”问题，导致了虚拟人类世界的身份可替代、意义可替代的根本性难题，进而导致人类无法在虚拟世界建构真正属于每个人的资产权属和交易关系，最终导致主流社会对自由宇宙建构的不认可，人类无法真正将自己的现实生活搬到虚拟世界中。

只有 NFT 出现之后，整个元宇宙才解决了“虚拟人或物的唯一性”问题，而这其实是整个虚拟世界能够得以建立的底层核心逻辑。当每个人有独立的、唯一的数字身份之后，才会真正从技术上拥有每个数字身份自己的数字资产所有权。在此基础上，方能出现分配、交换和消费，整个虚拟世界才能够不被“复制人”所困扰，其经济系统和社会系统才能得以建构和持续运转。

也就是说，虚拟世界建构的技术真正准备成熟是在 2021 年，NFT 的走热，包括无聊猿的破圈，让很多人意识到虚拟世界当中人和人、物品和物品，都是可以不一样且具有无法被替代的唯一性，有各自的存在意义。因此，可以说正是因为有了“NFT 元年”，2021 年才有条件被称为“元宇宙元年”。

二 NFT 支撑元宇宙新生存方式与新文明建构

基于 NFT 技术带来的数字身份唯一性锚定，整个数字世界才有了与现实物理世界相互融通的前提和基础，元宇宙人类新一代生存方式才能够在经济、社会、生态等各个领域全面开始建构。

（一）NFT 数字身份对元宇宙经济体系的支撑逻辑

如前文所述，正是因为有了唯一性的数字身份，元宇宙经济体系中的“人”，无论是虚拟数字人，还是智能机器人，抑或是智能体，才具备了自己与众不同的、独一无二的存在意义，才有可能成为不可或缺的“唯一”。与此同时，元宇宙经济体系中的“物”也由于 NFT 确立的唯一性数字代码，才得以成为具有归属可能的“数字资产”。由此，在元宇宙中的“人”具有了数字身份，“物”具有了归属可能性，“人”与“物”才能够对接匹配，即“人”可以合法且独立地拥有自己的数字资产，进而才能开展彼此之间的交换和流通，完整的价值链才能得以形成，整个元宇宙经济体系才得以建构。

（二）NFT 数字身份对元宇宙社会体系的支撑逻辑

在唯一性的数字身份支撑下，元宇宙中的“人”与“人”之间的彼此交往具备了不可替代的、独一无二的数字角色。这里的数字角色表现为三个方面：一是身份象征基础，在 NFT 技术支撑下，元宇宙中的每一个“人”都有了自己不可替代的社会身份，进而拥有了在社会中的独特的地位，乃至阶层、权力等符号象征。二是信誉评价基础，虚拟世界中的每一个“人”所做出的每一个行为、说的每一句话都将与其独一无二的数字身份相绑定，并由区块链记录在案，经过不断累积成为其社会信誉价值体系。三是人脉关系基础，随着元宇宙社会交往的不断丰富，虚拟世界中的每一个具有唯一身份的“人”都将形成自己独有的人脉关系网络，成为独具价值的“社会资本”，由此便形成了元宇宙中的“关系链”，从而支撑整个元宇宙社会体系的建构。

（三）NFT 数字身份对元宇宙生态体系的支撑逻辑

元宇宙整个体系中，并不仅仅有经济体系和社会体系，还将有自然生态环境体系。正如人在现实中的生活充满了花草虫鱼，虚拟世界中的生存也必然需要绿色与阳光，需要和谐的自然生态环境。而且，在 AI

大模型的加持下，虚拟世界的一切都将具有数字生命。现实生态系统中，生命体之间每时每刻都在进行着能量交换，进而形成了维系生态系统可持续发展的生态链。与之类似，虚拟世界中，数字生命之间需要时时刻刻进行生命信息的交换。如果没有确立唯一数字身份，那么数字生命之间的生命信息交换将无法确立其根本的价值意义。因此，在 NFT 数字身份支撑下，数字生命之间的生命信息交换价值才能得以确立，数字生命独一无二的演化轨迹才能得以形成，数字生态链才能得以建构，整个元宇宙生态体系才能得以实现。

综上所述，正是在 NFT 数字身份的支撑下：一是数字资产得以确立价值归属，价值链得以形成，元宇宙经济体系得以构建。二是数字角色得以确立社会地位，关系链得以形成，元宇宙社会体系得以构建。三是数字生命得以确立演化轨迹，生态链得以形成，元宇宙生态体系得以构建。在元宇宙的经济体系、社会体系和生态体系都得以建构的基础上，元宇宙作为人类新一代生存方式才真正能够实现。这便是人类元宇宙文明的总体框架，如图 10-1 所示。

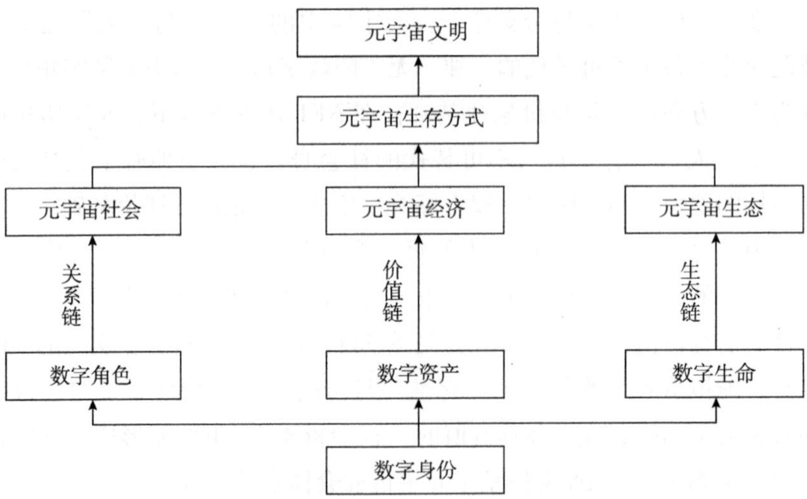

图 10-1　NFT 数字身份对元宇宙生态体系的支撑逻辑

资料来源：笔者设计。

第四节　区块链 NFT 确立元宇宙的数字资产

一　资源、资产与资本的内涵与逻辑关系

资源、资产和资本是经济学中的基本概念，从创造财富的维度来讲，三者之间具有层层递进、螺旋上升的内在关系，构成了理解经济决策活动的知识基础。

（一）基本内涵界定

1. 资源的界定

资源是人类赖以生存和发展的基础。从自然环境的维度来讲，资源是指能够满足人类需求的自然生态物质，如水、空气、土壤等。从能源维度来看，资源是指能够为人类生产和生活提供能量的物质，如石油资源、矿产资源等。在经济管理维度上，资源是指能够用于生产或实现组织目标的一切物质或非物质类资料，如物料资源、人力资源、文化内容资源等。在现实物理世界中，资源的基本特性是稀缺性。

2. 资产的定义

关于资产的界定，在会计领域界定最为明确。按照 2014 年财政部最新修订的《企业会计准则——基本准则》第三章第二十条的规定，“资产是指企业过去的交易或者事项形成的、由企业拥有或者控制的、预期会给企业带来经济利益的资源”。按照这一界定，资产实际上是资源的子集，是指被个体或组织所控制的、预期会带来经济利益的资源。

在法律层面，目前国内尚没有直接关于“资产”的界定。在国内现行法律体系中，明确涉及资产的常用法律是《中华人民共和国企业国有资产法》，其第一章总则第二条规定“企业国有资产”是指“国家对企业各种形式的出资所形成的权益”。按照这一规定，资产的实质是“权益”。

关于资产的分类，2016 年颁布施行的《中华人民共和国资产评估法》第二条指出“本法所称资产评估，是指评估机构及其评估专业人员根据委托对不动产、动产、无形资产、企业价值、资产损失或者其他经济权益进行评定、估算，并出具评估报告的专业服务行为”，也就是说，在上述法律意义上的资产，包含不动产、动产、无形资产、企业价

值，或者其他经济权益等多种类型。

综合上述关于资产的界定和分类，本书认为，在经济领域的资产是指能够带来预期经济利益的权益的集合。资产的类型包括但不限于不动产、动产、无形资产、企业价值，或者其他经济权益。

3. 资本的定义

“资本”是一个具有多重含义的概念，在不同的学科领域有不同的认识。在西方经济学领域，法国古典经济学家让—巴蒂斯特·萨伊（Jean-Baptiste Say）于19世纪初期就提出资本、土地和劳动构成三大生产要素，并明确指出资本的流动性对经济增长、资源分配的重要性，同时指出了资本不仅包含物理资本（如机器、工具等），还包括金融资本的内涵范畴。英国经济学家马歇尔（Marshall）在《经济学原理》中对萨伊的生产要素理论进一步深化，形成了生产要素量化分析理论体系，并明确指出资本不仅是生产过程的一部分，而且对经济增长有直接影响，同时指出资本从一种使用形式或部门转移到另一种使用形式或部门的能力——资本的流动性能够促进资源在经济体系中得到最有效的分配。卡尔·马克思更是深刻地指出，“资本不是任何物，而是一定的、社会的、属于一定历史社会形态的生产关系”，货币、机器设备等本身并不是资本，只有被用来从事创造剩余价值的生产活动时才成为了资本，所以资本是指在生产过程中能够带来剩余价值的价值。由此可见，资本既包含实物形态，如机器、厂房等，也包含资金等金融形态，还包含人力资本等各种形态，而无论是何种形态，资本其实都是资产的子集，是指那些用于从事生产经营活动以获取资本增值的资产。

（二）资源、资产与资本的辩证关系

综上所述，从产业经济角度来讲，资源、资产与资本是面向生产经营活动获得价值增值的、逐级递进的内在逻辑关系。“资源”一词含义最为宽泛，是指能够用于生产或实现组织目标的一切物质或非物质类资料。资产是资源的子集，是指那些被经济体所控制的、能够带来预期经济利益的资源。而资本的概念则更进一步，只有那些被实际投入到以获取价值增值为目的的生产经营活动中的资产，才能被称为资本。

由此可知，资源是自然存在的，而资产和资本是人为界定的，受人类个体或组织等经济体所掌控的。资源往往是有限的，而资产和资本可以通过人为创造而不断积累和增加。资产，相较于资源而言，强调的是资源的经济价值和未来利益。资本，相较于资产而言，强调的是资产的生产性使用和投资价值。

二 数字资产与元宇宙数字资产

（一）数字资产的广泛内涵

关于数字资产的内涵，目前学术界、法律界和产业界均未形成较为一致的看法。数字资产，由于“数字”二字含义非常广泛，所以导致大家对于数字资产众说纷纭，很难达成共识。

结合前文关于资产的界定，本书认为，宽泛意义上的数字资产是指一切以数字方式表征的、能够带来预期经济利益的权益的集合。这里的“数字方式表征”，其实包含两大类型：一类是原生于数字空间的、没有实体对应物的数字原生物，即通常我们所说的“虚拟物品”或“虚拟权益”；另一类是实体物品的数字化映射物，即通过数字技术将实体物进行了数字化映射形成的虚拟物品。

（二）认识元宇宙数字资产

元宇宙数字资产的起源，最初源于加密货币。2009 年比特币的诞生，代表着加密资产形态开始出现，可以认为是元宇宙数字资产的雏形。专门负责对全球金融体系进行监管的国际组织——金融稳定委员会（FSB）将加密资产（Crypto Asset）定义为主要依靠加密技术、分布式账本技术或类似技术作为固有价值的一种私人资产，不仅包含加密货币，也包括证券型、效用型的数字通证。①

此后，2015 年以太坊的上线，使得人类社会进入下一代互联网 Web3.0 阶段，元宇宙数字资产的形态和功能也不断丰富，从最初的单纯货币形态，逐渐扩展到数字权益、艺术品等多元化资产类别。2021 年 3 月 11 日，NFT 作品《每一天：最初的 5000 天》（美国数字艺术家 Beeple）在佳士得以 6934 万美元拍卖成交，迅速推动了 NFT 在全球各国的普及，Web3.0 全球生态系统开始快速建设和发展，全球元宇宙数字资产生态体系逐步形成。国家新闻出版署批准设立的出版业科技

① FSB, “Crypto-asset Markets: Potential Channels for Future Financial Stability Implications”, https://www.fsb.org/wp-content/uploads/P101018.pdf, October 10, 2018.

与标准综合重点实验室区块链版权应用研究中心在2023年5月发布的《元宇宙可信数字资产应用参考》中认为："一切以数字方式创建和存储的已确权、可溯源、可量化、可使用、可交易的，能够带来经济价值的非货币性创新创造的权利所构成的集合体均可被视为数字资产。"

1. 元宇宙数字资产的定义

本书认为，与前文所界定的宽泛意义上的数字资产（"一切以数字方式表征的、能够带来预期经济利益的权益的集合"）所不同的是，元宇宙数字资产，是专指在元宇宙生产关系基础上存在的数字资产，其核心要件是"上链"，即元宇宙数字资产，是指以区块链技术作为底层逻辑，以数字方式表征的，具有分布式（去中心化）、点对点交易、自动执行且不可逆转性、加密安全性、不可篡改性、透明且匿名性等核心特征的能够带来预期经济利益的权益的集合。

2. 元宇宙数字资产的主要特征

第一，元宇宙数字资产具有分布式（去中心化）特征：元宇宙数字资产的运行、存储与管理不依赖于类似于传统的平台或银行等中心化机构，而是由区块链网络中的一系列互相独立的网络节点共同维护和存储数据，避免了数据集中受控于中心化机构。

第二，元宇宙数字资产具有点对点交易特征：基于区块链技术建立的元宇宙生产关系中，用户与用户之间的数字资产交易可以在没有中介机构或第三方信任机构的情况下直接进行，具有低交易成本、高交易速度、高用户隐私保障等特性。

第三，元宇宙数字资产具有自动执行且不可逆转性特征：在区块链智能合约技术的支撑下，元宇宙数字经济体系中的数字资产交易可以通过智能合约设置交易执行条件，当条件符合时系统将自动按照已经编写好的程序代码执行交易行为，并且这个交易过程是不可逆转的。这种交易机制无须传统的中介机构（第三方信任机构）作为信任保障，支持了点对点交易的安全实现。

第四，元宇宙数字资产具有加密安全性特征：在区块链哈希算法、非对称加密、数字签名等核心技术基础上，元宇宙中的数字资产相关登记数据、存储数据、交易数据都被按时间顺序打包成区块，并通过公私钥的加密解密机制和数字签名验证机制实现安全性保障。

第五，元宇宙数字资产具有不可篡改特征：元宇宙中的所有数字资产登记数据、存储数据、交易数据都应该是“上链”的，在区块链的时间戳技术支持下，所有数据按照时间顺序生成专属特定的时间戳信息，在哈希算法、共识机制和分布式存储技术等保障下，确保了元宇宙数字资产的不可篡改性特征。

第六，元宇宙数字资产具有透明且匿名性特征：由于区块链的透明性与匿名性特性，元宇宙中的数字资产记录信息是公开的，任何人都可以查看元宇宙数字资产的上链登记信息、全过程的交易记录信息，实现了数据的公开透明性；但需要认识到的是，这种公开透明是有隐私匿名性保护的，即数字资产中涉及的个体隐私信息是以加密方式匿名保存的，从而实现对数字资产交易双方的隐私保护。

3. 元宇宙数字资产的分类

元宇宙数字资产，按照是否运用了 NFT 技术可以分为两大类：一类是没有运用 NFT 技术的元宇宙数字资产，比较常见的形态是加密数字货币，如比特币、以太坊等，这类数字资产可以分割为无限小的资产单元，而且各资产单元间是无差别的、可替代的属性特征。另一类是建立在 NFT 技术之上的元宇宙数字资产，通过 NFT 技术赋予每一份数字资产一串唯一的标识符因而具有了独一无二性、不可复制性、不可分割性、不可篡改性特征。与比特币、以太坊等加密货币类数字资产所不同的是，每一个 NFT 数字资产都是不可分割的，只能作为一个整体的数字资产存在，而且是唯一性的，各个 NFT 数字资产彼此之间标识符是不同的，因而是无法互相替代的。元宇宙数字资产，按照其原生性可以分为链上原生数字资产与链上映射数字资产两大类：链上原生数字资产是指没有现实世界资产对应物的、原生于数字空间的链上数字资产；链上映射数字资产，是由现实世界资产数字化映射到虚拟空间中产生的链上数字资产。

此外，需要指出的是，支撑元宇宙新型生产关系的区块链技术目前仍然存在前文所述的三大关键问题，导致当下阶段的元宇宙生产关系尚难以真正建立，仍有待于未来的逐步完善。

第三篇

文化元宇宙战略

第十一章

文化元宇宙：新生存方式文化形成与传承的总和

在元宇宙整个新一代人类生存方式中，文化元宇宙处于一种特殊意义上的核心地位。一方面，全球数字文化产业正迎来第三次发展浪潮，文化数字化已势不可当。根据中国社会科学院课题组《新时代中国文化发展报告：走向全面繁荣的中华民族现代文明》的研究，2022 年全国数字文化产业整体营收规模达到 6.8 万亿元左右，在文化产业中的占比已经超过 40%[①]，且正在高速增长过程中。文化元宇宙，是全球数字文化产业第三次浪潮的潮涌核心。另一方面，更为全面且深远的意义在于，人类在任何一个阶段的生存方式，其中必然包含一种传承与延续的机制，这种机制就是生存方式中的文化形成与延续方式。而元宇宙新一代人类生存方式的传承与延续机制所依托的正是文化元宇宙。

第一节 “文化”内涵的深入理解

要理解所谓的文化元宇宙，需要我们对于“文化”的内涵有一个深入的理解。在认识“文化”内涵之前，我们有必要首先对“文”和“化”进行分解阐释。“文”，自古以来就有诸多含义，在《现代汉语词典》（第 7 版）中就包含了 16 种释义。《说文解字·叙》中提到“古者

① 中国社会科学院课题组：《新时代中国文化发展报告：走向全面繁荣的中华民族现代文明》，社会科学文献出版社 2024 年版。

庖羲氏之王天下也，仰则观象于天，俯则观法于地，视鸟兽之文与地之宜，近取诸身，远取诸物，于是始作《易》八卦，以垂宪象”“仓颉之初作书，盖依类象形，故谓之文……文者，物象之本”。从上述古文中可以看到“文”字实际上最初的本义是鸟兽的行动足迹和事物本来的形状（物象之本），也就是说，“文”是对宇宙间万事万物本来形象的表达。南北朝著名文学理论家刘勰在其《文心雕龙》第一篇《原道第一》中写道“人文之元，肇自太极”，其意思是说，人类文化的起源始自于宇宙开端之初。“文”字，自其初始，便与“宇宙”相互关联。“化”字最早见于商代，由正反两个“人”形组合而成，其意为从一种状态变化为另一种状态，取“变化”之意。一方面，“化”字是由反的“人”形转化为正的“人”形，说明这其中发生了很大的，甚至是本质性的改变。《庄子·逍遥游》有云“北冥有鱼，其名为鲲……化而为鸟，其名为鹏”，从鲲化为鹏，发生了根本性变化。另一方面，“人”形的头部从朝下转化为朝上，还暗含了精神思想方面的大的、根本上的改变。在《易·观·彖传》中说道：“观，盥而不荐，有孚颙若，下观而化也”，意为在倾酒降神的祭祀仪式上满满的敬诚之意令下面观看仪式的百姓受到深深的思想教化。实际上，“文”“化”同时在一句话中出现，最早见于《易传·贲》“观乎天文，以察时变；观乎人文，以化成天下”，意思是说，通过人类社会的文明礼仪、道德规范、基本规律的教化而成就天下。“文”“化”结合为“文化”一词始自汉代，西汉文学家刘向在《说苑·指武》言曰“圣人之治天下也，先文德而后武力。凡武之兴，为不服也，文化不改，然后加诛”。因此，“文”“化”二字合在一起形成“文化”一词，其本来的含义是用宇宙间万事万物的原本之道、道德规范实现对人们的感化、教化。随着文化在社会中的广泛应用，“文化”一词逐渐由古代的动词演变为名词，其含义也更朝向人类社会受到教化所创造的精神文明成果。

在国外，古罗马哲学家西塞罗首先使用拉丁文“cultura animi”来描述灵魂的培养（cultivation of the soul），被认为是西方第一次对“文化”一词的运用，并在此基础上衍生出“约定俗成的潜意识的外在表现”等意涵。[①] 其实国外对于“文化”的定义非常庞杂。澳大利亚文化经济学家思罗斯比（2001）指出，在人类学和社会学的认识框架下，“文化是一整套为某一群体所共有或共享的态度、信仰、传统、习俗、价值观和惯例”，而在经济学维度上，“文化是与人类生活中的智力、道德和艺术方面相关的人类活动与活动成果”。[②] 美国人类学家克鲁伯（A. L. Kroeber）和克罗孔（Clyde Kluckhohn）在《文化：关于概念与定义的批判述评》（*Culture*，*A Critical Review of Concepts and Definitions*）中汇总了1871—1951年关于文化的定义多达160种以上。[③] 联合国教科文组织对“文化”进行了明确界定：文化是某一社会或社会群体所具有的一整套独特的精神、物质、智力和情感，影响人们的思维方式、生活方式与生产方式。[④]

综上所述，古今中外对于“文化”有众多的界定，但是概括而言，文化的内涵主要有两个层次。

狭义层次上，“文化”就是指人与物质世界相对应的精神世界，包括思想、信仰、价值观、风俗习惯、道德伦理等概念的整合。

广义层次上，即“大文化”（Big Culture）的概念，包含了器物层、精神层、制度层、行为层等人类一切文明成果。[⑤] 被称为“人类学之父”的英国人类学家爱德华·泰勒在《原始文化》中指出文化是一个复杂的总体，包括知识、信仰、艺术、伦理道德、法律、风俗，以及社会成员的任何技能和习惯。[⑥] 中国著名思想家梁漱溟先生对文化的界定更为通俗——“所谓文化，就是一个社会过日子的方法”。[⑦]《现代汉语词典》（第7版）对“文化”的界定也倾向于大文化的内涵——“人类

① 郑建明、王锰：《数字文化治理的内涵、特征与功能》，《图书馆论坛》2015年第10期。

② ［澳］戴维·思罗斯比：《经济学与文化》，王志标、张峥嵘译，王志标校，中国人民大学出版社2011年版，导言第4页。

③ 杨祎、梁修存：《文化旅游产品开发的路径与模式研究》，《南京社会科学》2015年第3期。

④ 臧志彭、解学芳编著：《全球文化创意产业上市公司发展报告》，中国社会科学出版社2019年版，第1页。

⑤ 苏媛等：《中华文明的理论意蕴、突出特性及实践路径》，《新疆师范大学学报》（哲学社会科学版）2024年第4期。

⑥ 周其森：《关于“文化”的定义：桌子是什么?》，《文化学刊》2017年第8期。

⑦ 梁漱溟：《梁漱溟全集》（第一卷），山东人民出版社2005年版。

在社会历史发展过程中所创造的物质财富和精神财富的总和，特指精神财富”。[①]

第二节 文化元宇宙的内涵与重大意义

概括而言，本书所谓之“文化元宇宙”，实际上包含两个维度的含义，一方面是指“文化领域的元宇宙”，即通常（狭义）意义上有关人类群体思想、精神、信仰、习俗、价值观领域的元宇宙，从实践层面则包括文化产业元宇宙和公共文化元宇宙两大实践领域，这一维度的文化元宇宙，正处于全球数字文化产业发展第三次大潮中。另一方面是指元宇宙这一人类新生存方式中文化的形成及其传承方式的总和，这一层面通常可能也被称为“元宇宙文化”。考虑到“文化领域的元宇宙”“元宇宙文化”二者之间内在深度关联、密不可分，因此，本书在概念使用上统一采用“文化元宇宙”来涵盖“文化领域的元宇宙”“元宇宙文化”的双重内涵。

在“文化领域的元宇宙”内涵维度上，文化元宇宙其实是全球元宇宙的创始发端与创新引领：一方面，1992 年的科幻小说《雪崩》(*Snow Crash*)、1999 年的科幻电影《黑客帝国》(*The Matrix*)、2018 年的科幻电影《头号玩家》(*Ready Player One*) 等文化科技融合产品逐步建构了世界各国主流社会人群关于元宇宙的前期认知框架。另一方面，随着 2003 年《第二人生》(*Second Life*) 的上线运行，网络游戏公司 Roblox 开发平台 Studio 上线，并于 2021 年以元宇宙概念第一股正式上市受到火爆追捧，还有 Facebook 公司在 2021 年 10 月正式官宣更名为“Meta”引发全球各国关于元宇宙的大讨论，这些无疑都是文化科技企业引领和推动着全球元宇宙产业发展的最前沿。这一维度上的文化元宇宙，正处于全球数字文化产业发展第三次大潮中（后文将详细阐释）。

那么，如何理解“元宇宙文化”维度上的文化元宇宙呢？这就需要我们回归到人类生存方式的维度上来进行深刻的思考。人类任何一种

---

① 臧志彭等：《中国文化元宇宙白皮书》，中国文化产业协会文化元宇宙专业委员会 2023 年 11 月 18 日在上海长三角国际文化产业博览会正式公开发布。

生存方式，包括人的组织与交往方式、生产与分配方式、栖息与生活方式，以及在上述过程中不断积累起来的生存经验、形成的风俗习惯、建立的宗教信仰等各种文化形态和文明成果，都会在人类的繁衍生息中代代传承与延续，这就是人类生存方式中的“文化形成与传承方式”。元宇宙，作为人类新一代生存方式，在构建新的人机主体多元并存及其新的 DAO 组织方式、智慧聚合型生产力与自主型生产关系、全面虚实融合的栖息与生活方式过程中相应地也形成了承载上述各种方式的文化内容，这些文化内容通过各种方式向后代、向未来不断传承与延续，上述文化形成过程与传承方式的总和就是文化元宇宙。质言之，文化元宇宙是元宇宙新一代生存方式中的所有文化内容的形成及其传承方式的总和，如图 11-1 所示。

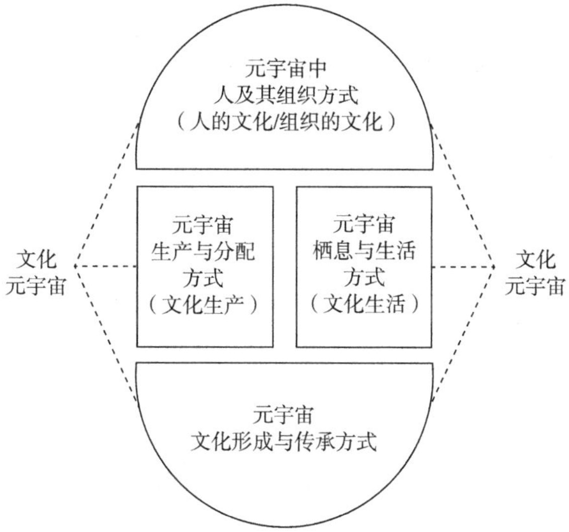

图 11-1　文化元宇宙的构成框架

资料来源：笔者设计。

具体而言，结合第一节我们对“文化”的狭义和广义两个层次的分类，相应地，狭义文化元宇宙概念是元宇宙新一代生存方式中形成的思想、信仰、价值观、风俗习惯、道德伦理等所有精神层面的内容及其传承方式的总和。广义文化元宇宙概念是元宇宙新一代生存方式中形成的器物层、精神层、制度层、行为层等人类一切物质财富和精神财富及其传承方式的总和。

就文化内容的构成而言，文化元宇宙包含元宇宙中人及其组织方式过程中形成的人的思想文化、组织文化和交往文化等，生产与分配方式中的文化产业生产及其分配文化，栖息与生活方式中的文化生活方式，还有上述生存方式积累起来的元宇宙生存经验、风俗习惯、宗教信仰、价值观以及各种丰富多彩的文化符号等文化内容。

文化元宇宙在业态表征上分为公共文化元宇宙和文化产业元宇宙两大类，具体包括影视、音乐、美术、图书、游戏、社交、传媒、文创产品等业态；在价值链上，是一个由元宇宙生存方式下的文化资源—文化思想—文化符号—文化传播—文化消费，实现从价值创造—价值传递—价值获取的完整过程。

在价值意义层面，文化元宇宙，其本质是元宇宙时代人类生存方式的文明形成与模因延续机制。具体包含三层含义：一是文化元宇宙是对元宇宙新一代生存方式中逐渐形成的人类对于这种新型生存方式的生存经验、风俗习惯、宗教信仰、思想理论、道德伦理等文化形态和文明成果的集合与汇聚；二是文化元宇宙是对元宇宙中人（其他行动主体）的行为、人与人之间的关系以及各类物种之间的关系等的规范与协调的总和；三是文化元宇宙是对人类元宇宙生存过程中产生的各种物质财富和精神财富进行传承与延续的方式的总和，对于推动人类元宇宙文明的有序传承与发展延续具有重大意义。

第三节　文化元宇宙的发展历程

文化元宇宙，是全球元宇宙的创新开端。无论是 1992 年科幻小说《雪崩》、2018 年科幻电影《头号玩家》，还是 2021 年 3 月网络游戏公司 Roblox 上市，抑或同年 10 月社交媒体 Facebook 公司更名为“Meta”，都是文化产品与文化科技企业引领了人类元宇宙文明的发展进程。文化元宇宙的产生与发展，不是一蹴而就的，是建立在千百年来文化与科技融合的深厚历史积淀基础之上；也不是偶然的，而是在文化科技深度融合基础上水到渠成的自然演化进程。

一 文化与科技融合发展史

文化元宇宙的发展历史，其本质上是一部文化与科技融合的发展历史。本书在借鉴前人研究基础上，将文化与科技融合发展史进行了全面回溯梳理，形成了以下的关键里程碑清单[①]：

公元 105 年，中国人蔡伦发明了现代意义上的造纸术；

公元 7 世纪，中国发明了雕版印刷术[②]；

1045 年前后，中国人毕昇发明了活字印刷术；

1450 年，德国人古登堡发明了活字印刷机；

1837 年，美国人莫尔斯发明了第一台电报机；

1861 年，苏格兰人麦克斯韦拍摄了世界上第一张彩色照片；

1874 年，法国人朱尔·让桑发明了摄影机；

1876 年，美国人贝尔发明了有线电话；

1877 年，美国人爱迪生发明了留声机；

1888 年，德国人赫兹验证了无线电波的存在；

1895 年，意大利人马可尼发明了无线电；

1895 年，法国人卢米埃兄弟第一次公开放映电影；

1898 年，丹麦人保森研制了第一台磁性录音机；

1913 年，法国人莱维发明了第一台收音机；

1925 年，英国人贝尔德发明了第一台电视机；

1946 年，美国发明了世界上第一台电子计算机；

1958 年，中国制成了第一台通用电子计算机；

1968 年，日本精工株式会社推出第一台针式打印机；

1969 年，美国发明了阿帕网（ARPANET）；

20 世纪 70 年代，世界上出现了第一台液晶显示器；

1973 年，美国摩托罗拉公司发明了第一部手机；

1974 年，美国人瑟夫和卡恩提出了 TCP/IP 协议；

1981 年，美国微软公司推出第一套 DOS 个人电脑操作系统；

---

① 参见邢杰等编著《元宇宙通证：通向未来的护照》，中译出版社 2021 年版，附录人类科技发展史全景长图。

② 施宇、童兵：《中国古代印刷术的技术演进研究——基于传播视角的东西方比较考察》，《出版发行研究》2023 年第 8 期。

1982 年，美国康柏公司推出第一台手提电脑；

1984 年，美国苹果公司推出第一台多媒体电脑；

1985 年，美国微软公司推出第一套 Windows 个人电脑操作系统；

1989 年，英国人蒂姆·伯纳斯—李发明了万维网（World Wide Web）；

1993 年，互联网工程工作小组（IETF）发布第一版 HTML（超文本标记语言）；

1994 年，中国第一次全功能接入互联网；

1997 年，美国 IBM 公司深蓝计算机打败了俄罗斯国际象棋大师卡斯帕罗夫；

1998 年，美国帝盟公司（Diamond）推出世界上第一台 MP3 播放器（Rio 300 随身听）；

2000 年，国际电信联盟正式公布第三代移动通信标准（3G）；

2006 年，英国人蒂姆·伯纳斯—李首次提出 Web3.0；

2007 年，美国苹果公司发布第一代 iPhone；

2008 年，中本聪提出基于区块链技术的比特币系统；

2008 年，美国苹果公司推出应用商店平台 App Store；

2012 年，国际电信联盟正式公布第四代移动通信标准（4G）；

2016 年，美国谷歌 AlphaGo 战胜了韩国围棋冠军李世石；

2018 年，国际电信联盟正式公布第五代移动通信标准（5G）；

2019 年，IBM 推出世界第一台商用量子计算机，谷歌宣布实现“量子霸权”；

2020 年，马斯克旗下 Neuralink 公司脑机接口实验取得成功；

……

需要说明的是，虽然上面有些关键事件看起来并非直接隶属于文化科技范畴，但是如果该事件已经对文化科技领域产生巨大而深刻的影响，那么，本书也将其纳入文化与科技融合发展史的关键事件清单，从而为理解文化科技融合的未来发展趋势提供基础参考。

二　文化元宇宙发展回顾

总体而言，当前全球仍然处于文化元宇宙发展非常早期的起步阶段，还不具备“分期研究”的基础。但是，如果聚焦狭义上的文化元宇宙，我们仍然可以从其发展历程中梳理出几个关键节点，进而在这几个关键节点基础上，尝试性划分出三个较短时域内的发展阶段：

（一）第一阶段：2021 年 3 月前，即元宇宙提出前的准备阶段，属于文化元宇宙前传阶段

这一阶段的一系列关键事件促进了全球文化元宇宙的产生与发展：

1967 年，美国人海利希研制了世界上第一套虚拟现实（VR）设备系统；

1972 年，美国诞生了最初的电子游戏公司雅达利（Atari）和第一代商业化电子游戏机；

1981 年，美国数学家和计算机专家弗诺·文奇发表科幻小说《真名实姓》（*True Names*）；

1984 年，美国科幻作家威廉·吉布森发表科幻小说《神经漫游者》（*Neuromancer*）；

1991 年，美国耶鲁大学计算机科学教授戴维·格勒尔特发表《镜像世界》（*Mirror Worlds*）；

1992 年，美国人萨瑟兰发明了第一套增强现实（AR）设备系统；

1992 年，美国作家尼尔·斯蒂芬森发表科幻小说《雪崩》（*Snow Crash*）；

1999 年，美国科幻电影《黑客帝国》（*The Matrix*）上映；

2003 年，美国林登实验室（Linden Lab）上线《第二人生》（*Second Life*）；

2004 年，美国社交网络服务网站 Facebook 正式上线；

2008 年，中本聪提出基于区块链技术的比特币系统；

2015 年，俄裔加拿大人布特林正式上线以太坊主网；

2017 年，美国软件公司 Larva Labs 推出 Crypto Punks，NFT 正式诞生；

2018 年，美国科幻电影《头号玩家》（*Ready Player One*）在全球上映；

2020 年，美国说唱歌手 Travis Scott 在网络游戏《堡垒之夜》中举办沉浸式大型演唱会，吸引超过 2700 万观众。

实际上，从 20 世纪 90 年代万维网的逐步普及至 2002 年初博客

(Blog) 的出现，特别是 2004 年 Facebook 上线之前的阶段，一般被称为 Web1.0 时代，在这一时期诞生了网络新闻、网络音乐、网络视频、网络搜索、电子邮件、即时通信、网络游戏等一大批 Web1.0 文化科技类应用。Web1.0 时代的主要特点是用户只能通过 Web 浏览器单向获取内容（可读但不可写），缺乏互动和参与创作的网络能力。2004 年 2 月 Facebook 正式上线，标志着互联网日益转向强交互、可读且可写的 Web2.0 时代。随着 2008 年美国苹果公司 iPhone3G 智能手机和 App Store 应用商店的推出，人类社会进入到推动 Web2.0 达至巅峰的移动互联网时代，社交媒体、手机游戏、移动长短视频、网络直播、移动阅读等几乎整个人类的文化生产与文化生活都搬到了网络和移动终端上。2009 年 1 月，比特币系统正式上线代表了 Web3.0 的早期萌芽；2015 年 7 月以太坊主网发布上线，代表着可读可写且可拥有的价值互联网——Web3.0 正式到来。

综上所述，第一阶段为文化元宇宙的产生奠定了坚实的技术准备、思想准备和社会心理准备。

（二）第二阶段：2021 年 3 月至 2022 年 11 月，属于文化元宇宙尝试探索阶段

这一阶段发生了一系列标志性的关键事件：

2021 年 3 月 10 日，美国网络游戏公司 Roblox 在招股说明书中宣称自己是一家元宇宙公司，作为元宇宙概念第一股在纽约证券交易所上市，上市首日股价大涨 54%，估值飙升至 450 亿美元；

2021 年 3 月 11 日，美国数字艺术家 Beeple 的 NFT 作品《每一天：最初的 5000 天》（*Everydays*：*The First* 5000 *Days*）在老牌拍卖行佳士得以 6934 万美元成交；

2021 年 10 月 28 日，美国脸书（Facebook）公司宣布更名为“Meta”，并宣称未来将成为一家元宇宙公司；

2021 年 11 月，韩国首尔市政府发布为期 5 年的《元宇宙首尔基本计划》；

2021 年 12 月，中国上海市印发《上海市电子信息产业发展“十四五”规划》，首次将元宇宙纳入省级地方政府产业规划，吹响了中国地方政府推动元宇宙产业发展的“号角”；

2021 年 12 月，美国众议院举行“加密资产和金融的未来”听证会，深入研讨 Web3.0 对美国和世界的重大影响；

2022 年 1 月，微软宣布将收购著名游戏公司动视暴雪（Activision Blizzard），收购价格高达 687 亿美元；

2022 年 1 月，英伟达（NVIDIA）推出元宇宙平台 Omniverse；

2022 年 3 月，元宇宙平台 Decentraland 举办了全球首届规模最大的、完全数字化的元宇宙时装周，吸引全球超过 60 个奢侈时尚品牌及数字公司展示了超过 500 种时尚造型；

2022 年 6 月，日本首相岸田文雄在众议院发表演说强调 Web3.0 的重要战略意义，提出要将日本打造成为 Web3.0 领域“有吸引力的投资目的地”；

2022 年 6 月，Meta、微软、Epic、英伟达、高通、索尼、华为和阿里巴巴等国内外互联网龙头企业共同发起成立元宇宙标准论坛（Metaverse Standards Forum）；

2022 年 9 月，IEEE 标准协会批准虚拟现实与增强现实标准委员会正式更名为 IEEE 元宇宙标准委员会。

需要指出的是，在这一阶段，全球各国展开了丰富多样的文化元宇宙创新探索，各种文化元宇宙新业态开始萌芽。2022 年 5 月，笔者发布的《全球文化传媒 100 强元宇宙战略布局研究报告》分析发现，全球文化集团 100 强公司大部分都或多或少地开展了元宇宙相关业务布局，并形成了四大共识：一是战略共识：向外界明确宣称元宇宙战略，或已进行包括 VR、NFT 等元宇宙领域的业务布局。二是业务共识：全球文化百强普遍布局 NFT，其次为游戏、影视、虚拟人，整体呈现出消费体验层面的共同特征。三是技术共识：区块链、XR、人工智能、云计算和数字支付技术成为全球文化百强的共同技术布局重点。四是合作共识：普遍采取了互相合作模式，与产业链上下游和元宇宙技术公司等共同建构文化元宇宙。

（三）第三阶段：2022 年 11 月 30 日 ChatGPT 上线至今，这一阶段是文化元宇宙多条进路创新探索阶段

2022 年 11 月 30 日，正当人们对于元宇宙与 NFT 的炒作热火逐渐消退的时候，ChatGPT 恰似一匹飞马腾云而出，上线短短 5 天注册

用户数就超过 100 万，两个月内实现了月活用户量破亿。与此同时，Midjourney、Stable Diffusion、Claude 等一批 AIGC 大模型工具席卷全球。

2024 年 2 月 15 日，中国农历大年初六，在众多国人还在从春节探亲返岗途中，美国的 OpenAI 发布了文生视频大模型 Sora。Sora 模型可以根据提示词生成长达 60 秒的视频，并且能够呈现多角色多场景结合、动静结合、全景与特写结合等复杂的逻辑内容。Sora 模型发布让人们真切感受到元宇宙的到来已经近在咫尺。

需要指出的是，以 ChatGPT、Sora 为代表的 AIGC 对于文化元宇宙发展进程而言，其意义在于正式确立了人类在文化元宇宙混沌尝试进程中的一条具有全球共识的发展进路，指引着文化元宇宙以 AIGC 的智能与高效快速迈向新的更加浩瀚的未来。然而我们也要清醒地知道，文化元宇宙的发展进路不可能仅有 AIGC 这一条，人类还在不断尝试探索其他的可能路线。

2023 年 6 月，美国苹果公司发布了研发历时七年之久的 Vision Pro，该设备将 AR 与 VR 融合一体，开创了直接使用手、眼和语音进行人机交互的新范式，同时配备了 Mac 级别的 M2 芯片和实时传感器处理芯片 R1，开发了 Reality Kit 平台，其 CEO 库克宣称 Vision Pro 将引领人类进入空间计算时代（Spatial Computing）。2024 年 1 月 19 日，Vision Pro 开启预售，18 分钟内售罄，显示出了需求火爆的趋势①。然而距离发售仅仅不到一个月，首批 Vision Pro 就被曝出退货潮，购买 Vision Pro 的用户说 Vision Pro 太过笨重（根据配置不同，重量高达 600—650 克），戴的时间长了会出现很强的不适感，有的用户也出现了眼睛红肿等情况，再就是缺乏配套的应用，也难以满足日常办公的需要……②诸多槽点表明，这款被业界寄予厚望的苹果 Vision Pro 仍然处于比较初级的阶段（虽然确实存在很多的创新和亮点），尚无法较好地满足用户的日常工作和生活需要。令人感觉不必气馁的是，2024 年 4 月初，Vision

① 《5 分钟挤爆服务器，18 分钟后被抢空！有黄牛炒至 10 万……》，澎湃新闻，htps：//www. thepaper. cn/newsDetail_ forward_ 26090612。

② 《曾被瞬间抢空，如今被曝大批退货！网友：槽点太多》，光明网，https：//m. gmw. cn/2024-02/18/content_ 1303662877. htm。

Pro 上线“Spatial Personas”功能，创新性突破了传统的 3D 视频聊天范式，通过“共享空间”的数字化身渲染，让远程对话的双方感觉彼此坐在同一张沙发上或围在同一张桌子旁的“面对面”体验，获得了消费者和网友的普遍好评。由此可见，文化元宇宙的 XR 路线（VR、AR 和 MR）至今尚处于虽不成熟但正快速迭代完善的进程中。越来越多的证据和案例表明，文化元宇宙已经不再是遥远的概念设想，而是正在一步步成为现实的可期实践。

第四节　文化元宇宙发展定位：数字文化产业的第三次浪潮

从 1967 年世界上第一套虚拟现实（VR）设备系统发明至今已经有 50 余年的时间了，为什么文化元宇宙恰好在这一时期步入发展的快车道呢？究其原因，一方面，在于文化元宇宙相关的核心支撑技术都在近几年迭代过程中日渐成熟，或者说虽然还不是足够成熟但是也能够初步满足市场的基础需求；另一方面，从更为宏大的历史观视角来看，当今时代的文化元宇宙，正是掀起全球数字文化产业发展第三次浪潮的主力策源，毫无疑问成为第三次浪潮的潮涌核心。

一　数字文化产业的内涵与特性

理解数字文化产业的内涵，首先需要明确文化产业的概念。然而目前全球没有一个关于文化产业的权威一致、统一标准的定义，甚至连一个统一的名称都没有，英国称为“创意产业”，日本更强调“内容产业”，美国则常用“版权产业”等。

（一）关于文化和文化产业的界定

联合国教科文组织在《世界文化多样性宣言》中对文化进行了定义，即“应当把文化看作某一社会或社会群体所具有的一整套独特的精神、物质、智力和情感特征，除了艺术和文学以外，它还包括生活方式、聚居方式、价值体系、传统和信仰”（UNESCO，2001）。[①] 在此基础上，联合国教科文组织对文化产品（cultural goods）的定义是“传递

① UNESCO，“UNESCO Universal Declaration on Cultural Diversity”，Paris：UNESCO，2001.

思想、符号和生活方式的消费品，比如书籍、杂志、多媒体产品、软件、唱片、电影、视频、音像节目、手工艺品和时装”，并进一步将文化产业界定为：对上述文化产品和服务进行生产和分配的产业。[①] 英国将文化产业称为创意产业，作为产业分类的创意产业概念最早由英国政府在1998年的官方文件《英国创意产业路径问卷》中提出，并定义为“源于个体创造力、技能和才华的活动，通过知识产权的生成和取用，这些活动可以发挥创造财富和就业的能力”；并把广告、建筑、艺术和古董市场、手工艺、设计、时尚设计、电影、互动休闲软件、音乐、电视和广播、表演艺术、出版和软件十三个行业划归创意产业领域。[②] 美国没有文化产业的官方命名，狭义上一般采用版权产业，主要是从文化产品知识产权的角度进行界定的，即以版权产业为核心的，提供精神产品的生产与服务的产业，包括出版发行业、新闻业、广播影视业、网络服务业、广告业、计算机软件业、信息及数据服务业等；从广义来看，美国文化产业既包括核心的版权产业，也包括文化艺术（表演艺术、艺术博物馆、艺术创作、演艺）和非营利性产业（历史古迹、图书馆、博物馆）、体育业等。[③④] 1997年，美国建立了新的“北美产业分类标准（NAICS）”，设立了与文化产业紧密相关的全新的二级产业——信息业。这个信息业包含出版业（包括软件出版）、电影和录音业、广播和传播业、信息服务和数据处理服务业。[⑤] 1996年，日本确立了“文化立国”战略，认为凡是与文化相关联的产业都属于文化产业，一般包括内容产业（电脑、网络、电视、多媒体、新闻出版、音乐、数字影像、动漫）、休闲产业（学习休闲、鉴赏休闲、运动设施、体育、旅游、电子游戏与音乐）与时尚产业（时尚设计与化妆品）三大类。[⑥] 韩国《文化产业振兴基本法》对文化产业的界定为：文化产业，是指提供与文化产品的企划、开发、生产、流通、消费有关服务的产业，包括

① 联合国教科文组织统计研究所（蒙特利尔）：《2009年联合国教科文组织文化统计框架》，https：//unesdoc. unesco. org/ark：/48223/pf0000191061_chi。

② 张胜冰等：《世界文化产业导论》，北京大学出版社2014年版，第78—79页。

③ 熊澄宇：《世界文化产业研究》，清华大学出版社2012年版，第54页。

④ 李季主编：《世界文化产业地图》，中国建筑工业出版社2014年版，第38—39页。

⑤ 李景平等：《文化创意产业在我国经济新常态下的作用》，《齐鲁艺苑》2016年第5期。

⑥ 张胜冰等：《世界文化产业导论》，北京大学出版社2014年版，第186—187页。

以下类别：①与电影和视频内容相关的行业；②与音乐游戏相关的行业；③出版、印刷、期刊相关产业；④与广播视频有关的行业；⑤与文化财产有关的产业；⑥卡通人物、移动文化内容设计（工业设计除外）、广告、表演、艺术、手工艺品相关行业；⑦提供数字文化内容、用户生成文化内容和多媒体文化内容的收集、加工、开发、制作、存储、搜索和分发相关服务的行业；⑧流行文化与艺术产业；⑨与服装、雕塑、装饰品、配饰和家居用品等相关的行业，作为使用传统材料和技术进行商品生产和分销的行业。[①]

中国关于文化产业的界定和相关分类始于20世纪90年代，2004年国家统计局制定了《文化及相关产业分类》，2012年提出了修订版，取消了核心层、外围层和相关层的划分，分为“文化产品的生产”与“文化相关产品的生产”两大部分、四大领域（文化产品的生产活动、文化产品生产的辅助生产活动、文化用品的生产活动与文化专用设备的生产活动）与十大行业。伴随互联网思维、技术与文化产业整个产业链的融合，2018年，《文化及相关产业分类》再次修订，将文化及相关产业界定为“为社会公众提供文化产品和文化相关产品的生产活动的集合”[②]，在范围上，包括“以文化为核心内容，为直接满足人们的精神需要而进行的创作、制造、传播、展示等文化产品（包括货物和服务）的生产活动——新闻信息服务、内容创作生产、创意设计服务、文化传播渠道、文化投资运营和文化娱乐休闲服务；为实现文化产品的生产活动所需的文化辅助生产和中介服务、文化装备生产和文化消费终端生产（包括制造和销售）”等九大行业。[③] 中国文化及相关产业分类变迁与比较如表11-1所示。

---

① 韩国文化体育观光部（文化产业政策司）：《文化产业振兴基本法》（2009年修订）。

② 国家统计局：《文化及相关产业分类（2018）》（国统字〔2018〕43号），https：//www. stats. gov. cn/sj/tjbz/gjtjbz/202302/t20230213_1902765. html。

③ 臧志彭、解学芳编著：《全球文化创意产业上市公司发展报告》，中国社会科学出版社2019年版，第1—8页。

表 11-1　　中国文化及相关产业分类变迁与比较

<table>
<tr><td rowspan="3">《文化及相关产业分类》（2004）</td><td colspan="2">文化服务</td><td>相关文化服务</td></tr>
<tr><td>核心层</td><td>外围层</td><td>相关层</td></tr>
<tr><td>新闻服务，出版发行和版权服务，广播、电视、电影服务，文化艺术服务</td><td>网络文化服务，文化休闲娱乐服务，其他文化服务</td><td>文化用品、设备及相关文化产品的生产，文化用品、设备及相关文化产品的销售</td></tr>
<tr><td rowspan="2">《文化及相关产业分类》（2012）</td><td colspan="2">文化产品的生产</td><td>文化相关产品的生产</td></tr>
<tr><td colspan="2">新闻出版发行服务，广播电视电影服务，文化艺术服务，文化信息传输服务，文化创意和设计服务，文化休闲娱乐服务，工艺美术品的生产</td><td>文化产品生产的辅助生产，文化用品的生产，文化专用设备的生产</td></tr>
<tr><td rowspan="2">《文化及相关产业分类》（2018）</td><td colspan="2">文化核心领域</td><td>文化相关领域</td></tr>
<tr><td colspan="2">新闻信息服务，内容创作生产，创意设计服务，文化传播渠道，文化投资运营，文化娱乐休闲服务</td><td>文化辅助生产和中介服务，文化装备生产，文化消费终端生产（包括制造和销售）</td></tr>
</table>

（二）数字文化产业的内涵

数字文化产业是文化产业在数字技术时代的产业升维。基于上述关于文化产业的定义，本书认为，数字文化产业是以文化创意为核心，依托数字技术进行文化创意内容的创作、生产、传播和服务，以数字化方式满足人们精神文化需求的产业。从类型上来讲，数字文化产业可以按照文化内容生产的数字原生性分为两类：一类是传统文化产业经过数字化改造形成的数字文化产业类型，即文化内容生产并非原生于网络数字化环境，而是原生于线下，然后经过数字化加工改造而成为数字文化产品，如传统美术作品的数字化制品；另一类是原生于网络数字化环境的数字文化产业类型，如网络游戏、在线音乐、数字影视等。

从内在形成机理来讲，数字文化产业是“数字”+“文化创意”+“产业”的有机组合：“数字”代表技术，位于引领端，发挥先锋引领作用，是数字文化产业形成的引领动力。实际上，数字文化产业是一个建构于“互联网+”基础上的全球互联互通的新兴产业类型，天然地具备连通世界、全球一体化的属性，而且恰恰是这一属性决定了数字文化产业从诞生那一刻起就具备了形成全球价值链的基础和内在动力。

“文化创意”代表内容，处于中心位置，发挥核心作用，内容创新是数字文化产业“安身立命”的根本，是数字文化产业形成的核心驱动力，决定了数字文化产业价值链的形成、延展与增值能力。

“产业”是载体，承载了数字文化创意不断孵化发展壮大的生长过程。产业发展，起决定性作用的是市场规律，然而，市场也有“失灵”的时候，于是就需要政府的制度创新相互支撑。政府制度创新有两个方面的作用，一是为数字文化创意提供产业化发展的基本条件和基础环境，做好公共服务；二是培育和规范市场，让市场这只“看不见的手”在数字文化产业化发展过程中更好地发挥资源优化配置的作用，为数字文化产业研发、生产、运营各个价值链环节提供基础动力。

综上所述，数字文化产业是技术创新、内容创新与制度创新三维协同驱动的新型文化业态[①]，如图 11-2 所示。

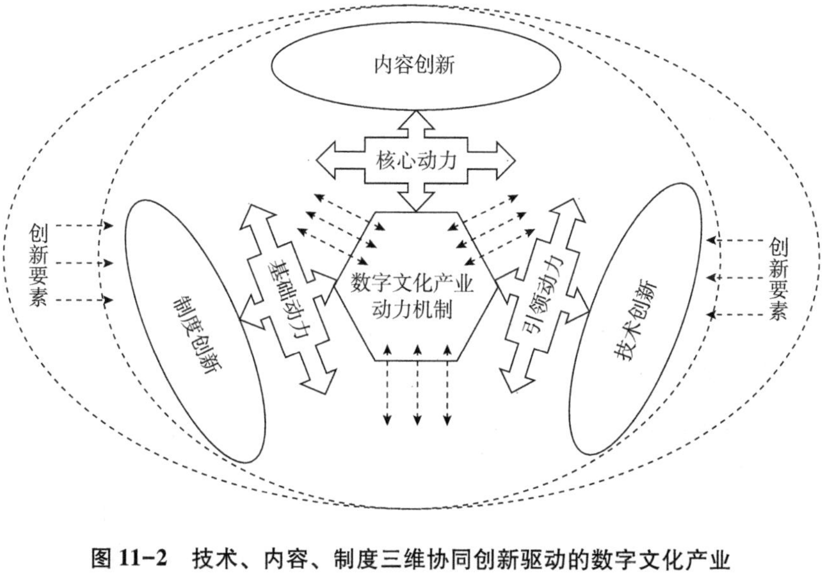

图 11-2　技术、内容、制度三维协同创新驱动的数字文化产业

资料来源：笔者与同济大学解学芳共同设计。

① 臧志彭：《数字创意产业研究》，知识产权出版社 2019 年版，第 8—12 页。

（三）数字文化产业的基本特性

数字文化产业，相较于传统产业，具有以下几个方面的核心特性。

1. 内容IP属性

这是数字文化产业，或者说文化产业区别于其他产业最为核心的特性。内容IP，即内容知识产权，也就是基于文化创意内容所拥有的独特的、原创的内容垄断权益。需要指出的是，在中国语境下，知识产权（Intellectual Property，IP）的概念已经大大超越了西方对IP的传统理解，它不仅仅指创作内容的法律保护，更是泛指一切具有商业价值的智力成果。在这种扩展理解基础上，IP成为一种可以被多次开发和利用的文化资产，涵盖了文学作品、人物形象、动漫、游戏、电影等多种形态和业态。在这个意义上，IP成为文化产业的本质内核，进而具备了一系列产业特性。

2. 价值链四大效应与生命周期无限延展性

与传统产业价值链单一产品单一链条的一次性不同，数字文化产业价值链并不随着初始文化产品的消费完结而终止，而是具备极强的衍生效应、嫁接效应、共享效应和外溢效应四大效应，具有价值链生命周期的无限延展性：衍生效应是指数字文化产业本身创意研发产生的内容IP具有很强的衍生能力。一方面是内容衍生效应，如网络文学IP衍生出网络游戏；另一方面是实物衍生效应，如网络文学IP或网络游戏IP衍生出IP玩具、IP主题公园等。可以说，每一个内容IP都可以跨媒介衍生扩展为一个文化生态系统。最为典型的案例就是迪士尼的IP帝国。共享效应是指数字文化产业本身构建的市场营销分销（分发）渠道可以与其衍生的新内容产品价值链和实物产品价值链共享。嫁接效应是指数字文化产业价值链可以为具有相同目标消费群体的传统产业提供价值链嫁接服务，实现跨界合作、协同发展。外溢效应是数字文化产业可以通过数字技术和创意设计的外溢效应带动传统的农业、制造业、服务业、建筑业等产业实现改造和升级，从而改进提升传统产业的产品形态和创意内涵，并且增加新的营销渠道和方式，从而获得更高的附加价值和运营效率。①

---

① 臧志彭：《数字创意产业研究》，知识产权出版社2019年版，第8—12页。

3. 场景体验、情感价值与粉丝共创属性

与传统产业不同的是，数字文化产品本身就是为人类的思想和精神需求服务的产品，在其生产过程中往往富含故事叙事、情感内容、场景设计等，进而带来文化内容 IP 常常承载着吸引消费者的浓厚的情感联系，加之虚拟现实（VR）、增强现实（AR）、计算机视觉等多种技术的应用带来的高度互动式、沉浸式用户体验，在消费者头脑中产生深刻的记忆印痕。正是这种与普通商品不同的情感价值，数字文化产品在网络传播过程中可以不断赢得越来越多的粉丝拥戴，并愿意为之慷慨付费，形成粉丝经济属性。而且，粉丝经济并不仅仅局限于文化产品销售这种单一的商业模式，还可以通过会员服务、内容付费、周边商品、授权合作等多种模式实现数字文化 IP 资源的多元化、长期化开发。除此之外，还需要特别指出的是，数字文化产业由于其技术便捷性为文化 IP 的粉丝提供了快速反馈、参与共创的多元通道、便捷工具，形成了数字文化产业与众不同的粉丝参与众创的商业模式。

4. 全球连通性与全球价值链一体性

建构于“互联网+”基础上的数字文化产业，天然地具备全球连通、世界一体化属性。数字文化产业价值链所独有的衍生效应、共享效应、嫁接效应，特别是对绝大多数产业转型升级的外溢效应使其战略地位异常凸显。如果一国能够在数字文化产业全球价值链中占据主导地位，那么无疑将大大提升该国传统产业的品质内涵，促进其传统产业的转型、更新与升级；反之，如果一国数字文化产业价值链被他国“俘获”或“低端锁定”，那么该国整体产业的发展无疑将大大受限，未来产业竞争力也将被他国牢牢控制。所谓数字文化产业全球价值链是指在全球化垂直分工、全球化空间布局、全球化运营管理以及全球化利益分配基础上实现数字文化产品或服务从创意设计、技术研发，到生产制作、市场营销、交付消费等一系列价值的生命周期增值循环。数字文化产业全球连通属性决定了建构中国数字文化产业全球价值链主导地位的战略重要性和紧迫性。

5. 快速迭代性

与传统产业相比，数字文化产业具有很强的技术迭代性、创意迭代性和模式迭代性。一是数字技术的快速迭代推动数字文化产业从创意开发—生产制作—分发传播—支付消费等各环节不断实现技术优化；二是数字文化产业的内容创意开发是持续推进的，而且由于粉丝互动共创模式的加持带来数字文化产品的内容迭代非常迅速，特别是AI大模型未来大规模普及化应用之后，内容创意迭代将会更加大范围涌现；三是数字文化产业由于流量聚焦特性，大量商家每时每刻都在思考如何通过商业模式变革来吸引和竞夺流量，推动数字文化产业成为数字经济体系中的商业模式创新试验场。

二 数字文化产业的三次浪潮

数字文化产业的开端，可以追溯至以二进制数字“0”“1”为基础的现代计算机的发明，经过20世纪90年代的网络化和21世纪前10年的移动互联网化，可以说已经经历了两次蓬勃发展的浪潮。到2021年元宇宙的崛起，全球数字文化产业如今正在经历第三次巨大的发展浪潮。

（一）数字文化产业第一次浪潮

数字文化产业第一次浪潮起源于现代计算机的发明至1990年前后。这一阶段的核心任务是传统文化产业的数字化改造。

数字文化产业的发展，核心是数字技术的推动。因此，要理清数字文化产业的发展历程，需要首先搞清楚数字技术的诞生与发展历程。所谓的数字技术，实际上是随着电子计算机的发明而产生的技术，其核心技术原理在于将文字、图片、声音、影像等各种信息转化为计算机能够识别的二进制数字“0”“1”，并借助计算机进行运算、加工、存储与传播等相关处理活动的技术。由此可见，数字文化产业诞生于现代电子计算机的发明和普及化应用期间，即大约20世纪50年代。在这一时期，数字技术主要用作文化内容的数字化转化。音乐CD、电子出版物等的大规模兴起掀起了数字文化产业的第一波浪潮。

（二）数字文化产业第二次浪潮

数字文化产业第二次浪潮从20世纪90年代前后开启至2021年前，这一阶段的核心任务是实现文化产业全价值链的数字化与网络化，即文化产品的数字化生产—交易—消费的全面数字化和网络化，具体可以细分为两个阶段：互联网阶段和移动互联网阶段。

1. 数字文化产业第二次浪潮的第一阶段

数字文化产业第二次浪潮的第一阶段，是以互联网技术为内核，正式开启的标志性事件是 1989 年 3 月，欧洲核子研究中心（CERN）的英国工程师蒂姆·伯纳斯—李（Tim Berners-Lee）正式提出万维网（World Wide Web）项目开发计划，后经过修改，到 12 月获得正式批准开发建设。美国麻省理工学院（MIT）媒体实验室的创始人之一，《数字化生存》的作者尼葛洛庞帝教授也指出 20 世纪 90 年代前后是全球互联网历史划时代的分水岭。1991 年，伯纳斯—李建立了全球第一个网站（网址为 http：//info. cern. ch），将万维网计划成功落地，正式开启了人类的互联网时代。2000 年以来，随着宽带互联网的普及，数字文化产业发展获得了极大的推动，YouTube 视频分享网站、iTunes 音乐下载平台、Facebook、Twitter 等社交媒体逐渐兴起，进一步促进了数字文化产业的繁荣发展。

2. 数字文化产业第二次浪潮的第二阶段

数字文化产业第二次浪潮的第二阶段是 21 世纪前 10 年至 2021 年前的这一段时间，这一阶段核心任务是文化产业全过程的移动化。2008 年美国苹果公司 App Store 应用商店的推出开启了移动互联网时代，Netflix、Instagram、Snapchat、TikTok 等多样化移动平台推动了图像和短视频内容的广泛流行，发展至今已将数字文化产业推到了有史以来的最高峰。移动化的社交媒体、游戏、视频、直播、阅读等几乎整个人类的文化生产与文化生活都搬到了网络和移动终端上。与此同时，还有一个关键核心技术，即人工智能算法技术的大爆发。基于大数据的智能算法精准推荐技术，形成了千人千面和精准推送的新型业态模式，进一步推动数字文化产业进入蓬勃发展的第二次浪潮。

（三）数字文化产业第三次浪潮

数字文化产业第三次浪潮的正式发端，可以界定为 2021 年。原因在于，2021 年先是被世人称为“NFT 元年”，后又被称为“元宇宙元年”，紧接着 2022 年 11 月 30 日，席卷全球的 ChatGPT 横空出世，由此，文化元宇宙，连同两大核心技术支撑——区块链（NFT）和 AIGC 在这一时期同步出现，正在以排山倒海之势推动全球数字文化产业第三次浪潮的到来。数字文化产业第三次浪潮的核心任务是实现文化元宇宙化与智能化，还有文化权益的平等化。

作为文化元宇宙生产关系变革的核心技术支撑——NFT（区块链）技术，萌芽于2009年中本聪发布的比特币系统，2015年7月以太坊主网上线标志着下一代互联网（Web3.0）的正式启动。2017年，随着CryptoPunks和CryptoKitties等NFT项目上线，数字文化产业的NFT范式开始奠基。2021年2—3月数字艺术家Beeple的NFT艺术品《每一天：最初的5000天》在佳士得线上拍卖，最终获得6934万美元天价成交，进而推动全球NFT市场的爆发式增长。同样是2021年3月，美国网络游戏公司Roblox作为元宇宙第一股正式登陆纽约证券交易所，特别是同年10月美国著名社交网络平台Facebook正式更名为Meta，全面开启了文化元宇宙建设的新时代。随后的2022年11月30日，ChatGPT上线全面引爆了全球AIGC的大流行。自此，以文化元宇宙为总体，以AIGC推动文化生产力变革和区块链（NFT）推动的文化生产关系变革两大变革力量作为核心支柱的全球数字文化产业正式进入第三次浪潮的导入期。

（四）三次浪潮的属性特征对比与发展趋势

从数字文化产业在三次浪潮中主导技术的演进过程来看，第一次浪潮的主导技术是计算机二进制技术；第二次浪潮演变为以互联网技术和后来的移动通信技术为主导，同时大数据技术、人工智能算法技术为核心支撑的技术体系；第三次浪潮中，主导技术演进为元宇宙系列技术群，其中XR技术、区块链技术、人工智能大模型技术为核心支撑。数字文化产业三次浪潮的网络基础从20世纪90年代之前的局域网升级为万维网，第二次浪潮期间，互联网分别经历了Web1.0和Web2.0两大阶段；进入到第三次浪潮，其主要依托的网络基础正在进一步升级为以区块链为核心的Web3.0新一代互联网架构。

从数字文化产业在三次浪潮中商业模式的发展演化过程来看，第一次浪潮是传统的生产—销售型经济模式；第二次浪潮在互联网生产关系的主导下，商业模式以网络经济、算法经济和平台经济为主体；第三次浪潮中的数字文化产业商业模式将进一步演化为空间经济、创作者经济和AI大模型驱动的新型经济模式。

数字文化产业从生产—传播—消费的价值链过程在三次浪潮演进过

程中将呈现以下趋势：一是在文化生产价值链环节，第一次浪潮是典型的中心化生产范式，生产过程主要是采用数字技术对传统文化产业的生产过程进行加工改造；第二次浪潮进入网络化生产、专业化生产与用户生产相结合的范式；第三次浪潮正在推动数字文化生产进入沉浸式生产、去中心化生产、人机协同生产和智能机器生产的新阶段。二是在文化传播价值链环节，将从第一次浪潮的线下传播升级为网络时代的流媒体传播、算法推荐传播和社群传播范式，并将进入第三次浪潮的沉浸式传播、机器智能传播和去中心化社群传播新阶段。三是在文化消费价值链环节上，第一次浪潮的线下文化消费已经演变为第二次浪潮下的在线消费和平台消费模式，并将在第三次浪潮中演进为元宇宙空间消费和智能机器消费新范式，如表 11-2 所示。

表 11-2　　数字文化产业三次浪潮的属性特征演化

属性特征	数字文化产业第一次浪潮	数字文化产业第二次浪潮	数字文化产业第三次浪潮
时间跨度	20 世纪 50—90 年代前后	20 世纪 90 年代—2021 年前后	2021 年前后至未来
核心任务	传统文化数字化改造	文化全价值链的数字化与网络化	文化元宇宙化与智能化、文化权益的去中心化
主导技术	计算机二进制技术	以互联网技术、移动通信技术为核心，大数据、人工智能（算法）技术为支撑	以元宇宙系列技术群为主导，XR 技术、区块链、人工智能（大模型）为核心支撑
网络基础	局域网	Web1. 0+Web2. 0	Web3. 0
商业模式	传统产销经济	网络经济、算法经济、平台经济	空间经济、创作者经济、AI 大模型经济
文化生产模式	中心化生产；数字化加工	网络化生产；专业化生产+用户生产相结合	去中心化生产；沉浸式生产；人机协同生产；智能机器生产
文化传播模式	线下传播渠道为主	网络传播；算法推荐传播；社群传播	沉浸式传播；机器智能传播；去中心化社群传播
文化消费模式	线下消费为主	在线消费；平台消费	元宇宙空间消费；智能机器消费

续表

属性特征	数字文化产业第一次浪潮	数字文化产业第二次浪潮	数字文化产业第三次浪潮
国际文化传播	中心化国际传播	中心化国际传播+平台化国际传播	AI 大模型调用式传播

资料来源：笔者研究整理。

AI 大模型经济新模式，特别是自我供给经济模式的开启。AI 大模型的日益普及化应用，在文化产业价值链上将会带来以下多个方面的改变：一是创意能力的无穷性。AI 大模型将为文化生产者提供无穷的创意策划方案。二是生产能力的无限性。AI 大模型，特别是 OpenAI 开通的 GPTs 和 GPT Store 商业模式，已经带来 AI 大模型公司的纷纷效仿，我们已经看到无数创新性的类 GPTs 涌现，相当于为每家企业、每个人提供了一个专属的工作团队，甚至是专属的“千军万马”。三是传播分销的自动化。目前 AI Agents 已经可以实现自动化的邮件传播和社交媒体账号传播运营，未来随着 AI 大模型的深入应用和技术迭代优化，基于 AI 大模型的自动智能传播分销时代即将来临。四是个体自我生产自我供给经济模式。当 AI 大模型逐渐成熟和普及化应用后，将会给整个数字文化产业乃至全球数字经济模式带来一个颠覆性改变：自我供给经济模式将要到来。举个简单的例子，当某个消费者看到朋友的某个数字文创产品很喜欢，他（她）可以随手拍个照片发给 AI 大模型（甚至照片都不需要拍，只需要说句话即可），就可以让 AI 大模型瞬间给自己制作一个一模一样的，如果有新的想法还可以让 AI 大模型瞬间进行优化迭代。可以看到，在这个过程中，无须文化生产公司、无须分发平台、无须购买支付环节（如果涉及版权可能仍然需要购买支付，但很可能是智能机器在后台自动执行的无感支付），完全是一个自我生产、自我消费的过程。而当物联网和 3D 打印足够发达之后，上述自给自足经济模式将不仅仅局限于线上，还将扩展到整个经济体系的大部分产业部门。未来，人类将建构“自我经济”新范式。

数字文化产品的智能机器消费时代即将到来。数字文化产业第三次浪潮，将推动数字文化产品的消费进入人机共同消费新阶段。原因在于，人工智能大模型将成为数字文化产品的创作主体，作为创作主体必然需要大量的创作基础素材和元素，而 AI 创作主体在创作过程中所需要的创作基础素材和元素单纯依靠自有素材和网络共享素材是远远不够的，并且可以预见的是，随着创作基础素材的需求量暴增，其市场价值也就越来越大，进而推动越来越多的网络免费共享素材变成收费共享素材，人类不得不为其 AI 创作机器购买必要的创作素材，从而推动数字文化产品的智能机器消费时代将随之到来。

数字文化产业国际传播将进入 AI 大模型调用时代。AI 大模型正在越来越成为全球文化资源共享、调用的核心枢纽。不同国家的创作者正在通过 AI 大模型便捷、高效地调用其创作过程中所需要的异国资源与异域素材。从国际文化产品市场来看，正在涌现越来越多的充满异域元素的数字文化产品；与此同时，在国际文化消费市场，越来越多的国际文化消费者将有更多的机会获得以前难以获取，或者需要通过高成本的跨国交通才能获得的丰富多彩的各国特色数字文化产品。数字文化产业国际传播从此将正式进入 AI 大模型调用时代。

第五节　文化元宇宙的产业体系

根据笔者和研究团队前期依托中国文化产业协会文化元宇宙专业委员会开展的《中国文化元宇宙白皮书》联合编撰和调研，目前中国文化元宇宙的产业体系正处于全面开枝散叶、陆续开花结果的良好局面[①]。结合前文关于元宇宙产业体系的分析，本书认为，导入阶段的文化元宇宙产业体系，从底层设施到行业应用包含六大结构层面、一个范式创新循环内核和内外双轮动力机制。

一　文化元宇宙产业体系的六大结构层面

文化元宇宙产业体系的结构层面自下而上分别是基础设施层—核心技术层—交互硬件层—行业应用层—网络平台层—产业生态层。具体分析如下。

---

① 臧志彭等：《中国文化元宇宙白皮书》，中国文化产业协会文化元宇宙专业委员会 2023 年 11 月 18 日在长三角国际文化产业博览会正式公开发布。

（一）行业应用层

行业应用层是指文化元宇宙在各个细分行业产生的具体场景应用，可以分解为文化产业和公共文化两大领域。

1. 文化产业元宇宙

目前形成的常见行业场景包括文旅元宇宙、科幻元宇宙、文学元宇宙、音乐元宇宙、有声文化元宇宙、影视元宇宙、演艺元宇宙、动漫元宇宙、游戏元宇宙、电竞元宇宙、媒体元宇宙、社交元宇宙、设计元宇宙、广告元宇宙、时尚元宇宙、会展元宇宙、体育赛事元宇宙、休闲娱乐元宇宙、创意园区元宇宙等。

2. 公共文化元宇宙

目前形成的常见文化场景包括文博元宇宙、非遗元宇宙、节庆元宇宙、阅读元宇宙、历史街镇元宇宙、红色文化空间元宇宙、城市文化空间元宇宙、乡村文化空间元宇宙等。

3. 典型案例

2023 年 7 月，文化和旅游部产业发展司在全国暑期文化和旅游消费季主场活动上发布了 20 个沉浸式文旅新业态示范案例，这些案例可以作为文化元宇宙行业应用层的参考，如表 11-3 所示。

表 11-3　行业应用：文旅部发布 20 个沉浸式文旅新业态示范案例

沉浸式文旅新业态示范案例类别	沉浸式文旅新业态示范案例名单
沉浸式演艺示范案例	又见平遥、重庆·1949、知音号、遇见大庸、寻梦牡丹亭、天酿、不眠之夜
沉浸式夜游示范案例	西安大唐不夜城、夜游锦江、北京国际光影艺术季“万物共生”、奇妙·夜德天、梦境光雾山
沉浸式展览展示示范案例	扬州中国大运河博物馆、北京世园公园植物历险记探索体验展、上海天文馆（上海科技馆分馆）、新四军江南指挥部纪念馆
沉浸式街区/主题娱乐示范案例	长安十二时辰、花山世界·花山谜窟主题园区、沈阳中街步行街、teamLab 无界美术馆

资料来源：张婧：《文化和旅游部产业发展司发布 20 个沉浸式文旅新业态示范案例》，《中国文化报》2023 年 7 月 7 日第 1 版。

（二）网络平台层

网络平台层是指服务于文化元宇宙产业体系信息流通、技术流通和资产流通的网络组织或平台。

（三）产业生态层

产业生态层是指文化元宇宙产业体系的配套服务行业以及衍生行业，与上述五大结构层面相关行业、范式创新循环内核以及内外双轮动力机制共同构成了文化元宇宙产业生态系统。

文化元宇宙的交互硬件层、核心技术层和基础设施层基本上与元宇宙产业体系相关各层内容是通用的，在此不再赘述。

二　范式创新循环内核与内外双轮动力机制

文化元宇宙产业体系范式创新循环内核：文化元宇宙的四大核心——虚拟数字人、XR、AIGC 和 Web3.0 将给文化产业和公共文化带来四大范式创新：虚拟数字人推动“人”的虚拟化分身化；XR 推动“场景”的范式创新；AIGC 推动“生产力”范式创新；Web3.0 带来“生产关系”范式创新。在文化产业体系中，上述四大核心都围绕一个共同的内核在打造，这个内核就是文化产业的灵魂——“IP”及其在数字化过程中形成的数字资产。通过以 IP 为引领的虚拟数字人、XR、AIGC 和 Web3.0 的循环演化，不断冲击文化产业和公共文化传统的运行模式，推动文化产业和公共文化实现一个又一个的范式创新，从而逐步实现数字文化经济体系的建构。

文化元宇宙产业体系内外双轮动力机制：文化元宇宙产业体系的发展，其内在有一个根本驱动，这个驱动力就是文化数字化。文化数字化，一方面受到传统的文化资源、文化业态在整个社会全面数字化转型进程压力下的内在需求引领；另一方面受到各国各地政府部门或有意、或无意的政策推动，从而形成了内在需求引领和外在制度推动的双轮驱动机制。

三　文化元宇宙产业体系汇总图谱

当前文化元宇宙产业发展正处于发展的导入期阶段，文化元宇宙产业体系包含行业应用层、网络平台层、产业生态层、交互硬件层、核心技术层和基础设施层六大结构层面，同时包含一个范式创新循环内核和内外双轮动力机制，如图 11-3 所示。

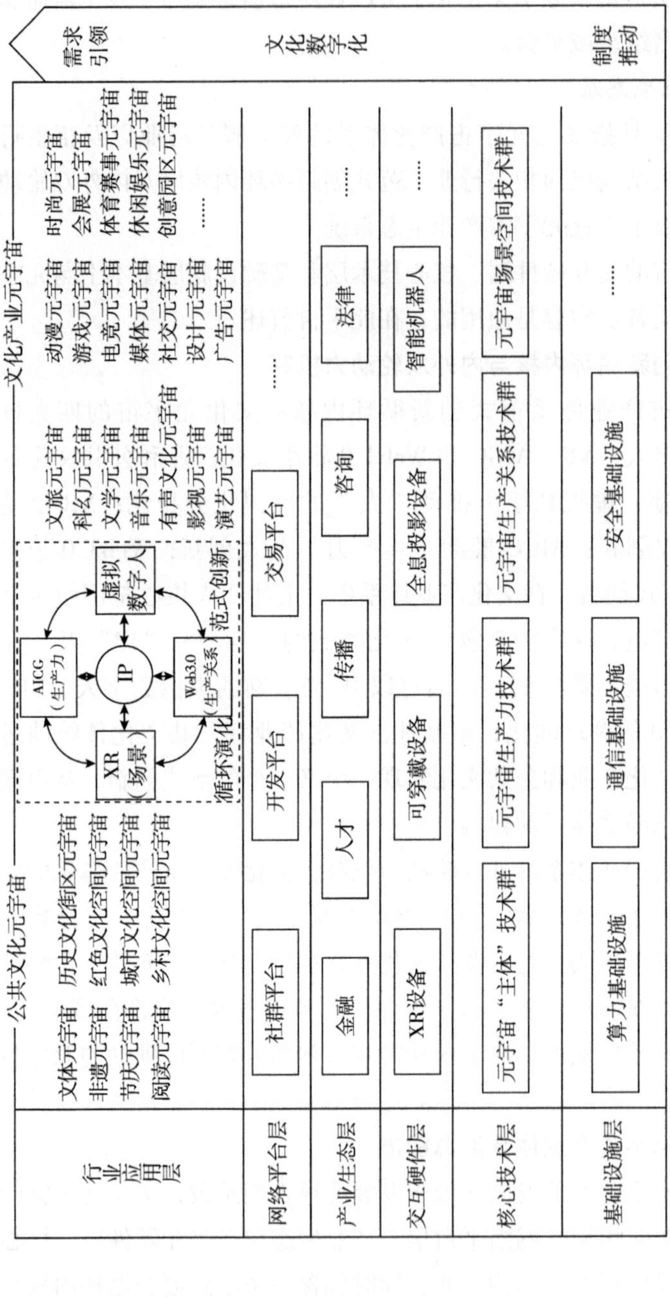

图 11-3 文化元宇宙产业体系

资料来源：笔者设计。

第十二章

文化元宇宙的数字文化资产体系

数字文化资产是文化元宇宙经济体系的核心。文化元宇宙体系的顺畅运行，需要厘清文化资源、文化资产与文化资本的内在逻辑关系，明确文化资产价值的基本属性特征，还需要正确认识 NFT 与数字藏品的价值意义。

第一节　文化资源、文化资产与文化资本的内涵与逻辑关系

文化资源、文化资产与文化资本的内涵与逻辑关系，建立在资源、资产与资本三个基本概念和关系基础之上，同时更有自身的文化特性。

一　文化资源的概念

文化资源是文化领域的资源总称，构成了人类文化的历史、现在和未来发展的基础，维持着人类社会的文化多样性，促进人类社会的繁荣与和谐。

文化资源包含有形文化资源和无形文化资源两类。概括来讲，有形文化资源主要包括以下几种类型：一是遗迹遗产类文化资源，如历史建筑、古代宫殿、教堂、古村落、历史街区等。二是文物、艺术品和手工艺品类文化资源，如绘画、雕塑、书法、音乐、珠宝、陶瓷以及各类金属、纺织等工艺品。三是文献与档案资料类文化资源，如古代书籍、手稿、地图、照片、日记、信件、地方志等。四是文化机构设施类文化资源，如博物馆、美术馆、档案馆等保存文化遗产、典籍、艺术品等重要文化资料的文化机构和设施等。

无形文化资源，是文化资源中充满活力的组成部分，一般包括非物质文化遗产类和其他无形文化资源类。非物质文化遗产类文化资源，按照《中华人民共和国非物质文化遗产法》的定义，“非物质文化遗产是指各族人民世代相传并视为其文化遗产组成部分的各种传统文化表现形式，以及与传统文化表现形式相关的实物和场所”，包括传统口头文学以及作为其载体的语言，传统美术、书法、音乐、舞蹈、戏剧、曲艺和杂技，传统技艺、医药和历法，传统礼仪、节庆等民俗，传统体育和游艺，以及其他非物质文化遗产。其他无形文化资源类，主要是指非物质文化遗产之外的那些不具有实体形态但具有文化价值的资源，例如当代文学、音乐、绘画、雕塑、舞蹈、戏剧、建筑、电影、游戏、节庆、技艺、仪式、宗教等。

二　文化资产的界定

根据资产的定义，文化资产可以界定为在文化领域中，被个体或组织所控制的、能够带来预期经济利益的文化资源。

理解“文化资产”概念的关键是看此类文化资源能否在未来带来预期经济利益。可以说，是否具备（未来的）经济价值，是文化资产的必要条件。例如，某些非物质文化遗产，仅仅有文化价值但没有能够在市场上获取收益的经济价值，那么其仅仅可以称为文化资源，而不是文化资产。

三　文化资本的定义

文化资本概念最早由法国社会学家皮埃尔·布迪厄（Pierre Bourdieu）在20世纪70年代提出，他认为文化资本是除经济资本之外的决定社会地位和权力的重要因素。文化资本包含身体化形态、制度化形态和客体化形态三种类型。身体化形态是指“以精神和身体的持久‘性情’的形式”长期内化在个人精神与身体中的知识、技能、生活趣味、审美品位等文化形态。客体化形态指以文化商品（文学、绘画、书籍、词典等）的形式存在，既可以呈现其物质性又可以呈现其象征性的文化资本。制度化形态是指通过官方教育系统等制度化体系获得的、被社会制度所承认的学历学位证书、资格证书以及其他文凭或资格认定证明材料等形式呈现的文化资本，可以说“正是社会炼金术生产了这种文化资本”。[①]

澳大利亚文化经济学家思罗斯比（2001）在传统经济学基础上扩展提出了文化资本理论。他指出当代经济分析界定了三种广义资本类型：物质资本、人力资本和自然资本，而文化资本可以被列为第四种资本类型。他提出“可以将文化资本定义为一种资产，除了可能拥有的全部经济价值以外，文化资本还体现、贮存并提供文化价值”，并将文化资本进一步拆解为存量和流量两类构成，“文化资本的存量（stock）是指在一个给定时点上存在的文化资本的数量，可以用实物或总价值等任何适当的会计单位来衡量”，而文化资本的流量（flow）是指文化资本存量“随着时间的推移引起的服务流量（flow），产生的服务流量可以用于消费，或者用于进一步生产商品或服务”。[②]

本书认为，认识文化资本，最为根本的路径是要看清楚其既是“资本”，同时又是“文化”，因此，既要认识到其经济价值，还需要认识到其文化象征意义与价值。结合前文关于资本内涵的界定以及资本与资产的内在逻辑关联，可以认为，文化资本是指用于文化领域生产经营活动、依托其文化象征意义与价值获取资本增值的文化资产。

第二节　文化资产价值评估

一　文化资产价值的来源

文化资产为什么会有价值？简单而言，因为其满足了人类的某种需求（需要或欲望）、实现了一定的用途，所以才具有价值。概括来讲，文化资产价值其实来源于四大类用途，或者说满足了人类的四种需求。[③] 一是功能需求的满足：文化资产满足了人类基本的生存、生产或生活的基本功能需求，例如，人们通过编织手工艺品满足了基本的生活需求；二是审美需求的满足：文化资产能够满足人们对美的追求，例如

① 包亚明主编：《文化资本与社会炼金术——布尔迪厄访谈录》，包亚明译，上海人民出版社1997年版，第192—201页。

② ［澳］戴维·思罗斯比：《经济学与文化》，王志标、张峥嵘译，王志标校，中国人民大学出版社2015年版，第49页。

③ ［英］威利·莱顿维塔、［美］爱德华·卡斯特罗诺瓦：《虚拟经济学》，崔毅译，中国人民大学出版社2015年版，第63页。

艺术品给人们带来的审美需求的满足感；三是享乐需求的满足：文化资产能够满足人们对享受快乐的需求或欲望，这里的享乐需求，也包含了通过冒险努力实现目标的快感，例如网络游戏中的某些虚拟道具资产正是因为具备了这一属性所以才具有很高的价值；四是社会需求的满足：能够满足人们彰显自身社会身份和地位的需求，或者能够满足通过交换而加强社会关系的需求。这实际上就是社会学上所讲的“社会认同”。每一个人都处于自己认可并归属的群体中，其价值观和行为方式自觉或不自觉地就会服从于这一群体的规范，从而获得该群体对自身的认可，进而获得自己在该群体中生存的社会资本①。

上述各种需求的满足，可以是满足一种，也可以是同时满足多种，能够满足上述需求的文化资产必然是有价值的文化资产。

二　文化资产价值的属性特征

（一）文化资产价值具有个体偏好属性

个体偏好属性，在文化资产的价值评估上，比其他类资产（如房地产），发挥着更为普遍且重要的决策影响力。文化资产，例如艺术品、文学作品等，其价值很大程度上取决于个人的审美偏好、自身经历、知识结构和性格情感等因素，这些因素都会影响到个体对于文化资产的价值评估。

（二）文化资产价值具有较强的波动属性和新鲜替代属性

与黄金等实物资产能够长期保值增值所不同的是，文化资产的价值并非一成不变的，而通常是处于波动变化的趋势。而且，文化资产价值还具有新鲜替代属性，如果某项文化资产形态始终一成不变的话，很容易被更具有新意的其他文化资产形态所取代。例如，很多非物质文化遗产因为不能紧跟时代的发展而日渐没落，现在我们正在采取各种各样的活化举措希望帮助这些非遗资产重焕新生。

（三）文化资产价值具有群体认同特性

文化资产的价值，是具有群体归属区分的，在某个领域具有很高价值的文化资产，可能放到另外某个领域并不具备高价值。例如，游戏中

① ［英］威利·莱顿维塔、［美］爱德华·卡斯特罗诺瓦：《虚拟经济学》，崔毅译，中国人民大学出版社 2015 年版，第 56 页。

的装备资产，作为一种数字资产，在游戏爱好者群体中是具有价值的，但是在一个不玩游戏或讨厌游戏的群体中，可能一文不值。

第三节　数字文化资产、NFT 与数字藏品

一　数字文化资产的内涵界定

澳大利亚文化经济学家思罗斯比认为“文化是与人类生活中的智力、道德和艺术方面相关的人类活动与活动成果”①，并指出文化的三个必备特征：一是“相关活动在生产中涉及了某种形式的创意”。二是“涉及了象征意义的产生和传递”。三是“产出至少潜在地体现了某种形式的知识产权”。结合上述关于文化内涵的界定，本书认为，预期能够在未来获取经济利益的、涉及了某种形式的创意、涉及了象征意义的产生或传递、体现了某种形式的知识产权的资源，都应归入文化资产的类别。

数字文化资产，顾名思义，是指那些以数字方式呈现的文化资产。文化资产，是指归属于文化领域的预期能够带来经济利益的权益的集合。因此，数字文化资产可以简单界定为归属于文化领域的、以数字方式呈现的预期能够带来经济利益的权益的集合。

结合前文关于元宇宙数字资产的界定，本书认为，文化元宇宙框架下的数字文化资产，是指建立在元宇宙生产关系基础上的，以数字方式呈现的，以区块链（包括 NFT）技术为底层逻辑，以某种形式的创意、象征意义与文化价值为内核，以某种形式的知识产权为依托，预期能够在未来获取经济利益的文化资产的集合。

二　数字文化资产与 NFT（数字藏品）的关系

根据上文关于数字文化资产的界定可知，数字文化资产实际上是一个大概念，文化领域的 NFT 与数字藏品是数字文化资产中的重要组成部分，但同时数字文化资产还包含了其他资产类别。

NFT，英文全称为 Non-Fungible Token，中文一般翻译为非同质化

① ［澳］戴维·思罗斯比：《经济学与文化》，王志标、张峥嵘译，王志标校，中国人民大学出版社 2015 年版，第 4 页。

通证。NFT 是建立在区块链技术基础上具有独一无二性、不可复制性、不可分割性、不可篡改性、稀有性、可追溯性的加密数字权益凭证。在我国，由于基于公链的虚拟货币发行和流通受到法律禁止，NFT 在国内被极大地限制了其金融属性和交易流通功能，并被更名为“数字藏品”。NFT 和数字藏品都是数字资产的一种类型，是一种基于区块链技术和哈希算法确立了独一无二特性和无法替代特性的数字资产。

具体来讲，数字藏品是指采用区块链技术和 NFT 技术对数字化物品进行唯一性标识的加密数字权益凭证，能够实现真实可信的数字化发行、购买、展示、收藏功能。就目前的应用场景而言，这里的数字化物品主要是数字化作品、数字化艺术品、数字化纪念品等具有一定收藏和纪念价值的数字化商品。需要指出的是，数字藏品虽然目前主要以数字作品、艺术品等形态存在，但并不代表数字藏品的范畴仅限于此。从数字藏品的本质来讲，与“万物皆可 NFT”一样，万物也皆可实现数字藏品化。按照数字化物品的来源，数字藏品可以分为两种类型：一类是实体物品数字化之后在区块链上铸造而成的数字藏品；另一类是原生于数字化空间的数字作品经过区块链 NFT 技术铸造而成的数字藏品。

由此可见，NFT（数字藏品）实际上代表了以区块链特别是 NFT 技术为底层逻辑的，预期能够在未来获取经济利益的数字资产类型。NFT（数字藏品）并不仅仅局限于文化领域，千行百业都可以运用 NFT 技术铸造具有唯一识别码的 NFT（数字藏品）。

三　正确认识 NFT 与数字藏品的差异与价值意义

（一）数字藏品与 NFT 的差异

由于中美两国的法律体系存在巨大差异，两国的金融监管体系也存在巨大差异，因此，NFT 在我国并没有按照其在美国的产品形态、商业模式来运行。作为中国特色的数字藏品，与国外的 NFT，从底层区块链到商业模式等多个方面都存在很大的不同。

1. 底层区块链不同

国外的 NFT 一般建立在公有链基础上。公有链是建立在一套共识机制基础上的，是任何人都可以参与的区块链系统。常见的国外公有链项目有比特币、以太坊、索拉纳（Solana）等。而中国的数字藏品平台，大部分是建立在联盟链基础上。联盟链是由多个机构联合进行管理维护的区块链，参与区块链的节点是事先选定的，因而更容易做到可控、可监管。目前国内的数字藏品平台常用的联盟链主要有阿里蚂蚁链、腾讯至信链、百度超级链、长安链、文昌链等。国内的数字藏品也有很少一部分是建立在公链基础上，最为典型的是树图链（Conflux）上发行的数字藏品。

2. 交易货币不同

国外的 NFT 可以采用比特币、以太币等多种类型的加密虚拟货币进行交易。中国的数字藏品不能通过虚拟货币进行购买，而只能采用人民币进行购买。

3. 身份透明度不同

国外的 NFT 平台用户都是采用加密钱包地址进行购买的，用户真实身份很难监控和管理。国内的数字藏品平台都要求用户实名登记注册、实名购买，所有的用户交易都是可监控、可管理的。

4. 流通能力不同

国外的 NFT 平台一般都允许用户对购买的 NFT 进行二级交易，具有完全的流通性。国内的数字藏品平台绝大多数并不允许用户对购买的数字藏品进行二级交易，部分平台仅允许用户间进行数字藏品的转赠。因此，国内数字藏品作为一般商品的正常流通功能是受到极大限制的。

5. 金融属性不同

国外的 NFT，其实是非同质化代币，具有很强的货币属性、类证券属性等多种金融属性。中国的数字藏品并不是一种代币，不能用于支付、理财等金融活动，这是与国外 NFT 有着本质化的区别。

6. 商业模式不同

国外的 NFT 在商业模式上，除了允许二级交易外，还设置了版权交易收益分成机制，创作者一般可以设置 5%—10% 的版权交易收益分成比例，在 NFT 交易流转过程中，创作者将获得持续的版权交易收益，而 NFT 平台也可以获得持续的佣金收益。中国数字藏品除了缺乏二级交易流通功能外，一般也都没有开通版权交易收益分成机制，创作者只能获得一次性的发行分账收益。

（二）NFT与数字藏品的真正价值意义

NFT和数字藏品是建立在区块链技术基础上的以创作者为中心的新型经济业态，是元宇宙经济入口，是元宇宙的先导性行业。NFT和数字藏品并不只是具有唯一标识的图片或数字物品，而是进入和参与元宇宙的起点，是元宇宙经济的战略先导行业。

中国的数字藏品具有比国外NFT更强的文化属性。目前国内数字藏品平台发行的数字藏品基本上覆盖了艺术品、博物馆、非遗、旅游、影视、媒体、游戏等公共文化和文化创意产业领域，同时很多平台还发行了红色文化相关数字藏品。尤其是在新冠疫情期间，数字藏品已经成为国内文化领域振兴发展的重要新业态新模式。建设社会主义文化强国，仅仅依靠文化部门和大型文化企业是远远不够的，必须依靠广大人民群众。NFT和数字藏品所要构建的创作者经济模式，正是可以充分调动广大人民群众的创意智慧和创新思想的重要抓手。

当下数字藏品市场正处于过渡期，数字藏品投机炒作1.0时代结束，而数字藏品赋能实体经济的新阶段，尚在建构初期。虽然数字藏品这个行业现在比较混乱，但是我们不能将其简单粗暴地禁止或关停，而是需要给予其发展的空间和包容。当然，需要指出的是，对于利用数字藏品进行非法活动的行为，一定要严厉惩治，还数字藏品行业发展的清朗空间。①

第四节　国外数字文化资产的监管框架

近年来，美国、欧盟和日本等西方发达国家正在逐渐形成关于数字文化资产相关的监管框架体系，本书在这里做一简要介绍，希望能够为中国数字文化资产的健康与高质量发展提供一些参考思路。②

一　美国：五部门协同监管体系

美国是最早一批支持数字资产的国家之一，在数字（文化）资产监管体系领域建立了由美国的证券交易委员会（SEC）、商品期货交易委员

① 本部分内容来源于笔者作为核心参与人2022年负责编撰的《中国数字藏品监管白皮书》的相关章节内容。

② 北京大学董美孝在本节内容研究过程中做出了重要贡献，特此感谢。

会（CFTC）、金融犯罪执法局（FinCEN）、国家税务局（IRS）和海外资产控制办公室（OFAC）五部门组成的全方位协同监管体系，如表 12-1 所示。

表 12-1　　美国五部门全方位协同监管体系

<table>
<tr><th>重点监管内容</th><th>监管部门</th><th>监管范围</th><th>监管层级</th></tr>
<tr><td>“证券”的认定</td><td>证券交易委员会（SEC）</td><td rowspan="5">国内</td><td rowspan="2">立法层</td></tr>
<tr><td>“商品”的认定</td><td>商品期货交易委员会（CFTC）</td></tr>
<tr><td>金融犯罪打击</td><td rowspan="2">金融犯罪执法局（FinCEN）</td><td rowspan="2">监管层</td></tr>
<tr><td>企业合规准入</td></tr>
<tr><td>资产交易的征税指导</td><td>国家税务局（IRS）</td><td rowspan="4">司法执行层</td></tr>
<tr><td>数据合规与知识产权</td><td rowspan="3">海外资产控制办公室（OFAC）与各级法院</td><td rowspan="3">全球</td></tr>
<tr><td>消费者权益保障</td></tr>
<tr><td>反洗钱与经贸制裁</td></tr>
</table>

（一）美国证券交易委员会（SEC）：将判定为证券的数字资产纳入监管

根据美国 1934 年《证券交易法》（*Securities Exchange Act of* 1934），美国设立了专门的证券交易委员会（United States Securities and Exchange Commission，SEC）。SEC 是直接隶属于美国联邦政府的独立准司法机构，负责对证券市场进行监督与管理，保障投资者权益，确保市场公平有序。

在数字资产监督管理方面，SEC 的定义及其相应的管辖权是比较宽泛的。SEC 认为市场上发行的大多数虚拟货币都应被视为“证券”，是需要在 SEC 申请注册或申请豁免的。只有像比特币这种绝对去中心化的虚拟货币可以不被视为“证券”①。在数字资产的定义和管辖范畴方面，SEC 不仅仅将虚拟货币纳入数字资产范畴，同时还将 NFT、稳定币，以及相关衍生金融产品都纳入数字资产范畴。

① Shiv Juneja，“Commodity or Security? SEC Chairman Gary Gensler Gives His Take on Bitcoin”，https：//www. benzinga. com/markets/cryptocurrency/22/06/27866983/commodity-or-security-new-bitcoin-insights-from-sec-chairman-gary-gensler，June 27，2022.

在数字资产是否可以被判定为“证券”方面，SEC 采用了“豪威测试”（Howey Test）作为判断标准。“豪威测试”是美国最高法院在1946 年的 SEC v. W. J. Howey Co. 案件[①]中确立的一种判断某种交易是否属于投资合约，从而是否需要纳入证券监管的方法。[②] “豪威测试”包含四个关键判断要件：一是资金投资（The Investment of Money）：投资者具有实质上的资金投入。二是投资于一项共同事业（Common Enterprise）：多位投资者的资金经过汇集后投资于共同的一家企业或一个项目。三是利润预期（Expectation of Profit）：所有投资人的收益均与最终的经营收益相挂钩，投资者期望从投入的资本中得到盈利回报。四是收益来源于他人的努力（Derived from the efforts of others）：投资者仅付出指定的资金投入，并不直接参与日常的经营管理，而是期望通过明确的第三方组织的努力获得收益分配。

如果满足上述四个方面的要件，那么该项交易就构成了投资合约，构成了“证券发行”，需要纳入 SEC 的证券监管体系。豪威测试的核心理念在于保护投资者的合法权益。因为在多位投资人投资的共同事业场景中，作为个体的投资者面临比较高的尽职调查成本，存在较多的信息不对称，与项目发起方相比处于不平等或者说是比较弱势的地位。纳入证券监管后，可以通过透明及时的信息披露等规制保护投资人的合法利益。

对于比特币、以太坊这类绝对去中心化的加密数字货币而言，虽然满足了前面两个标准（资金投入和共同事业），但投资者的收益并非依靠明确的中心化的组织努力来获得，而且比特币、以太坊都有很多实际的应用场景，并非依赖于投资者的炒作产生的价格变化来获取收益。因此，美国 SEC 并未将比特币、以太坊视为证券，但是 SEC 同时认为，市场上大量发行的其他数字货币，并不能排除上述因素，因此需要被纳入证券监管。

上述监管框架同样适用于数字文化资产，对于经过“豪威测试”被判定为证券的数字文化资产，同样将被 SEC 纳入其监管体系。

---

① SEC v. W. J. Howey Co.，328 U. S. 293（1946）.

② Securities and Exchange Commission v. Trendon T. Shavers and Bitcoin Savings and Trust, Civil Action No. 4：13-CV-416，2014.

（二）美国商品期货交易委员会（CFTC）：将涉及期货交易的数字资产纳入监管

美国商品期货交易委员会（Commodity Futures Trading Commission，CFTC），成立于1974年，主要负责监管美国商品期货、期权和金融期货、期权市场，其使命在于通过健全的监管促进美国衍生品市场的诚信、韧性和活力，以保护市场参与者及公众不受欺诈、市场操纵和其他破坏市场秩序行为的侵害。经国会授权，CFTC负责管理和执行美国1936年颁布的《商品交易法》（*Commodity Exchange Act of* 1936，*CEA*）。而实际上，正是CEA建立了CFTC运作的法定框架。

《商品交易法》对“商品”的定义是非常宽泛的，不仅包括实体商品，还包括无形商品等。CFTC的官方网站指出，数字技术驱动的金融科技正在推动全球金融市场的创新。云计算、分布式账本、人工智能等众多技术对CFTC监管的市场以及机构都在产生重大甚至变革性的影响，并特别提出了最近引起广泛关注的市场发展之一是数字资产的日益突出。CFTC官网Digital Assets专栏明确指出，数字资产包括所有虚拟货币，属于“商品”①，这使得CFTC有能力监管数字资产市场上的欺诈和市场操纵等行为。但是对于不涉及保证金、杠杆或融资的现货市场的数字资产交易，是归入美国证券交易委员会（SEC）监管职能范畴，而不纳入CFTC监管框架。

在上述监管框架下，数字文化资产必然也属于CEA定义的“商品”范畴，对于涉及保证金、杠杆或融资的数字文化资产期货交易也将纳入CFTC的监管模式中。

（三）金融犯罪执法局（FinCEN）：将涉及虚拟货币行为的数字资产纳入监管

美国金融犯罪执法局（Financial Crimes Enforcement Network，FinCEN）主要负责《银行保密法》的监督和管理工作，从事反洗钱（Anti-Money Laundering）、打击恐怖主义融资（Combating the Financing of Terrorism）和客户尽调（Know-Your-Customer）等工作。

---

① CFTC，“Digital Assets”，https：//www.cftc.gov/digitalassets/index.htm.

FinCEN 将虚拟货币视为“货币”[①]。根据 FinCEN 于 2019 年 5 月发布的《关于涉及可兑换虚拟货币之某些商业模式的规则的适用》[②]，明确了向美国人提供服务的虚拟货币“管理方”（如虚拟货币发行方或 ICO 相关项目方）和“兑换方”（如 CEX 或 DEX 等虚拟货币交易所），如果满足“资金传输者”的定义，则属于《银行保密法》下的货币服务企业。在上述规定基础上，所有从事虚拟货币交易业务的主体都需要遵守《银行保密法》以及相关金融监管的规定并履行合规义务。凡是涉及虚拟货币的产生、转移、交易等行为的数字文化资产业务，都将在《银行保密法》的调整范围内，都应当向 FinCEN 进行登记、报告，并接受 FinCEN 的监管，同时还需要建立反洗钱合规机制，如建立监督可疑金融活动的内控机制。

（四）国家税务局（IRS）：考虑数字文化资产长期收益征税

美国国家税务局（Internal Revenue Service，IRS）将数字资产定义为“财产”（Property）[③]，并规定有关数字资产的征税遵循财产交易的一般税收原则。上述规定，实际上是出于美国国家税务局的税收目的。

在数字文化资产方面，考虑到数字文化资产涉及艺术品、收藏品等长期收益结构，IRS 联合财政部拟发布有关根据《国内收入法典》第 408（m）条将某些非同质化代币视为收藏品的指导意见[④]，希望能够将有收藏价值、能够在未来产生价值增值的数字文化资产纳入长期收益征税框架。

---

① Financial Crimes Enforcement Network，“Requirements for Certain Transactions Involving Convertible Virtual Currency or Digital Assets”，https：//www. federalregister. gov/documents/2021/01/15/2021-01016/requirements-for-certain-transactions-involving-convertible-virtual-currency-or-digital-assets，January 15，2021.

② Money Services Businesses，“Application of FinCEN's Regulations to Certain Business Models Involving Convertible Virtual Currencies”，https：//www. fincen. gov/resources/statutes-regulations/guidance/application-fincens-regulations-certain-business-models，May 19，2019.

③ IRS，“Digital Assets”，https：//www. irs. gov/businesses/small-businesses-self-employed/digital-assets.

④ IRS，“Treatment of Certain Nonfungible Tokens as Collectibles”，https：//www. irs. gov/pub/irs-drop/n-23-27. pdf.

（五）美国海外资产控制办公室（OFAC）：将威胁美国国家安全的数字文化资产业务及其实体纳入制裁

美国海外资产控制办公室（The Office of Foreign Assets Control of the US Department of the Treasury，OFAC），成立于1950年，是美国财政部下属机构，其使命在于针对特定的外国国家和政权、恐怖分子、国际毒品走私者、参与大规模杀伤性武器扩散活动的人士，以及其他对美国的国家安全、外交政策或经济构成威胁的行为体进行管理和执行所有基于美国国家安全和对外政策的经济和贸易制裁，包括采用资产控制和冻结等制裁措施。在此监管框架下，OFAC对凡是威胁到美国国家安全、稳定与重大利益的海外数字文化资产业务，都将纳入OFAC的监控范围，相关实体在美国的资产也将被控制和冻结。

二 欧洲：建立分类监管框架体系

欧盟高度重视制定一套统一的监管规则来管理数字资产。在具体的监管体系构建上，欧盟对数字资产的监管体系可以大致划分为三个主要层面：立法层面、监管层面以及执行层面三个层级。[①]

（一）立法层面：建立分类监管法律体系

欧盟的核心宗旨是构建一套协调一致的数字资产监管法规体系。此举旨在减少成员国间在监管政策上的差异，降低市场的不确定性。欧盟力求提升数字资产市场的透明度与预见性，并确保监管既不会过于严苛，也不会出现监管空白。

欧盟委员会于2020年9月提出了《加密资产市场条例（MiCA）》《关于基于区块链的数字证券市场试点条例》。这两项立法建议旨在建立一个全面、一致和适应性强的监管框架，规范数字资产的发行、交易、托管和服务等活动。2023年4月20日，欧洲议会通过了此前欧盟委员会提出的MiCA。MiCA一旦实施将对欧盟成员国具有直接法律效力，适用于欧盟境内提供加密资产服务或发行加密资产的任何人和机构。

MiCA草案中第3条将"加密资产"定义为"可以使用分布式账本技术或类似技术以电子方式转移和存储的具备价值或权利的数字表

① 宋爽等：《金融安全视角下的欧盟数字资产监管策略》，《欧洲研究》2020年第2期。

示”，并且根据具体目的将其分成三种类型，即一是资产参考代币（asset-referenced tokens）。二是电子货币代币（e-money tokens）。三是现有欧盟法律未涵盖的其他加密资产（crypto-assets，other than asset-referenced tokens or e-money tokens），如实用代币（utility tokens）。

根据 MiCA 第 4 条第 2 款 c 项的规定，如果加密资产是独一无二的（unique），且不能与其他数字资产互换（not fungible with other crypto-assets），那么在发行时就不需要提供白皮书披露有关重要信息。由此可见，欧盟正在对数字资产建立分类监管框架，针对不同类型的数字资产将纳入不同的监管通道。对于数字文化资产而言，资产参考型（asset-referenced）与电子货币型（e-money）将面临不同的监管要求。

另外，英国在数字资产的监管制度设计上也遵循了分类监管的思路。英国金融行为监管局在 2019 年的加密资产指引（Guidance on Cryptoassets）中将“加密资产”主要分为：一是电子货币代币（E-money tokens）。二是证券代币（Securities tokens）。三是不受监管的代币（Unregulated tokens）：主要包括用于购买服务的代币和用作交换手段的代币。

可见，数字文化资产是否进入英国金融行为监管局的监管，取决于数字文化资产的类型和功能。具体判断数字文化资产属于哪一类，需要根据其功能和使用目的等因素进行综合分析。

（二）监管层面：建立系统的监管组织

监管层是由欧洲系统性风险委员会（European Systemic Risk Board，ESRB）以及金融监管机构构成。前者负责对欧盟金融体系进行宏观审慎监管，后者主要为欧洲银行业管理局（European Banking Authority，EBA）、欧洲证券和市场管理局（European Securities and Markets Authority，ESMA），负责在欧盟金融体系内对相应行业金融机构制定统一的微观审慎监管规则并协调各国金融监管行动。

（三）执行层面：初步确立司法裁决方向

司法执行属于事后监管手段。欧盟通过提供司法补救和裁决，以解决由数字资产所引起的争议。一个典型案例是罗马法院 2022 年审理的尤文图斯足球俱乐部对 Blockeras 公司的商标权纠纷案（Juventus Football Club v. Blockeras, Docket No. 32072/2022)[①]。该案件标志着欧洲在数字文化资产领域商标侵权的第一起诉讼，也是涉及元宇宙数字文化资产的第一案，具有示范效应和参考价值。案件的背景是被告 Blockeras 公司在 2021 年未经授权制作发行了一系列以意大利足球运动员为主题的 NFT 球星收藏卡。尤文图斯足球俱乐部声称，被告复制了俱乐部的商标和视觉元素标识，这侵犯了其商标权并构成了不正当竞争。罗马法院认为，鉴于尤文图斯正积极布局元宇宙业务，双方构成竞争关系，适用不正当竞争条款。法院要求 Blockeras 立即停止侵权行为，销毁或移交侵权 NFT，并赔偿损失及诉讼费。

罗马法院的裁决在元宇宙数字文化资产监管方面具有深远意义。首先，该判决明确了 NFT 作为数字文化资产的合法性和独特性，为元宇宙内的数字文化资产保护树立了标杆。其次，通过认定商标侵权和不正当竞争，法院强化了现实世界与虚拟空间之间的法律联系，为元宇宙中的数字文化资产保护提供了法律支持。此外，该案件还凸显了需要制定新的法律框架来解决元宇宙特有的法律问题，如 NFT 的版权、所有权问题，数字文化资产与原文化资产的关系问题等，需要法律界对元宇宙监管模式进行深入思考和体系创新。

三 日本：国家战略定位下的三层监管体系

日本从 2021 年 3 月以来出台了一系列政策文件以支持 Web3.0 与数字资产的发展[②]：

2021 年 3 月发布《关于虚拟空间行业未来可能性与课题的调查报告》（日本经济产业省）；

2021 年 12 月发布《实现数字社会的重点计划》（日本数字厅）；

2022 年 3 月发布《NFT 白皮书》（日本自民党）；

2022 年 4 月发布《数字日本 2022——基于数字化的新资本主义挑战》（日本自民党数字社会推进本部）；

2022 年 5 月发布《关于数字社会中不公平竞争法未来挑战的临时报告》（日本工业结构委员会）；

① “Juventus Football Club v. Blockeras”, Docket No. 32072/2022, https://www.trevisan-cuonzo.com/static/upload/juv/juventus-nft-order---en.pdf, 2022.07.20.

② 日本政府相关文件中多采用 Web3。

2022年6月发布《骨太方针——2022经济财政运营和改革的基本方针》（日本内阁批准）；

2022年7月成立Web3与数字资产政策办公室（日本经济产业省）；

2022年10月成立Web3与数字资产研究会，已召开7次会议（日本数字厅）；

2023年4月发布《Web3白皮书——走向一个人人都在利用数字资产的时代》。

综合上述文件可以看出，日本政府已经将Web3.0与数字资产上升为国家战略高度予以重视。具体而言，日本政府希望通过立法、监管和执行三个层级来构建Web3.0数字资产的监管体制机制。一是在立法层级：日本政府通过制定和修改相关法律来确立Web3.0和数字文化资产的法律框架。这包括对现有法律的适应性评估，以及新法律的起草，确保法律体系能够应对Web3.0带来的新挑战和机遇。二是在监管层级：通过日本虚拟货币交易协会（JVCEA）等机构对加密资产交易进行审查和监管，确保遵守反洗钱（AML）和客户身份识别（CFT）等国际标准。三是在执行层级：日本金融厅（FSA）等监管机构负责监督和执行与Web3.0相关的法律法规，确保所有市场参与者遵守既定的规则和标准。执行层级要求企业实施有效的反洗钱（AML）和客户身份识别（CFT）措施，以防止非法活动，如洗钱和恐怖融资。

此外，日本政府还在以下方面积极采取措施以推动日本在Web3.0数字文化资产时代的全球领先地位。一是国际规则的制定与贡献：日本积极参与国际规则的制定，以确保其在Web3.0领域的全球竞争力。日本政府在G7等国际论坛中发挥领导作用，推动技术中立和负责任的创新。二是税制改革：为了支持Web3.0业务的发展，日本政府考虑进行税制改革，包括对通过代币进行资金募集的企业的税制调整，以及对个人持有的加密资产的所得税进行重新审视。三是会计审计：确保加密资产发行企业能够得到适当的会计审计，以提高透明度和信任度。四是特别法律的制定：考虑制定特别法律来明确DAO（去中心化自治组织）的法律地位。五是消费者保护：加强对无许可NFT的监管，保护消费者免受欺诈和非法活动的侵害。六是金融机关的参与：明确金融机关参与 Web3.0 业务的准入标准，并确保其运作与实际情况相符。七是数字文化资产业务：鼓励利用 NFT 激活国内文化内容产业，并探索从海外 NFT 业务中合法获得收益的方法。八是监管与创新的平衡：在确保监管的同时，也要为创新提供空间，以保持日本在 Web3.0 领域的竞争力。

第十三章

文化元宇宙：近年全球发展状况分析

从 2021 年 3 月美国网络游戏公司 Roblox 上市、数字艺术家 Beeple 的 NFT 作品高价拍卖，10 月脸书（Facebook）公司更名为“Meta”等若干标志性事件到 2022 年底，全球文化元宇宙发展经历了第一波高潮期。笔者带领研究团队从 2022 年 5 月开始陆陆续续发布了《全球文化传媒 100 强元宇宙战略布局研究报告》《全球文化传媒集团 NFT 数字藏品 50 强研究报告》《全球文化传媒集团 NFT50 强商业模式研究报告》《全球文化科技集团元宇宙战略并购研究报告》，对全球文化元宇宙发展状况进行了较为深入的分析，现将主要的研究内容和结论概要如下。[①]

第一节　全球文化传媒 100 强元宇宙战略布局分析

本书选取全球文化传媒 100 强公司作为研究对象[②]，通过对上述公司 2021 年至 2022 年 4 月关于元宇宙的公开报道资料，包括领导讲话、上市公司公开年报等相关新闻报道中提及的关于元宇宙的相关内容进行

① 上述研究报告的发布版在研究团队创建的微信公众平台“文化上市公司”可以免费查询检索。

② 本书所指的全球文化传媒 100 强来源于世界媒体实验室《世界媒体 500 强》排行榜和臧志彭、解学芳编著的《全球文化创意产业上市公司发展报告》（中国社会科学出版社 2019 年版）中确定的全球文化 100 强公司名单。

了深入的归类整理和分析研究，形成了《全球文化传媒 100 强元宇宙战略布局研究报告》①，主要研究结论报告如下。

一 全球文化传媒百强元宇宙认知词频分析

通过对全球文化传媒百强关于元宇宙认知的公开资料进行词频大数据分析，形成了如图 13-1 所示的全球文化传媒百强元宇宙认知词频图。通过词频大数据分析结果可以发现，全球文化传媒产业对元宇宙的战略认知形成了一系列共识关键词，包括元宇宙、VR、AR、Web3、NFT、手机、游戏、硬件、虚拟人、信息化等。这说明全球文化传媒产业对于元宇宙的战略认知达成了基本的框架性共识。

图 13-1 全球文化传媒百强元宇宙认知词云分析

二 全球与中国文化传媒百强消费体验层元宇宙战略布局

正如前文关于元宇宙产业链分析所述，本书将元宇宙产业链分为核心链与衍生链两大板块，元宇宙核心产业链又分为消费体验层、创作开发层、通用技术层、交互硬件层和基础设施层五个层面。这里首先对消费体验层全球文化传媒产业元宇宙战略布局进行统计分析。

（一）文化传媒产业元宇宙消费体验项目总体布局状况

通过对全球文化传媒百强元宇宙相关消费体验项目的归类、整理，

① 本书报告于 2022 年 5 月 21 日在笔者牵头举办的“从平台媒体到文化元宇宙——首届数字传媒与文化产业论坛”上公开发布。这里特别感谢华东政法大学林文萍、陈翔宇、赵梓昕、胡心蕾、朱斯斯、李葱等同学在前期资料收集整理过程中做出的重要贡献，感谢陈欣悦同学在报告整理中做出的重要贡献。

消费体验项目呈现出如表 13-1 所示的布局。可以看到，在所有消费体验项目中，NFT（数字藏品）是全球文化传媒集团布局最多的项目，排名第 1 位；其次是游戏元宇宙；再次是影视元宇宙；元宇宙虚拟人、音乐元宇宙分列第 4、第 5 位；又次是办公、社交、营销、综艺节目元宇宙；最后是金融、体育、会展、教育、旅游景区、演艺、新闻、动画、主题公园等各领域的元宇宙消费体验项目都有一定的布局。

表 13-1　全球文化传媒百强元宇宙消费体验项目布局

布局热度	消费体验项目
1	NFT（数字藏品）
2	游戏元宇宙
3	影视元宇宙
4	元宇宙虚拟人
5	音乐元宇宙
6	办公元宇宙
7	社交元宇宙
8	营销元宇宙
9	综艺节目元宇宙
10	金融元宇宙
11	体育元宇宙
12	会展元宇宙
13	教育元宇宙
14	旅游景区元宇宙
15	演艺元宇宙
16	元宇宙体验空间
17	IP 元宇宙
18	新闻元宇宙
19	动画元宇宙
20	主题公园元宇宙

资料来源：笔者研究整理。

（二）文化传媒产业元宇宙体验项目战略布局的国家格局对比

在国家比较层面，通过对美国、中国、日本、英国四国文化传媒产业元宇宙消费体验项目进行汇总排名，得出了各国不同的布局情况对比，如表 13-2 所示。

表 13-2　　美国、中国、日本、英国元宇宙消费体验项目布局

布局热度	美国	中国	日本	英国
	消费体验布局	消费体验布局	消费体验布局	消费体验布局
1	NFT（数字藏品）	元宇宙虚拟人	NFT（数字藏品）	综艺节目元宇宙
2	游戏元宇宙	NFT（数字藏品）	营销元宇宙	NFT（数字藏品）
3	影视元宇宙	游戏元宇宙	游戏元宇宙	游戏元宇宙
4	音乐元宇宙	社交元宇宙	元宇宙虚拟人	影视元宇宙
5	体育元宇宙	教育元宇宙	旅游景区元宇宙	元宇宙体验空间
6	金融元宇宙	综艺节目元宇宙	会展元宇宙	旅游景区元宇宙
7	办公元宇宙	影视元宇宙	社交元宇宙	体育元宇宙
8	IP 元宇宙	音乐元宇宙	演艺元宇宙	动画元宇宙
9	新闻元宇宙	元宇宙体验空间	金融元宇宙	纪录片元宇宙
10	社交元宇宙	演艺元宇宙	休闲元宇宙	
11	主题公园元宇宙	办公元宇宙	电商元宇宙	
12	运动健身元宇宙	新闻元宇宙	城市元宇宙	
13	元宇宙虚拟人	主题公园元宇宙		
14	元宇宙体验空间	营销元宇宙		
15	营销元宇宙	会展元宇宙		
16	演艺元宇宙	智能汽车元宇宙		
17	教育元宇宙	文物艺术品元宇宙		
18	会展元宇宙	旅游景区元宇宙		
19	广播元宇宙	节庆活动元宇宙		
20	动画元宇宙	党建元宇宙		

资料来源：笔者研究整理。

美国文化传媒产业的 NFT 体验项目布局最多，位列第一；其次是游戏元宇宙和影视元宇宙；音乐元宇宙布局也较多。此外，美国文化传媒公司在金融、办公、新闻、教育、虚拟人、会展等多方面均有开发布局。

中国文化传媒公司布局最多的项目是元宇宙虚拟人。布局第二位是NFT（数字藏品）。下面依次是游戏、社交、教育元宇宙，以上形成了前五位的消费项目布局。此外，在影视、音乐、演艺、党建元宇宙等项目上也有布局。

日本文化传媒公司布局最多的项目也是NFT，其次是营销元宇宙和游戏元宇宙，在元宇宙虚拟人，旅游景区、会展、社交、演艺元宇宙等项目上也有一定布局。而英国文化传媒公司布局最多的是综艺节目元宇宙，此外，在NFT、游戏元宇宙、影视元宇宙等热门领域也有布局。

综合来看，可以初步得出以下几点结论：一是NFT（数字藏品）、游戏元宇宙是各国文化传媒产业共同的战略布局选择。二是美国文化传媒产业在元宇宙消费体验端的布局战线最长，中国仅次于美国，日本、英国相对较短。三是中国文化传媒产业对元宇宙虚拟人方面的重视程度，在全球范围中比较来看是最高的。

三　全球与中国文化传媒百强通用技术层元宇宙战略布局

1. 全球与中国文化传媒百强元宇宙通用技术层总体布局

全球文化传媒产业在通用技术布局方面，如表13-3所示，前五名分别是区块链、人工智能、XR（VR/AR/MR）技术、云计算和数字货币技术。此外，在虚拟人技术、语音技术、操作系统、交互技术等36种技术方面均有布局。

表13-3　文化元宇宙通用技术总体布局热度

布局热度	通用技术布局	布局热度	通用技术布局
1	区块链	8	操作系统
2	人工智能	9	交互技术
3	XR（VR/AR/MR）技术	10	数据集成与分析
4	云计算	11	图像技术
5	数字货币	12	物联网技术
6	虚拟人技术	13	4K/8K技术
7	语音技术	14	传感技术

续表

布局热度	通用技术布局	布局热度	通用技术布局
15	动作捕捉技术	26	数字版权管理（DRM）
16	多轨音频	27	数字孪生技术
17	翻译技术	28	显示技术
18	服务器技术	29	虚拟世界模拟器
19	光线追踪超强技术	30	虚拟数字置景技术
20	机器人技术	31	虚拟引擎技术
21	机器学习	32	虚拟直播技术
22	计算机视觉	33	云 ERP 技术
23	模拟学习系统	34	智能摄像技术
24	人机工程设计	35	自动驾驶
25	数据库技术	36	综合技术平台

资料来源：笔者研究整理。

2. 中美文化传媒百强元宇宙通用技术层国家布局对比

从中美两国比较来看，如表 13-4 所示，美国文化传媒产业布局最多的是区块链技术，尤其是在 Web3.0 领域，第 2 位是沉浸式 XR 技术，第 3 位是人工智能技术，第 4 位是数字货币技术，第 5 位是云计算技术。而在中国，布局第 1 位是人工智能技术，第 2 位是 XR 技术，第 3 位是云计算技术，第 4 位是区块链技术，虚拟人技术列第 5 位。①

表 13-4　　中美文化传媒元宇宙通用技术布局热度对比

布局热度	美国通用技术布局	中国通用技术布局
1	区块链	人工智能
2	XR（VR/AR/MR）技术	XR（VR/AR/MR）技术
3	人工智能	云计算
4	数字货币	区块链
5	云计算	虚拟人技术

① 说明：以上数据是截至 2022 年 4 月的全球文化传媒百强公司相关公开材料的统计整理结果。

续表

布局热度	美国通用技术布局	中国通用技术布局
6	物联网	操作系统
7	传感技术	图像技术
8	机器学习	动作捕捉技术
9	交互技术	翻译技术
10	数据库技术	服务器

资料来源：笔者研究整理。

第二节　全球文化传媒集团 NFT 数字藏品 50 强研究

本书以全球文化传媒 500 强公司作为研究样本框[①]，根据公司官方公开的 NFT 数字藏品发行信息到相关的国内外 NFT 数字藏品发行平台进行全面的数据采集与整理，从而逐个筛选排名得到了全球文化传媒 NFT 数字藏品发行 50 强公司，并建立了全球文化传媒 NFT 数字藏品 50 强发行数据库。NFT 数字藏品发行数据的采集期间是自文化传媒公司首次发行截至 2022 年 6 月 30 日发行的 NFT 数字藏品相关数据。需要说明的是，限于公司保密和数据可得性等原因，某些数据存在缺失值，为了便于统计分析，本书所有数据表格统计结果均剔除缺失值，并不含"不限量"发行的 NFT 数字藏品；且剔除了文化传媒公司发行平台为其他公司主体发行的 NFT 数字藏品数据（如腾讯幻核为其他公司发行的数字藏品不计入腾讯公司数字藏品总量）。在此基础上，形成了《全球文化传媒产业 NFT 数字藏品 50 强研究报告》《全球文化传媒集团 NFT 数字藏品商业模式研究报告》。[②] 这里将上述报告的主要研究结论进行

① 本书所指的全球文化传媒 500 强来源于世界媒体实验室《世界媒体 500 强》排行榜和臧志彭、解学芳编著的《全球文化创意产业上市公司发展报告》（中国社会科学出版社 2019 年版）中确定的全球文化公司排名榜单。这里特别感谢华东政法大学陈翔宇、龙雨晨、范方盈、陈欣悦、卓怡然等同学在前期资料收集整理过程中做出的重要贡献。

② 《全球文化传媒集团 NFT 数字藏品 50 强研究报告》由笔者在 2022 年 9 月 3 日上海世界人工智能大会主题论坛上公开发布，《全球文化传媒集团 NFT50 强商业模式研究报告》由笔者在 2022 年 10 月 27 日"全球家庭互联网大会元宇宙峰会·上海站"公开发布。

简要介绍。

一 全球文化传媒 NFT 数字藏品 50 强发行总体状况

截至 2022 年 6 月 30 日，全球文化传媒数字藏品 50 强公司合计发行 NFT 数字藏品项数（含系列）达到 1116 项，发行总量达到 627 万份，平均每项 NFT 数字藏品发行量为 5618 份。按照当时汇率计算得到，全球文化传媒数字藏品 50 强公司 NFT 数字藏品发行总金额达到 14.1 亿元人民币，平均每份 NFT 数字藏品均价为 225 元，如表 13-5 所示。

表 13-5　　全球文化传媒 NFT 数字藏品 50 强发行概况

	NFT 发行项数	最低值	最高值	合计值	均值
NFT 发行总量（份）	1116	1	580025	6270067	5618
NFT 发行总金额（元）	1021	0	393540000	1413196950	225

注：本报告所有数据统计不含缺失值，不含“不限量”发行的 NFT 数字藏品；且剔除了作为发行平台为其他主体发行的 NFT 数字藏品；下同。

资料来源：笔者研究整理。

根据发行量区间来看：NFT 数字藏品发行量在 1 万—10 万份的发行量是所有区间中最多的（410 万份），占全球文化传媒数字藏品 50 强公司 NFT 数字藏品发行总量的 65.5%；NFT 数字藏品发行量在 1000 份及以下的最少，仅占比 1.9%；NFT 数字藏品发行量在 10 万份以上的 NFT 项目数虽仅 6 项，但是发行量占比达到 21%以上。

从每月发行量趋势来看，2019 年 5 月至 2022 年 6 月呈现出先增长（2021 年 12 月前）后趋稳态势；2021 年 12 月发行量达到全球文化传媒领域历史最高峰值。然后自 2022 年初出现大幅下跌，3 月之后略有回升，5 月、6 月趋向回稳。

全球文化传媒 NFT 数字藏品发行金额排名前 20 位分析：华纳兄弟娱乐公司位列第一，NFT 发行总金额超 5 亿元，在全球占比近四成。迪士尼、AMC 网络公司位列第二、第三，占比均超 20%，发行金额在 3 亿元上下。发行金额呈现二八分化特征明显，前 20 强头部前三名公司发行金额遥遥领先，占比超八成。中国进入发行金额 20 强的公司有 4 家，相较于发行总量 20 强较少，可见中国数字藏品发行售价相对较低。如表 13-

6 所示。

表 13-6　　全球文化传媒 NFT 数字藏品发行金额排名 20 强

排名	公司名称	NFT 发行金额（元）	占比（%）
1	Warner Bros. Entertainment	552314332	39. 10
2	The Walt Disney	311607335	22. 10
3	AMC Networks	297780913	21. 10
4	NBC Universal Media	71272144	5. 00
5	AMC Entertainment	31910145	2. 30
6	Warner Media	19997495	1. 40
7	Twitter	18905390	1. 30
8	Jiangsu Broadcasting	17099829	1. 20
9	Columbia Broadcasting System	15857547	1. 10
10	Viacom	13704821	1. 00
11	Lions Gate Entertainment	8203837	0. 60
12	China Film	7492000	0. 50
13	iQIYI	6724012	0. 50
14	Baidu	5197240	0. 40
15	The New York Times	4442550	0. 30
16	World Wrestling Entertainment	4056850	0. 30
17	Metro-Goldwyn-Mayer Studios	3886556	0. 30
18	winshare	3730566	0. 30
19	British Broadcasting	3349550	0. 20
20	iHeart Media	2411736	0. 20

资料来源：笔者研究整理。

二　全球文化传媒 NFT 数字藏品发行 IP 特征分析

（一）NFT 数字藏品发行是否需要拥有 IP 属性

发行 NFT 数字藏品是否需要建立在 IP 基础之上？这是众多公司 NFT 数字藏品发行过程中首先考虑的策略选择难题。一般根据商业经验判断，聪明的公司都会将公司的 NFT 数字藏品发行与 IP 相结合。这在通常情况下是正确的决策。然而，这种决策的科学依据在哪里？有没有数据支撑上述结论呢？目前学术界和产业界还没有看到强有力的证据。

本书在对全球文化传媒 NFT 数字藏品 50 强公司发行的 627 万份 NFT 数字藏品统计分析基础上，以充分的数据验证了上述结论的科学性。

研究发现，全球文化传媒公司 NFT 数字藏品总量中，有 64%（接近 2/3）拥有 IP 属性。拥有 IP 的 NFT 数字藏品发行价值远超没有 IP 的 NFT 数字藏品。全球文化传媒公司 NFT 数字藏品发行金额中，有 IP 属性的占比高达 96%以上，如表 13-7 所示。

表 13-7　全球文化传媒 NFT 数字藏品 50 强发行量 IP 特征

IP 属性	NFT 发行量（项）	NFT 发行量（份）	占比（%）	均量（份）
否	368	2219092	36.00	6030
是	721	3950927	64.00	5480

资料来源：笔者研究整理。

更为重要的是，研究发现，拥有 IP 的 NFT 数字藏品的发行均价是 344 元人民币，而没有 IP 的 NFT 数字藏品发行均价仅为 24 元人民币，也就是说，拥有 IP 的 NFT 数字藏品发行均价是没有 IP 属性 NFT 数字藏品的 14.3 倍，如表 13-8 所示。

表 13-8　全球文化传媒 NFT 数字藏品 50 强发行金额 IP 特征

IP 属性	NFT 发行量（项）	NFT 发行金额（元）	占比（%）	均价（元）
否	338	52542380	3.70	24
是	649	1360613349	96.30	344

资料来源：笔者研究整理。

（二）全球文化传媒 NFT 数字藏品 IP 发行金额 10 强

本书对全球文化传媒 NFT 数字藏品的 IP 发行金额进行了排名，得到了全球文化传媒 NFT 数字藏品 IP 发行金额 10 强，如表 13-9 所示。从表 13-9 中数据可以得到三个结论：一是全球文化传媒 NFT 数字藏品发行金额最大的 IP 为华纳娱乐发行的“超级英雄系列”的数字藏品。二是可以发现全球文化传媒 NFT 数字藏品发行金额排名前十的 IP 全部来自美国。三是全球文化传媒 NFT 数字藏品发行金额排名前十的 IP 有 90%IP 来自影视动画领域。

表 13-9　全球文化传媒 NFT 数字藏品 IP 发行金额 10 强

排名	公司名称	国家	NFT 发行 IP	NFT 发行金额（元）
1	Warner Bros. Entertainment	美国	DC 漫画超级英雄系列	514713296
2	AMC Networks	美国	*The Walking Dead* 系列	297780913
3	The Walt Disney	美国	漫威系列	170494926
4	Warner Bros. Entertainment	美国	黑客帝国系列	63794000
5	The Walt Disney	美国	米老鼠系列	54946818
6	NBC Universal Media	美国	电影《回到未来》系列	29452622
7	NBC Universal Media	美国	电影《侏罗纪世界》系列	22179920
8	The Walt Disney	美国	*Pixar Pals* 系列	20947156
9	The Walt Disney	美国	*Duos Golden Moments* 彭彭丁满历险记等经典系列	19678785
10	Twitter	美国	杰克·多西 2006 年第一条推文	18905390

资料来源：笔者研究整理。

第三节　全球文化传媒集团 NFT 数字藏品商业模式

商业模式是对一个组织创造、传递以及获得价值的基本原理的描述。[①] 这里，本书根据商业模式的理论框架对全球文化传媒产业 NFT 数字藏品 50 强公司从价值创造、价值传递与价值获取三个维度开展 NFT 数字藏品商业模式的案例分析。

一　价值创造模块典型模式

（一）内容 IP 二次开发模式

国际文化集团通常利用自身的内容 IP 进行二次开发，借助 NFT 数

① ［瑞士］亚历山大·奥斯特瓦德、［比利时］伊夫·皮尼厄：《商业模式新生代》，黄涛、郁婧译，会杰审校，机械工业出版社 2016 年版，第 1—10 页。

字藏品赋予内容资源新的价值。例如，华纳媒体时代周刊杂志选取近100年来曾经登上时代周刊封面的女性人物，绘制出“长颈女士”的特色形象并铸造为NFT，获得了市场广泛关注。华纳兄弟公司则基于蝙蝠侠IP铸造了一系列3D版的蝙蝠面具NFT。迪士尼公司把米老鼠等旗下一批知名IP铸造为Golden Moments等系列NFT藏品，获得市场热捧。

（二）NFT交易卡牌模式

这种模式是国外NFT发行的常见模式，主要基于区块链技术将物理卡牌上链，生成独一无二、一一对应的NFT卡牌，实现物理资产与虚拟资产的对应连接，并且可以公开验证所有权。例如，英国BBC推出NFT交易卡Doctor Who，玩家需要使用数字交易卡来玩Doctor Who：Worlds Apart游戏，从而增强用户黏性和互动性。华纳兄弟（Warner Bros.）发售超过600万张DC漫画风格的实体交易卡。

（三）创作者激励模式

通过为创作者提供NFT的创作工具和发行渠道，激发其运用NFT技术进行艺术创作的热情。例如，环球音乐与Genies公司合作，为艺人打造虚拟形象并制作虚拟服饰NFT，增强其与粉丝的互动，提升艺人价值。

（四）价值链延伸模式

这种模式基于已有的文化内容（如小说或影视剧等）通过NFT技术进行衍生价值链开发。例如，Netflix在2021年4月上线的悬疑剧*This is a Robbery*中有13幅名画遭到偷窃，Netflix邀请了13名艺术家对这13幅名画进行了重新绘画，并铸造为NFT艺术作品，实现了价值链的延伸。再如，著名导演王家卫将电影《花样年华》1999年2月13日开机当天拍摄的未公开片段（时长1分31秒）制作成了NFT，在2021年10月9日苏富比拍卖会上拍出了428.4万港元。

（五）NFT纪念产品开发模式

通过将NFT与公司具有纪念意义的产品进行结合，在增强纪念的专属性的同时，也提升了产品品牌价值。例如，日本讲谈社发售《心灵侦探八云》的NFT特装版书籍，凡是购买该特装版图书的用户都可以获赠相应的NFT。通过此类NFT的发行，还可以让书店以比较容易接受的方式获取到用户的相关信息，为后续的用户运营提供助力。

二 价值传递模块典型模式

（一）展示推广模式

展示推广模式是通过提供展示推广渠道或平台实现价值传递。例如，Spotify 公司支持艺术家的 NFT 部署，并在 App 应用内为艺术家提供 NFT 的展览展示页面，促进艺术家的 NFT 作品销售和粉丝互动能力的提升。

（二）身份社交模式

身份社交模式是指 NFT 数字藏品作为一种身份标识、社交货币。例如，以前的 Twitter 公司（被马斯克收购后更名为 X）曾推出 Twitter Blue 业务，用户每月支付 2.99 美元订阅费后可以将加密钱包中的 NFT 作为个人头像，并且显示为特殊的六角形形状以区别于传统的圆形头像。当一些名人将自己的无聊猿 NFT 作为 Twitter 头像后，"#apefollowape" "#apetogetherstrong" "Proud to be a member of@ BoredApeYC" 等标签和话题一时间席卷 Twitter 空间并风靡全球。

（三）营销获客模式

营销获客模式是指通过 NFT 数字藏品来开展市场营销活动、获取新顾客。例如，索尼影业、AMC 院线与 WAX 区块链合作，以电影《蜘蛛侠：英雄无归》NFT 作为电影宣发新方式，获得入场券的用户于电影首映日在影院使用门票后可以到 WAX 区块链上兑换 NFT（发行总量为 86000 份）。Netflix 推出了寻找隐藏的 NFT 的活动，让会员观众通过寻找在影片中或者在社交网站广告中隐藏的二维码来领取 NFT，刺激消费者开通会员订阅。LiveNation 娱乐公司推出了"Live Stubs"的 NFT 票根，开启了音乐会虚拟纪念门票模式，既满足了消费者的藏票怀旧需求，又为艺术家提供了与粉丝建立唯一专属连接的新型媒介。

（四）NFT 营销策划模式

NFT 营销策划模式是指基于 NFT 为客户提供市场营销解决方案。目前来看，NFT 数字藏品已经成为广告行业必备的营销策划内容，也是广告客户普遍需要的营销内容策略。例如，阳狮集团帮助奥利奥设计了 NFT 营销方案，推出奥利奥 NFT 饼干。

三　价值获取模块典型模式

（一）NFT 作为产品直接销售模式

这种方式是最为简单直接，也是最为常见的 NFT 发行方式。例如，2022 年 4 月，DC 漫画公司（DC Comics）在 Palm 区块链（以太坊侧链）上发行 20 万份 3D 版的蝙蝠侠主题 NFT，每份售价 300 美元。

（二）扩展商业盈利模式

NFT 数字藏品可以成为企业在常规营收基础上的新的盈利模式。例如 YouTube 从 2022 年初开始探索 Web3.0 等技术应用，帮助其视频创作者探索 NFT 功能，让创作者能够在传统单一的广告获利模式之外形成新的获利渠道，也让创作者与观众建立长期的深层联系。

（三）打造交易市场模式

一些大型文化集团从 2021 年以来开始创建 NFT 数字藏品交易市场，建设 NFT 数字藏品的价值交易场所。例如，福克斯（FOX）在其区块链创意实验室（Blockchain Creative Labs）推出 NFT 市场“The Maskverse”，为其蒙面歌王的歌手和粉丝提供各种 NFT 的发行与交易场所。日本最常用的即时通信软件 LINE 推出了 LINE NFT 市场，为其约 8200 万月活跃用户提供 NFT 市场服务。

四　全球文化集团 NFT 数字藏品商业模式汇总

在较为全面深入总结全球文化传媒产业 NFT 数字藏品 50 强公司 2021—2022 年的 NFT 数字藏品铸造、发行与运营模式的基础上，本书形成了全球文化集团 NFT 数字藏品商业模式汇总清单（1.0 版）。综合来看，全球文化集团 NFT 数字藏品主要包含内容 IP 二次开发模式、NFT 交易卡牌模式、创作者激励模式、价值链延伸模式、NFT 纪念产品开发模式、投资并购模式、发行渠道模式、展示推广模式、身份社交模式、营销获客模式、用户互动模式、NFT 营销策划模式、战略合作模式、产品销售模式、社群盈利模式和交易市场模式 16 种比较常见的商业模式，如图 13-2 所示。①

---

① 这里特别感谢华东政法大学硕士研究生陈翔宇等同学在 NFT 数字藏品商业模式研究过程中做出的重要贡献。

价值创造	价值传递	价值获取
■ 内容IP二次开发模式	■ 发行渠道模式	■ 产品销售模式
■ NFT交易卡牌模式	■ 展示推广模式	■ 社群盈利模式
■ 创作者激励模式	■ 身份社交模式	■ 交易市场模式
■ 价值链延伸模式	■ 营销获客模式	
■ NFT纪念产品开发模式	■ 用户互动模式	
■ 投资并购模式	■ NFT营销策划模式	
	■ 战略合作模式	

图 13-2　全球文化集团 NFT 数字藏品商业模式汇总清单（1.0 版）

资料来源：笔者设计。

第四节　全球文化科技集团元宇宙战略并购研究

战略并购是企业为了应对战略环境变化，增强自身核心竞争力，以企业发展战略为依据和方向而开展的兼并收购等资本运作，从而实现企业内外产业链协同一体化发展和资源优化配置。战略并购与以短期财务收益为核心目的的财务并购是有根本区别的。这里所研究的全球文化科技集团元宇宙战略并购，是指全球文化科技集团为应对元宇宙带来的新一轮产业革命，通过兼并、收购或战略投资拥有元宇宙业务或相关技术优势的企业，从而获取面向元宇宙新型产业竞争优势、推动战略转型、服务企业长期战略的资本运作活动。

本书以国际权威的并购数据库 Zephyr 作为数据来源，选取了 2021 年全年至 2022 年 6 月前 Zephyr 数据库内文化科技类行业并购数据，包括互联网出版、广播和网络搜索门户、电影与音频、出版发行、广播、数据处理相关服务、电信、互联网及其他信息服务等相关行业的并购数据共 42196 条。通过数据清洗、筛选，整理出全球文化科技集团面向元宇宙战略转型展开的战略并购事件，共计 153 项。研究运用统计分析法，以价值链理论为基础，分析全球文化科技集团在不同价值链环节的战略并购情况，阐述全球文化科技集团开展不同战略并购类型的特征与动因，科学研判全球文化科技集团元宇宙战略并购国际格局。①

一　全球文化科技集团元宇宙战略并购概况

全球文化科技企业并购事件合计 153 项，其中主动收购企业 114 家，目标企业 150 家，共涉及 32 个国家（地区）。2021 年全年国际文化科技集团元宇宙战略并购频数共 96 次，平均每月并购项目数量为 8 次；2022 年 1—6 月战略并购频数 57 次，平均每月并购项目数量达 11.4 次。

从并购规模上看，美国并购数量稳居第 1 位，韩国、中国、日本分列第 2 位、第 3 位、第 4 位。国际文化科技集团并购项目数共 153 项，并购频次共计 306 次。其中，美国文化科技企业参与并购频次为 105 次，占总数的 34.31%；韩国文化科技企业参与并购频次为 42 次，占总数的 13.73%；中国文化科技企业参与并购频次为 26 次，占总数的 8.50%；日本文化科技企业参与并购频次为 25 次，占总数的 8.17%。亚洲国家虽然稳居第二梯队，但与美国差距很大。

二　文化元宇宙产业价值链核心环节全球并购格局

文化元宇宙产业价值链环节战略并购比重分析显示，内容生产环节为 141 次，占总数的 46.08%。分发传播环节 151 次，占总数的 49.35%，在分发传播环节展开布局更多。在基础硬件环节，全球战略并购频次很少，仅占总参与并购频数的 1.63%，均是主动发起并购的文化科技企业，如表 13-10 所示。

表 13-10　　文化元宇宙产业价值链环节战略并购比重

价值链环节	并购频数（次）	并购频次比重（%）
基础硬件	5	1.63
内容生产	141	46.08
分发传播	151	49.35
终端设备	9	2.94

资料来源：Zephyr 数据库（2021 年至 2022 年 6 月）。

① 本节研究内容和结论主要来源于笔者带领研究生朱斯斯等同学 2022—2023 年开展的全球文化集团元宇宙相关研究成果，感谢朱斯斯同学在数据整理和分析中的重要贡献。更多与本节相关内容可参见朱斯斯《面向元宇宙的全球传媒企业战略并购研究报告——基于 32 个国家和地区的并购数据分析》，硕士学位论文，华东政法大学，2023 年。

内容生产环节：全球20个国家文化科技产业参与战略并购。参与内容生产环节布局的企业分属于20个不同国家（地区），其中美国发生45次并购，占总频数的近1/3，领先全球；韩国以19次并购位列第二，占总频数的13.48%；中国以16次并购位列第三，占总频数的11.35%；英国与日本均为11次，并列第四，占总频数的7.8%。

从并购主动性来看，内容生产环节的并购事件中多为被动并购，优质内容资源成为国际竞夺焦点。具体来讲，主动并购发生频次为50次，占1/3左右，未占据主要位置；被动并购发生频次为91次，占比59.48%，在文化科技产业价值链环节中占明显多数。其中，美国、韩国、英国贡献了全球主要的内容并购标的，如表13-11所示。

表13-11　参与内容生产环节并购的国家（地区）格局

国家	主并企业		目标企业	
	计数（次）	频率（%）	计数（次）	频率（%）
美国	14	28.00	31	34.07
中国	7	14.00	9	9.89
日本	7	14.00	4	4.40
加拿大	6	12.00	4	4.40
韩国	4	8.00	15	16.48
德国	3	6.00	2	2.20
瑞典	3	6.00	2	2.20
澳大利亚	2	4.00	4	4.40
阿联酋	1	2.00	0	0
英国	1	2.00	10	10.99

资料来源：Zephyr数据库（2021年至2022年6月）。

分发传播环节：美韩激进、加日接近、中国略落后。分发传播环节并购共计发生151次，企业来自24个国家（地区）。美国发生56次并购，占总数的37.09%，是美国文化科技巨头集中布局领域；韩国有23次并购位于第二层级，占总数的15.23%；加拿大与日本企业位于第三层级，并购数量相当，分别为13次和11次，占比为8.61%和7.28%；中国不占优势，仅有8家企业参与了并购，占比5.3%，布局的方向与领域比较分散。

从并购类别来看，全部 151 次中主动并购为 95 次，被动并购为 56 次。日本被动并购频次达到 8 次，居全球第 2 位，重点面向虚拟资产初创企业；其中 7 次是日本国内企业间并购，1 次是被法国跨国并购。加拿大在此领域的并购重点聚焦在以区块链为基础的虚拟资产与 NFT 分发领域，如表 13-12 所示。

表 13-12　　参与分发传播环节并购的国家格局

国家	主并企业		目标企业	
	计数（次）	频率（%）	计数（次）	频率（%）
美国	40	42.11	16	28.57
韩国	17	17.89	6	10.71
加拿大	8	8.42	5	8.93
中国	4	4.21	4	7.14
开曼群岛	4	4.21	0	0
英国	3	3.16	1	1.79
日本	3	3.16	8	14.29
澳大利亚	2	2.11	0	0
德国	2	2.11	1	1.79
法国	2	2.11	0	0

资料来源：Zephyr 数据库（2021 年至 2022 年 6 月）。

三　全球文化科技集团纵向战略并购全球格局

并购数据统计显示，全球文化科技集团后向并购为 54 件，占并购总数的 35.29%，达到 1/3 以上，其中文化元宇宙分发传播巨头并购内容生产企业成为焦点。美国以 26 次并购发起数位于第一层级，占总频数的近一半，其中扎克伯格领导的 Meta 公司展开了对 Downpour Interactive、Bigbox VR、Within Unlimited 等公司的 4 项并购活动。韩国以 13 次并购发起数位于第二层级，占总数的 25.93%。中国、澳大利亚、法国、英国等参与后向并购频次都较少。

前向并购数据统计显示，全球文化科技集团并购活动中，前向并购项目数共有 22 条，占比 14.38%，分属于 9 个不同国家。日本发生 7 次前向并购，占总频数的31.82%，超越长居第一位的美国，位于第一层级；美国发生了4次前向并购，占比18.18%，处于第二层级；中国、加拿大、印度、韩国等其他国家则处于第三层级。

四　全球文化科技集团战略并购全球格局总结分析

比较全球文化科技集团战略并购格局发现，美国处于全面领先地位，分发传播类巨头积极抢占优质内容资源。从数量来看，美国71项并购项目中横向并购共31项，纵向并购40项，且更加侧重于后向并购策略。分发传播环节企业并购内容生产环节企业29项，占比93.55%。总体来讲，构建了以美国为中心的文化科技产业元宇宙全球分工网络。韩国在多项比较中位居全球仅次于美国的第二梯队。韩国文化科技企业参与23项并购活动，其中8项属于横向并购，15项为纵向并购；后向并购13项，均为分发传播并购内容生产，前向并购2项，均为内容生产并购分发传播环节企业。总体来看，韩国侧重于开展纵向并购，在沿价值链环节的并购中实现产业化布局。

相比来讲，中国侧重于内容生产环节布局，16家属于内容生产环节，占64%；属于分发传播环节的企业有7家；终端设备环节两家；横向并购发生8次，纵向并购7次，呈现横纵并重的格局。需要指出的是，中国绝大多数并购为国内并购，而且纵向并购未占明显优势，缺乏价值链整合效应。后续应积极主动开展外向型的战略并购活动，获取全球信息与资源优势，参与构建全球元宇宙价值链网络；应加强与国际文化科技企业在元宇宙领域的关联，通过战略并购获取文化科技产业元宇宙战略转型竞争优势。

第十四章

AIGC 驱动全球文化元宇宙变革趋势与著作权挑战

以 ChatGPT、Sora 等为代表的 AIGC 前沿科技正在以超乎想象的速度改变着人类的文明进程。在 AIGC 的颠覆性冲击下，全球文化创意产业将会迎来怎样的变局？文化元宇宙的未来将会走向何方？现有的著作权法体系遇到了哪些前所未有的挑战？这些问题成为本章研讨的重点。

第一节　AIGC 驱动全球文化元宇宙十大变革趋势

笔者联合清华大学、北京大学、复旦大学、上海交通大学等全国 30 多所高校专家联合创立的文化领域首家全国性元宇宙社会组织——中国文化产业协会文化元宇宙专业委员会，牵头在 2023 年 2 月至 4 月连续组织了 9 场有关文化创意、艺术创作、音视频、数字阅读、广告设计、虚拟数字人、数字营销、数据安全等文化创意产业各细分赛道 AIGC 系列研讨会，并编撰形成国内首部《中国文化元宇宙 AIGC 发展研究报告》。在此基础上，结合近期 OpenAI 发布 Sora 给全世界带来的思想冲击，笔者认为 AIGC 将驱动全球文化元宇宙至少十个方面的发展变革趋势①。

一　指挥密集型的人机交互生产将成为文化元宇宙的主要生产方式

生成式人工智能让我们看到了智能机器的力量，接下来的交互式人

① 感谢北京大学董美孝和同济大学张淑宁在本节内容研究过程中做出的重要贡献。

工智能发展进程将让我们看到世界的巨变。在过去，人工智能仅仅是作为辅助工具存在，而人类则扮演着创作者的主体角色，以人利用机器作为主要的生产范式。随着卷积神经网络（CNN）、循环神经网络（RNN）、生成式对抗网络（GAN）以及转换模型（Transformer）等人工智能技术的不断革新，AI 大模型正在具备越来越强大的能动性内容自生成能力。我们开始看到人类逐渐从创作主体转变为指令发出主体，而且智能机器与人类的交互能力正在日益增强，机器越来越能够理解人类的指令意图，从而更加准确、快速地完成内容生产任务。对文化元宇宙的内容生产而言，将逐渐从人利用机器生产转变为人指挥机器生产的新范式。可以预见，智能机器将在不久的未来成为文化元宇宙的内容生产主体。

二 “跨模态内容生成”将成为文化元宇宙的主要生产逻辑

传统的文化创意内容生产是“文生文”“图生图”的线性生产逻辑。在 AI 大模型的能力涌现基础上，文字生成图片、一句话生成一个短视频，甚至未来一句话可以生成一部小电影或者一款游戏……智能机器已经具备了强大的跨模态内容生成能力。所谓的跨模态内容生成，是指基于不同模态（如文本、图像、音频、视频）的信息进行整合，通过算法生成具有多模态表现形式的内容，其特征在于对多源信息的有效融合，创造性地生成具有不同媒介形态的作品。随着 AIGC 技术的快速迭代，这种跨模态内容生成模式将成为文化元宇宙的主要生产逻辑。

三 虚拟数智人建构属于每个人的 3D 数字人生和文化元宇宙

在 AIGC 的推动下，虚拟数字人将很快迎来全面的智能化升级。传统的虚拟数字人仅仅是“虚拟形象+播报机/传声筒”，随着 AIGC 在虚拟数字人行业的日益广泛应用，虚拟数字人将会升级为具有语义理解、情感互动和人格魅力的、从外貌到行为再到思想全面智能化的虚拟数智人。每个人都将会拥有一个或多个 AI 数字分身，开启自己的 3D 数字人生。与此同时，虚拟偶像行业也将迎来全面升级。假如你喜欢某个歌手，你可以在获取授权的情况下让歌手的 AI 虚拟替身早晨为你唱起床歌、晚上给你唱催眠曲……以往远在天边仅能在屏幕上看到的偶像将会随时随地在场式近距离陪伴。虚拟数智偶像将会融入我们的日常生活。由此，每个人在虚拟数智人的支持下，将会拥有属于自己的文化元宇宙，整个人类的生存方式将会真正进入全面虚实融合的元宇宙时代。

四 文化元宇宙建设成本根本性降低、效率将有质的提升

AIGC 出现以前，人们提起元宇宙总会感觉还比较遥远、建设成本预估将非常高昂，导致很多人对元宇宙心灰意冷。然而，2024 年 2 月 15 日上线的 Sora 让我们看到了 AIGC 可以在无须拍摄、无须场地、无须 3D 建模、无须渲染、无须后期剪辑制作的情况下，直接生成高逼真度的视频图像，而用户需要做的只是输入和修改提示词（prompt）。也就是说，文化元宇宙中的虚拟世界建构，将可以交由 AIGC 来智能化生成，省去传统模式下的巨额建设成本和专业制作团队。与此同时，AIGC 还将从根本上缩短内容的制作周期、快速产出大量的数字内容，满足元宇宙海量内容需求，从而在根本上提升元宇宙世界的构建速度。

五 文化 IP 与品牌价值将由用户对其 AIGC 的广度和深度所决定

互联网时代，文化 IP 与品牌价值很大程度上依赖于广告的触达精准度。AIGC 时代，仅仅有广告的触达已经不够了，还需要让用户能够主动参与到与文化 IP 或品牌的 AIGC 互动创作过程中。当用户对文化 IP 或品牌的 AIGC 程度越深、广度越大，用户对文化 IP 或品牌的了解程度也就越深、用户黏性越高，用户对文化 IP 或品牌的忠诚度也会越高，文化 IP 或品牌的价值才会越高。此外，用户对文化 IP 或品牌的 AIGC 广度和深度的增加将使得文化 IP 方或品牌方拥有更为深入的用户画像数据和用户认知、情感和行为反馈记录，从而能够更好地改进产品和提供服务，进而更有的放矢地提升文化 IP 或品牌的价值。

六 全球数字文化消费市场将进入“私人定制”时代

传统的文化消费，大部分是标准化的，例如同一部电影、同一款游戏对广大消费者都是一样的、无差别的内容产品，即使某些文化产品进行了差异化设置，其差异也在有限的少数的选择范围内。然而，在 AIGC 的推动下，同一部电影，每个人看到的情节和结局可能是不同的；同一款游戏，每个人经历的关卡和战局却是不同的；同一个景区虚拟空间，每个人的旅游经历内容却是不同的……基于 AIGC 的数字文化产品

将根据每一位消费者的喜好，进行完全私人定制化的内容生产。此外，在AIGC的支撑下，消费者也不再仅仅是被动的内容消费，而是将主动发挥自身聪明才智和个性偏好指挥AIGC为自己创作更符合自身需求的文化产品，从而获得独一无二的文化体验，全球数字文化消费市场也将同时成为全球文化消费者协同共创的交互生产平台。

七　知识产权价值链将全面打通，个体数字文化资产时代来临

随着全面私人定制时代的来临，个体对数字文化资产的渴望推动了创作和拥有独特数字资产的消费诉求。这一趋势将数字文化资产带入个性化时代，每个个体都能在虚拟空间拥有与众不同的数字身份与数字文化资产。在基于区块链技术实现去中心化的网络生态中，利用加密技术、时间戳技术等赋予文化内容产品唯一性、不可篡改性，开辟了文化产业新的创作和交易空间，成为文化元宇宙的重要基础。

实际上，从市场应用角度来看，NFT和数字藏品的营销已成为备受重视的项目，几乎成为当前市场营销的标配。这一现象表明数字文化资产已经深入各行各业的市场营销体系中。未来，整个知识产权价值链将全面打通，数字文化资产的时代已经离我们越来越近。在虚拟空间中，每个个体拥有的数字文化资产数量和价值可能会超过其在现实世界中的实际资产。近期以来，国际金融领域在关注真实世界资产（RWA）这一新兴概念，即把现实生活中的资产以数字方式上链记录和交易流通。未来，所有资产都将以数字化形式上链，人类的元宇宙新一代生存方式将全面到来。

八　空间计算开启全球文创产业联合开发与虚实融合元宇宙时代

苹果CEO库克在Vision Pro发布会上提到希望将人类带入空间计算时代。所谓的空间计算，其实是在扩展现实、3D、计算机图形学、机器视觉、传感、体感等融合技术的加持下，收集和处理现实世界中的三维空间信息，实现虚拟世界与物理世界的顺畅交互与深度融合。在AIGC的加持下，将为空间计算注入丰富的内容和生命力，具有空间计算功能的硬件设备入口将成为一种连接虚拟和现实的桥梁，为用户创造更为丰富、沉浸式的体验。从消费者角度看，多个程序可以在一个元宇宙空间同时运行，数字资产也能够实现全面打通；而从厂商角度看，这将涉及跨界联合开发、跨组织融合生产、协议标准统一、资源素材共享

和虚实深度融合等多个方面。通过整合空间计算和 AIGC 技术，不同文化行业可以共同探索新的创意模式，推动文化元宇宙产业间的跨界合作与融合创新。未来，借助空间计算体系的支持，马修·鲍尔提出的可互操作的元宇宙时代将真正来临。

九　C 端生产力全面解放将带来超越文艺复兴的文化大发展大繁荣

我们追溯人类几千年的文明历史，回顾全球各个国家的发展历程都会发现一个共同点：一个国家在文化领域的繁荣发展，仅仅依靠中心化的内容生产机构和精英文化生产者是不够的，必须要让人民群众的创意智慧能够被充分地激发出来，惟其如此，一个国家的文化才能真正大发展、大繁荣。文化产业从生产逻辑来讲，依靠的是 B 端的生产力加上 C 端的生产力，这两者的结合才能促进整个国家文化软实力的全面提升。

AIGC 在整个文化领域产生的作用，一方面是促进了 B 端生产力的质的提升；另一方面恰恰就是解放了 C 端的生产力，其将内容生产的技术门槛降低为 0，即使不会图片 PS、不会视频 Pr 编辑的普通人，只要脑中有思想、心中有故事，就能成为优秀的内容生产者。AIGC 将推动“人人成为内容创作者”的创作者经济时代真正到来，人类将进入超越文艺复兴的文化大发展和大繁荣时代。可以说，在 AIGC 的基础之上，文化元宇宙有了一种新的高效生产的 AI 基础设施，让每个人都可以成为很好的创作者，产生知识外溢的叠加效应和乘数效应，这就是 AIGC 为整个文化元宇宙建设开创的新纪元。

十　全球文化资源将全面融合，世界文明融通的共同体时代正式开启

过去和当前，由于语言不通、文化资源难以有效共享、思想认知难以及时沟通和理解，导致世界存在诸多文明的冲突问题。然而，AIGC 的到来和未来的全面普及化应用，将使得阻碍各国文明互通的语言障碍不复存在，全球各类文明资源将可以通过 AI 大模型实现便捷的跨国界调用。AI 大模型正在日渐成为全球最为核心的媒介中心、文化资源互通中心、文明成果交流中心。处于不同国家和地域的个体创作者，将可以借助 AI 大模型自主选择和运用国外文化元素，丰富和拓展 AI 创作生成的作品。在 AIGC 的推动下，全球文化资源将经历广泛而深刻的融通。不同文明之间的边界逐渐模糊，文化元素在各国数字文化创作中互相渗透，形成了更加开放、包容的文化格局。通过 AIGC 技术的推动，整个世界的文化资源和文明成果将在 AIGC 的推动下实现大融合、大流通，人类将迎来一个正式开启的共同体时代，共同构建一个跨越国界的文明互通新时代。

第二节　AIGC 对现有著作权法律制度体系的重大挑战

近年来，人工智能技术的迅速发展使得 AIGC（AI Generated Content，AI 生成内容）在日常生活中的应用得到广泛推广。从文化创作到商业运用，AI 合成内容已引发了一系列备受瞩目的法律案件。AI 生成文字侵权、AI 生成图片侵权、AIGC 数据源侵权等著作权侵权案件引发了广泛的学术探讨。可以说，AIGC 正在对现有著作权法律制度体系提出重大挑战。

目前，针对 AIGC 在著作权领域的法律适用和规范尚存在许多不确定性。这种不确定性既在法律实践中显现，也引发了学术界的理论思辨。确立 AI 生成内容在著作权法律保护中的地位及其法律责任的界定，有必要对近年来发生的国内外 AIGC 相关案例进行梳理分析，总结当前著作权法律制度存在的问题。本书旨在以 AIGC 著作权侵权案例为切入点，探讨现行法律在 AIGC 领域的适用性和局限性，以期为未来相关法律法规的完善提供参考。①

一　从四个 AI 生成内容的判例说起

（一）“AI 生成图片”著作权侵权案

《春风送来了温柔》著作权纠纷案②是国内第一起 AI 生成图片的案件，也是全球首例由法院宣判 AI 绘图工具使用者对 AI 生成的图片享有著作权。这个案件的特殊性在于原告的被侵权图片本身是 AIGC 的图像作品，即该案件的争议点不仅在于被告的侵权行为是否属实，还有原告

① 本节由臧志彭与丁悦琪共同完成。参见臧志彭、丁悦琪《中国 AIGC 著作权侵权法律规制的优化路径》，《出版广角》2023 年第 24 期。

② 北京互联网法院（2023）京 0491 民初 11279 号民事判决书。

本身的图像是否构成作品的问题。在案件中，原告李某使用了 AI 图片生成软件“Stable Diffusion”通过输入多个正向提示词和反向提示词，并设置生成参数的方式生成了涉案图片，并将其以“春风送来了温柔”为名发布在某互联网平台，标注为“AI 插画”。在证据提交的过程中，原告提交了再现涉案图片生成过程的视频，证明该图片是根据用户输入的指令，通过软件自动生成的。被告在某互联网平台账号发布的文章配图中使用了涉案图片，但未经原告许可并截去了原告在某互联网平台的署名水印。原告认为被告的行为侵犯了其作品的署名权和信息网络传播权。在 2023 年 11 月 27 日的一审判决中，北京互联网法院认为涉案图片符合作品的条件，原告为涉案作品的作者，但由于无法确定涉案图片的权利使用费数额，且被告存在侵权使用情节，即判决被告赔偿原告经济损失，并在涉案账号上赔礼道歉。

（二）“AI 生成文字”著作权侵权案

AI“文生文”著作权侵权案件是深圳某公司诉被告上海某公司侵害著作权及不正当竞争纠纷一案。[①] 自 2015 年以来，深圳某公司创作人员会使用 Dreamwriter 软件自动撰写文章，每年可完成约 30 万篇作品。在 2018 年 8 月 20 日深圳某公司发布了涉案文章，而上海某公司在同日发布了与涉案文章标题和内容完全一致的文章。法院判决认为，这些由人工智能生成的文章满足著作权法的保护条件，属于腾讯的法人作品。被告上海某公司未经深圳某公司许可在其经营的网站发布了侵权文章，侵犯了深圳某公司的信息网络传播权，因此被要求赔偿经济损失和维权费用。

（三）AIGC 数据源侵权的国外案例

国外目前有一批 AI 生成内容的案例，其中也不乏对 AI 生成内容“是否构成作品”“谁是作品作者”“谁持有著作权”等类似问题的思考。同时在一些案例中，著作权侵权行为发生在了数据输入的过程中，这类案例目前国内还没有发生，但是却存在同样的侵权风险，因此值得参考借以完善中国的著作权制度。一是 2023 年 10 月美国判决艺术家集体起诉 AI 软件开发公司的著作权侵权案件，其中包括了三

① 深圳市南山区人民法院（2019）粤 0305 民初 14010 号民事判决书。

家开发了AI绘图软件的公司，在这起案件中原告的艺术家认为这些公司在训练AI的过程中加入了自己的作品，由此训练AI的公司侵权应当承担责任。美国法院在判决中认为这三家公司需要对此侵权负责，同时法院指出某原告艺术家的诉讼请求可以得到支持，因为在AI系统中可以由输入其名字来指定AI生成图片的艺术风格，这也证明了AI公司侵害了某原告艺术家的名誉权，其余的艺术家则需要更多的证据来证明原始训练数据中含有他们的作品。二是2023年12月27日美国某媒体公司起诉美国某AI大模型公司侵权案例，上诉书中美国某媒体公司认为美国某AI大模型公司非法使用其新闻内容来创建AI工具，威胁了美国某媒体公司的新闻服务能力，侵犯其版权同时造成了不正当竞争、对其读者关系和收入造成了损害，请求法院判决美国某AI大模型公司赔偿损失、禁止其侵权的同时销毁其人工智能模型。此案目前尚在审理中。

（四）国内外案件争议点

无论是国内案件还是国外案件，其争议点都相对比较聚焦。具体来讲，上述案件从AI生成内容的过程来看，AIGC的内容生成方式基于深度学习、大模型等技术训练，其主要争议点聚焦在：AI是否属于现有著作权法管辖对象？AI生成内容是否构成作品？其智力成果和独创性如何体现？AI能否成为作品作者？以及被告侵害原告何种权利？如何举证？（见表14-1）上述问题充分暴露出当前著作权法制度遇到了前所未有的挑战。

表14-1　国内外四个案件的争议点

案件名称	AI生成图片著作权侵权案	AI“文生文”著作权侵权案	美国艺术家集体诉AI软件开发公司案	美国某媒体公司诉AI大模型公司侵权案
涉案作品类型	涉案图片为AI辅助生成图片。属于美术作品	涉案文章属于AI辅助生成文字作品，是原告主持创作的法人作品：文字作品	原告艺术家的图片作品	原告的文字作品

续表

<table>
<tr><th>案件名称</th><th>AI 生成图片著作权侵权案</th><th colspan="2">AI“文生文”著作权侵权案</th><th>美国艺术家集体诉 AI 软件开发公司案</th><th>美国某媒体公司诉 AI 大模型公司侵权案</th></tr>
<tr><td rowspan="4">案件争议点</td><td rowspan="2">1.“春风送来了温柔”图片是否构成作品，构成何种类型的作品</td><td rowspan="2">1. 原告是否为本案适格的主体</td><td>（1）涉案作品是否构成文字作品</td><td rowspan="2">1. 被告是否在未经许可或许可的情况下，以侵犯版权的方式训练了稳定扩散软件，该软件据称使用了原告的艺术作品作为训练样本</td><td rowspan="2">1. 被告是否使用了原告的新闻作品来创建人工智能工具，是否侵犯了原告的版权</td></tr>
<tr><td>（2）涉案文章是否构成法人作品</td></tr>
<tr><td>2. 原告是否享有涉案图片的著作权</td><td colspan="2" rowspan="2">2. 被告是否侵害原告享有的著作权</td><td>2. 原告是否能够通过审查稳定扩散代码来确定软件中是否存在未公开的信息，并进一步确定训练图片的存在</td><td>2. 被告是否使用了搜索索引复制和分类了原告的在线内容</td></tr>
<tr><td>3. 被诉行为是否构成侵权，被告是否应当承担法律责任</td><td>3. 被告是否侵犯了原告的版权和肖像权，以及违反了数字千年版权法（举证责任）</td><td>3. 被告是否侵犯了原告的读者关系和收入，并给原告造成了损失（举证责任）</td></tr>
</table>

资料来源：笔者研究整理。

二　AIGC 对现有著作权法律制度体系的冲击

AIGC 正在对国内外现有的著作权法律制度体系产生巨大的冲击，比较突出的问题聚焦在三个方面：一是作者身份认定问题；二是作品认定问题；三是 AI 训练侵权举证责任问题。下面就上述三大问题进行阐述。

（一）作者身份认定问题

根据目前的《中华人民共和国著作权法》（以下简称《著作权法》）规定，“创作作品的自然人是作者。由法人或非法人组织主持，代表法人或非法人组织意志创作，并由法人或者非法人组织承担责任的作品，法人或者非法人组织视为作者”。那么，AIGC 过程中，人工智能机器是否可以成为内容生成物的作者呢？这一问题对当前的著作权法律制度产生了重大挑战，引起了学术界的激烈辩论。一部分学者持支持观点，认为 AI 生成内容的产生包含了使用者的智力成果以及开发者的智力成果，不仅 AI 生成内容符合作品，在 AI 达到一定自由度后还可以为 AI 设立“人格权”。① 在表 14-1 前两个案件中，AI 生成的文字和图片都被认定为了作品，且 AI 的作者都被考虑了主体资格问题，由此可见，上述观点在当前国内一些司法实践中获得了支持。然而还有一部分学者坚持作者的人类身份，认为著作权法的保护对象应是人的创作成果，著作权的初心是维护作者利益，作者身份离不开人类，人工智能无法理解著作权法的激励机制，不符合著作权法立法保护的主体。② 与此同时，还有学者认为 AI 生成内容不应当由《著作权法》进行管辖，AI 生成结果是算法、规则和模板的应用结果，且不存在赋权后所带来的版权激励，不符合著作权法的基本目标。③ 上述观点之辩也引申出一个问题，即现有的著作权法律制度是否需要重新修订以囊括虽属新生但将长期存在的 AIGC 作者身份问题。关于这一问题，有学者认为不必为著作权难以覆盖人工智能的问题担忧，目前的状况不能急于扩张著作权法，而是应当在人工智能足够智能的时候承认著作权法的历史使命终结。④ 在学术界众说纷纭、莫衷一是的情况下，是否应该提出一个 AIGC 著作权立法修法的基本原则？这个基本原则在考虑保护相关各方正当权益的基础上，是否应该考虑面向未来的科学发展等前瞻因素，从而为将来的人类社会发展留有空间？

（二）作品认定问题

目前著作权制度在 AI 生成的内容物是否成为作品的认定方面存在

① 朱凌珂：《赋予强人工智能法律主体地位的路径与限度》，《广东社会科学》2021 年第 5 期。

② 王迁：《再论人工智能生成的内容在著作权法中的定性》，《政法论坛》2023 年第 4 期。

③ 王迁：《ChatGPT 生成的内容受著作权法保护吗?》，《探索与争鸣》2023 年第 3 期。

④ 王迁：《再论人工智能生成的内容在著作权法中的定性》，《政法论坛》2023 年第 4 期。

重大争议。根据《中华人民共和国著作权法实施条例》（以下简称《著作权法实施条例》），作品是指“文学、艺术和科学领域内具有独创性并能以某种有形形式复制的智力成果”，由此可见，是否具有“独创性”是其中最为核心的判定要件。支持“AI 生成内容为作品”观点的学者认为，目前人们不能确定 AI 生成内容是否能够成为作品的主要争议点在独创性的标准上，有的学者认为独创性强调“作者思想、感情、个性的反映，需要从作者权的角度理解”[①]，有的作者认为需要从“独立创作”“稍许的创造性”来理解独创性，或者主张仅关注结果而非过程，追求客观上的“必然性”。[②] 还有的学者认为将 AI 生成内容作为作品能够激励投资，因为 AI 生成内容具有投资价值，由此人工智能应当受到著作权法的保护。[③] 在对人工智能生成内容进行保护后，能够一定程度上激发投资热情，使得开发者得到相应的回报，显得更加公平合理。反对该观点的学者认为，AI 在人类的输入和调整下生成的内容不应当算作作品，AI 不属于著作权法上的作者范围[④]，不具备承担相应侵权责任的能力，也不能够满足著作权法本身的激励作用。AIGC 中的作品认定问题国外的关注点在于其中是否存在人类的智力努力。欧盟 2019 年 6 月出台的《数字化单一市场版权指令》[*Directive*（*EU*）2019/790 *on Copyright and Related Rights in the Digital Single Market*] 对 AI 生成内容需要进行四步版权测试，其中第二步就是要确认 AIGC 是否是人类智力努力的产物，而其中 AI 的角色是辅助还是核心的创作主体的问题。而在美国，新技术使用版权作品国家委员会（National Commission on New Technology Uses of Copyrighted Works）认为计算机生成的作品在版权保护方面必须符合“人类创作”的要求，在作品产生时必须具备人为创造性努力。从 AI 生成图片著作权侵权案中可知，法院认为原告在创作的过程中通过使用不同的关键词调整数值，而让其作品有了人类参与，AI 在此成为工具，从而符合了作品的独创性。然而，需要深入

---

① 乔丽春：《“独立创作”作为“独创性”内涵的证伪》，《知识产权》2011 年第 7 期。

② 廖斯：《论人工智能创作物的独创性构成与权利归属》，《西北民族大学学报》（哲学社会科学版）2020 年第 2 期。

③ 许春明、袁玉玲：《论人工智能的法律主体性——以人工智能生成物的著作权保护为视角》，《科技与法律》2019 年第 2 期。

④ 吴汉东：《人工智能生成作品的著作权法之问》，《中外法学》2020 年第 3 期。

分析的是，原告使用 AI 软件 Stable Diffusion 创作图片，这样的创作形式与以往的美术作品创作手法不同，美术作品的创作手法一般是以手绘、使用电脑等数码产品绘画或者通过相机等数码产品进行拍摄得到的，有一定的创作动作，例如绘画时移动画笔或鼠标，照相时按下快门。但是从使用 AI 软件进行创作的过程来分析，整个过程中并没有符合一般认知的绘画动作和拍照动作出现，仅仅是以数据代码和训练模型的方式进行了创作。虽在成果上和普通的绘画成品没有区别，但是从内在形成逻辑来看，缺乏通过一般作图的动作表达，机器按照命令合成，缺乏对工具的使用过程，缺乏人类参与感，更像是一种机械性的生产。从这个角度来看，与其说作者拥有了一幅美术作品，倒不如说是拥有了一串被设定为固定值的数据组的版权。由此 AIGC 是否构成“机械性智力成果”仍需要多加考虑。这不仅涉及“数据是否应该拥有版权”的问题，也会间接带来作者对于提示词或设定值的垄断，即每一个使用作者用过的提示词或设定值来设定 AI 软件，其 AIGC 都有可能侵害原作者的版权；与此同时，由于这类 AIGC 是完整的一体，无法分割，因此在近似相似的设定上还可能会造成对原作者保护作品完整权的侵权。同时，在 AI 生成图片著作权侵权案的判决书中还提及即使法院认为该作品不属于著作权法上的前 8 种作品，原告也会利用第 9 种“符合作品特征的其他智力成果”，该条款的范围过大，会导致在没有完善的法律出台之前被不当利用。

（三）AI 训练侵权举证责任问题

美国艺术家集体诉 AI 软件开发公司案和某媒体公司诉 AI 大模型公司侵权案都涉及 AI 模型算法训练侵权举证责任的问题。虽然国内目前缺乏这类案例，但是仍然存在 AI 训练侵权的风险问题。从美国艺术家集体诉 AI 软件开发公司案这个案件中不难看出，AI 训练数据的著作权案件中的举证责任分配需要进行重新衡量。对于艺术家来说，让其提供能够证明 AI 训练数据中含有自己作品的证据是否过于苛刻？是否需要调整以平衡各方的利益？在美国某媒体公司诉 AI 大模型公司案例中，涉及了 AI 生成的“输入”“输出”环节的著作权侵权问题，从证据的角度来看，原告的准备更加充分，也使得被告侵权行为的证据比较有力：原告先后提交了被告训练时使用的开源数据库中存在原告数据的证据。其中被告还给原告带来了名誉权上的侵害，其 AI 会不时编造虚假新闻而将新闻来源指向原告，导致一部分读者不再相信原告的内容。目前美国艺术家集体诉 AI 软件开发公司案仅仅进行了一审判决，美国某媒体公司诉 AI 大模型公司案则还在审理中。其中美国艺术家集体诉 AI 软件开发公司案中，法院对能够反映 Stability 的部分进行了判决，即 Stability 在训练中确实对原告某艺术家的著作权存在侵害行为，但是其余没能在软件中搜索到名字的艺术家则需要更多的证据来证明 Stability 的侵权事实，后续艺术家是否能够补充相关证据以及最终的判决结果都是值得关注的，若艺术家没有能够提供更多的证据，那么后续的一些权利救济便值得思考。

第十五章

文化元宇宙：推进文化和科技深度融合的战略选择

从 2021 年被称为“元宇宙元年”至今，中国“元宇宙”一直被简单化地理解为来源于西方“Metaverse”。这一认知可能存在重大理解误区，亟须厘清的是中国的元宇宙并非西方“Metaverse”的文明外溢，而是中国近三十年来特色自主数字文明发展演化自然而然做出的主动选择。以文化与科技深度融合为内核的文化元宇宙，一方面是全球数字文化产业第三次浪潮的潮涌核心；另一方面是人类新一代生存方式文化形成与传承的总和，亟须深刻把握当前文化元宇宙发展初期的重大战略机遇，为中华民族在数字文明时代的伟大复兴打好坚实的基础。

第一节　中国元宇宙并非根源于“Metaverse”

一　元宇宙是中国数字文明发展演化的主动选择

托夫勒在《第三次浪潮》中指出，大约从公元前 8000 年人类社会开始了第一次浪潮，农业文明逐渐取代了原始文明；公元 1650—1750 年，人类社会又开始了第二次文明浪潮，一直到 20 世纪中叶，工业文明正式大规模取代了农业文明而成为世界的主宰，开启了 300 年工业文明的辉煌期；1955—1965 年第三次浪潮在美国开始涌现，计算机逐渐获得大规模应用，并伴随 20 世纪 90 年代末互联网的接入推动人类社会开始进入信息革命时代①，一个从模拟技术向数字技术转变的数字社会开启，即信息革命引发的“第三次浪潮”将人类社会带入了数字化生存的崭新文明形态，这种新的文明形态被称为数字文明。随着 2021 年的“元力觉醒”，西方步入 Metaverse 元年，中国同步进入元宇宙元年，东西方文明同时开启数字文明的新发展阶段——元宇宙文明阶段，如图 15-1 所示。

西方文明演化	西方文明关键事件	年份	东方文明关键事件	东方文明演化
元宇宙新数字文明	Metaverse元年	2021	元宇宙元年	元宇宙新数字文明
	5G商用元年	2019	5G商用元年；华为5G领先全球	
	谷歌阿尔法狗战胜李世石	2016	全球VR元年	
数字文明	全球VR元年	2011	腾讯推出微信服务	
	比特币诞生	2009	新浪微博成立	数字文明
	苹果iPhone3+ App Store	2008	中国网民数量首次超过美国	
	美国Facebook成立	2004		
	美国发明万维网	1994	中国全功能接入互联网	
	美国发明晶体管	1990		
	计算机	1958	中国电子数字计算机诞生	第三次浪潮
第三次浪潮	白领数量超过蓝领	1955		
		1949	新中国成立	工业文明
	德国发明汽车	1886		
		1861	清政府“洋务运动”	第二次浪潮
工业文明	英国发明电	1831		
	英国发明蒸汽机	1769		
		1750	清朝GDP占全球32%	农业文明
第二次浪潮		1650		
第一次浪潮 农业文明开启	原始农业出现	公元前8000年至10000年	人工栽培农作物出现	第一次浪潮 农业文明开启

图 15-1　东西方文明演化与元宇宙文明开启

资料来源：笔者设计。

不同国家和地区在各种文明形态中发展不均衡的状况，带来其文明发展的基础资源和能力禀赋的差异化。从人类历史变迁来看，大文明形态之下呈现出华夏文明、阿拉伯文明、印度文明等各具特色的文明形态。受制于科技革命的进程不同，各个国家和地区在文明演化道路上的

① ［美］阿尔文·托夫勒：《第三次浪潮》，黄明坚译，中信出版社 2018 年版，第 8—20 页。

进展是参差不齐的，但总体上经历了农耕文明、工业文明和信息文明三个阶段（见图 15-1）。从中华文明的具体演进脉络来看，在农耕文明时期，华夏文明是领先的，中华文明的源远流长与博大精深体现得淋漓尽致，然而由于清政府的闭关锁国（以及其他各种因素）导致了新的技术和工业未能在中华大地上落地生根，英美为代表的西方社会率先开启了第二次革命浪潮抢先进入了工业文明，并实施了对其他文明的侵略与“倒逼”。新中国成立后，伟大的中国人民经过艰苦卓绝的努力，在一穷二白的基础上建立了完整的工业体系，打造出了名副其实的世界第一制造业大国，开创了中国特色的工业文明时代。进入信息革命阶段，中国日渐形成了具有中国特色的数字文明形态——1994 年，互联网进入中国开启了数字文明高速发展期，1996 年搜狐的前身——爱特信公司成立、1997 年诞生了网易、1998 年新浪设立，形成了中国的三大门户网站；同样是在 1998 年成立的京东与 1999 年诞生的阿里巴巴，开启了中国的网络电商时代；成立于 1998 年的腾讯和诞生于 2000 年的百度则分别引领了中国网络社交媒体进程和搜索引擎时代……由此，中国形成了特色自主的 Web1.0 发展道路。美国虽然最早在 1969 年发明阿帕网，但互联网真正大规模商业化也是起步于 20 世纪 90 年代，雅虎成立于 1994 年，亚马逊和 eBay 公司成立于 1995 年。可以说，中国与西方在数字文明开启进程上是大体同步的。在 Web2.0 时代，美国苹果公司 2008 年 iPhone 3G 智能手机和应用商店（App Store）的推出以及随后的脸书、推特纷纷推出手机 App，开启了移动互联网时代；而在中国，2011 年腾讯紧跟国际趋势推出微信 App，2012 年字节跳动推出今日头条、快手转型为短视频社区，2016 年抖音、2017 年 TikTok 陆续上线……中国成为继美国之后全球数字文明 Web2.0 阶段的引领者。由此可见，中国与西方在数字文明演化进程上，特别是自互联网商业化以来的三十多年时间里，基本上处于同步推进、各具特色的比肩发展状态。

伴随人工智能技术、区块链技术、云计算技术、5G 技术、虚拟现实交互技术在中国与西方日渐普及应用之际，新兴技术成为社会文明变迁演化的助推器，驱动着东西方数字文明都发展到临近破茧升级的躁动期，形成了人类社会从初级数字文明阶段到更高级数字文明阶段演化升级的历史必然趋势。

2021 年，美国 Roblox 公司以元宇宙第一股身份上市且市值大增，Facebook 更名 Meta 引起全球轰动，构成了文明升级的历史偶然性触发事件，一时间“Metaverse”成为西方数字文明升级的共识。与此同时，大洋彼岸的中国同样受到了偶然历史事件的助推，特别是受到“Metaverse”一词的启发，产生了带有极富中国意蕴的文明词汇——“元宇宙”。虽然“元宇宙”作为“Metaverse”一词的翻译似乎并不准确，但是“元宇宙”这一名称甫一出现便在中国大地上迅速形成现象级“头脑风暴”。可以说，关于元宇宙的举国大讨论现象，在中国的形成速度之快、覆盖范围之广、渗透行业之深、动员程度之强堪比一场“认知革命”，这场“革命”并非发生在物理世界，而是发生在全国上下的思想世界，且正高速推动中国从数字文明初级形态向元宇宙数字文明高级形态演化升级。

从根本上来讲，人类从计算机、互联网等数字技术发明以来经过数十年孕育发展而在东西方即将同步演化催生新的文明阶段，这一文明进阶在西方催生了“Metaverse”，在中国则产生了“元宇宙”。因此，从文明演化的意义上来讲，中国的“元宇宙”并非来源于《雪崩》，也并非来源于“Metaverse”一词的翻译（确实受其启发）[①]，更不是根源于西方文明的再次外溢，而是中华文明从 20 世纪 90 年代以来经过 30 年特色自主数字文明发展演化自然而然做出的主动选择。因此，元宇宙对于中华文明自主演化、中华民族伟大复兴所具有的战略要义亟待重新认识，元宇宙对于社会主义文化强国建设的重大意义亟须高度重视。顺应元宇宙数字文明趋向建立强大的理论体系、话语体系，通过中国的创新能力和创意智慧在中华文明创造性转化与创新性发展过程中掌握主动性和自主权，进而从根本上建构中国特色自主的元宇宙数字文明体系，是未来中国发展战略之关键。[②]

二 “元”“宇”“宙”在中华文化中的博大内涵

关于元宇宙与宇宙的关系，有种说法认为，元宇宙跟宇宙不是一回事，不能混为一谈。然而，本书认为，在西方的理论体系中，Metaverse

---

① 国内对《雪崩》中“Metaverse”一词的翻译是“超元域”，并非“元宇宙”。

② 臧志彭、解学芳：《中国特色元宇宙体系建设：理论构建与路径选择》，《南京社会科学》2022 年第 10 期。

或许可能与宇宙观不相关，不能放在一起讨论①。但是在中国，在中华文化的语境中讨论元宇宙，是必然要放到中华文化宇宙观的宏大体系中来认识的，否则，我们对元宇宙的认识将是无源之水、无本之木，自然也是无法认识清楚的。

中华文化，是天地人合一的文化，自古以来，“宇宙”便是中华文化价值观、世界观中的核心。中华文化的宇宙观源远流长、博大精深，既包含了对宇宙起源与规律的认识，也涵盖了人与自然和谐共生的理念。中华文化宇宙观的起源可以追溯到上古时期。在先民的宇宙思想观念中，天、地、人是一个整体，彼此相互作用、相互影响。《易经》阐释了宇宙的生成和变化规律，体现了动态平衡的和谐宇宙观。《道德经》“人法地、地法天、天法道、道法自然”，更是明确指出人类需顺应自然规律，与宇宙和谐共生。儒家经典《中庸》认为“天命之谓性；率性之谓道；修道之谓教”，反映出天人合一的宇宙观、人生观。到了汉代，董仲舒在《春秋繁露》中也明确提出了“天人相与一也”的天人合一、天人感应思想……

就“宇宙”一词而言，据粗略考证，庄子《齐物论》在“奚旁日月，挟宇宙，为其吻合，置其滑涽，以隶相尊”这句话中首次提出了“宇宙”一词。先秦哲人尸佼在《尸子》提出“上下四方曰宇，往古来今曰宙”，文子在《文子·自然》也说：“往古来今谓之宙，四方上下谓之宇。”这里的“宇”代指无限的、一切的、所有的空间，“宙”代指无限的、一切的、所有的时间。②

“元”，根据《说文解字》里的解释，其主要含义是“元，始也，从一从兀”③，即“元”是万物的开始。“元”字，主要的内涵源于《易经》乾卦的卦辞——“乾，元、亨、利、贞”，这里的“元”也是“始”的意思。《易经》认为世间万物来源于“无极”，正所谓“无极生有极，有极生太极，太极生两仪（即阴阳），两仪生四象（即少阳，

① 本书认为，即使在西方，对 Metaverse 的研究也应该放置于西方宇宙观认识体系中去深入认识和分析。这不是本书的重点研究内容，在此不做深入讨论。

② 刘绍义：《说“宇”道“宙”话宇宙（读文解字）》，《人民日报》（海外版）2017 年 5 月 5 日第 7 版。

③ 详见数字化《说文解字》，https：//szsw. bnu. edu. cn/，2023 年 8 月 16 日。

太阳，少阴，太阴)，四象演八卦，八八六十四卦（即万事万物）”。无极是最初的混沌，太极是循环演化的混沌，经过不断运动往复逐渐形成天地和各种物质世界。

元宇宙，按照上述“元”的内涵，其实可以理解为“基于初始起点不断演化的宇宙”。这里的初始起点，按照中国文化的理解，就是“天地未开辟以前浑然一体、模糊一团的宇宙状态”——“混沌之初”，因此，元宇宙其实就是“混沌宇宙”的概念，与以往最初的模糊一团的宇宙所不同的是，这里的“混沌宇宙”是具有内在清晰运行规律、循环往复不断演化的大自在系统。

第二节 中国文化元宇宙的发展历程

中国文化元宇宙的发展，既是建立在全球元宇宙发展宏观背景与趋势的基础上，同时又有自身的发展特色与内在逻辑。早在1990年，著名科学家钱学森就提出将“Virtual Reality”翻译为“中国味特浓”的“灵境”一词，并进一步开创了“大成智慧”理论体系，为今天我们研究元宇宙提供了非常扎实的理论基础。在Roblox上市掀起国内元宇宙热潮后，2021年8月，国内出版了第一批元宇宙畅销书；9月，清华大学发布了国内首份元宇宙报告《2020—2021年元宇宙发展研究报告》，其后复旦大学、中国传媒大学等研究机构发布了一系列研究报告；学术界也开始发表一系列有关元宇宙的学术论文。2022年5月，由笔者牵头举办的“从平台媒体到文化元宇宙——首届数字传媒与文化产业前沿论坛”在线召开，国内学术界首次正式提出“文化元宇宙”概念。11月，由同济大学、清华大学创始发起，联合北京大学、复旦大学、上海交通大学等全国近30所重点高校知名专家学者，并联合一批国家级机构和行业领军与头部企业共同发起成立的中国首个文化元宇宙全国性社会组织——中国文化产业协会文化元宇宙专业委员会在同济大学正式成立。同期，由同济大学人文学院、清华大学文化创意发展研究院、中国文化产业协会文化元宇宙专委会牵头主办的全国首届文化元宇宙高峰论坛举办，初步形成了国内文化元宇宙研究的理论研讨成果。2023年11月18日，同济大学人文学院等单位再次牵头主办的“2023中国式文化元宇宙前沿论坛”在长三角文博会盛大开幕，并发布了国内首份《中国文化元宇宙白皮书》、全国文化元宇宙示范案例和星级供应商名单，还有中国文化元宇宙产业图谱（1.0 版）。一大批元宇宙相关的论坛和展会在疫情解锁后如火如荼地举办，以“破竹之势”推动中国文化元宇宙事业的蓬勃发展。

概括而言，中国文化元宇宙的发展可以从政策推进历程和产业发展历程两个方面加以概括总结。①

一 中国文化元宇宙相关政策推进历程

早在 2009 年 9 月，国务院发布的《文化产业振兴规划》中就提出“发展新兴文化业态……采用数字、网络等高新技术，大力推动文化产业升级”，显示出国家对于文化与科技融合的战略性布局。到了 2011 年，科技部与文化部建立了部际会商制度，双方联合制订《国家科技与文化融合联合行动计划（2011—2015 年）》、联合认定“科技与文化融合示范基地”，正式在国家层面确立了文化与科技融合的体制基础。2012 年 5 月，科技部、中宣部、财政部、文化部等六部委联合印发《文化科技创新工程纲要》，推动了全国文化科技创新一系列技术开发与工程落地，同时推动了全国一批国家级文化和科技融合示范基地建设。2016 年 5 月，中共中央、国务院印发《国家创新驱动发展战略纲要》，再次强调了科技创新要与文化创新相结合。2016 年 12 月，国家首次将“数字创意产业”纳入《“十三五”国家战略性新兴产业发展规划》，标志着文化创意与数字技术的结合上升为国家战略性新兴产业的新高度。2019 年 8 月，科技部、中宣部等六部门联合印发《关于促进文化和科技深度融合的指导意见》以“全面提升文化科技创新能力”。2020 年，文化和旅游部印发《关于推动数字文化产业高质量发展的意见》，着力推动文化创意与数字技术的高质量深度融合发展。到了 2022 年 5 月，中办、国办联合印发《关于推进实施国家文化数字化战略的意见》，明确提出“十四五”时期末，要“基本完成文化产业数字化布局，公共文化数字化建设跃上新台阶”，正式将文化数字化提升到

① 本小节内容详见臧志彭等《中国文化元宇宙白皮书》，中国文化产业协会文化元宇宙专业委员会 2023 年 11 月 18 日在上海长三角国际文化产业博览会正式公开发布。本部分内容由臧志彭负责撰写。

国家战略高度。上述一系列政策文件为文化元宇宙的推进实施奠定了连续性的制度支撑。

在元宇宙政策层面，2021 年 12 月，上海市印发《上海市电子信息产业发展“十四五”规划》，首次将元宇宙纳入省级地方政府产业规划；2022 年 7 月，上海市发布了《培育“元宇宙”新赛道行动方案（2022—2025 年）》，提出到 2025 年元宇宙相关产业规模达到 3500 亿元；2022 年 10 月，工信部、教育部、文旅部、广电总局、体育总局联合发布了《虚拟现实与行业应用融合发展行动计划（2022—2026 年）》；香港发布了《有关香港虚拟资产发展的政策宣言》，提出要将香港发展成全球虚拟资产中心的愿景。与此同时，北京、江苏、浙江、广东、河南等全国 60 多个不同级别地方政府陆续出台元宇宙产业政策，初步建构了中国地方政府推动文化元宇宙产业发展的政策体系框架。

2023 年 8 月 29 日，工业和信息化部办公厅、教育部办公厅、文化和旅游部办公厅、国务院国资委办公厅、广电总局办公厅联合印发《元宇宙产业创新发展三年行动计划（2023—2025 年）》，提出“到 2025 年，元宇宙技术、产业、应用、治理等要取得突破，成为数字经济重要增长极。产业规模壮大、布局合理、技术体系完善，产业技术基础支撑能力进一步夯实，使我国综合实力达到世界先进水平”，并在第四部分“重点任务”中的“（三）打造沉浸交互数字生活应用”中提出要“建设文旅元宇宙……”这是国家官方层面第一次在正式发布文件中使用“元宇宙”“文旅元宇宙”的名称，更是第一次颁布元宇宙产业发展的专题行动计划文件，标志着中国元宇宙产业发展正式从前期地方政府推进层面升级到国家部委联合推进层面。

二 中国文化元宇宙产业发展历程

从产业发展层面来看，国内文化科技巨头紧跟国际产业趋势进行了前瞻性布局：早在 2020 年 2 月，腾讯公司就参投了元宇宙公司 Roblox 的 G 轮融资，并且在当年 12 月，腾讯首席执行官马化腾就提出了与元宇宙内涵极为相近的“全真互联网”概念，并推动整个腾讯公司进行转型。字节跳动在 2021 年 4 月斥资 1 亿元人民币战略投资“中国版 Roblox”代码乾坤；8 月，又以巨资收购了 VR 创业公司 Pico（北京小鸟看看科技），以迅猛攻势战略布局文化元宇宙新赛道。2021 年 12 月，百度公司正式上线国内首款元宇宙产品——希壤，开启了国内元宇宙虚拟空间建设新阶段。同样是在12月，网易云音乐上市，网易在沉浸式活动系统“瑶台”中举办了世界上第一个“元宇宙”上市仪式。

数字藏品是中国文化元宇宙数字资产体系发展进程中的重要内容。我国数字藏品行业的发展，经历了大起大落的震荡式发展历程。2021年6月，支付宝联合敦煌美术研究所发行“敦煌飞天”“九色鹿”两款支付宝付款码皮肤，开启了中国数字藏品行业的发展征程，随后国内大批博物馆开始试水数字藏品，新华社也面向全球发行新闻数字藏品。进入2022年上半年，数字藏品平台数量迅猛增长，但进入2022年下半年，数字藏品行业逐渐步入低谷期，虽然如此，数字藏品平台建设方面仍然数量可观。需要指出的是，目前国内的数字藏品行业在发展过程中面临着诸多问题，面向数字经济的数字资产体系刚刚开始建构，还有太多问题亟待完善。虽然如此，但仍然要强调的是，NFT与数字藏品行业是文化元宇宙的先导行业，其目前存在诸多问题的主要原因，除了市场发展初期规则不完善之外，还有一个重要原因在于区块链技术的不成熟，因此，社会各界还需给予该行业更多的包容度，一定不能简单粗暴地禁止或关停，要从文化元宇宙未来长期健康发展的战略高度来不断完善NFT与数字藏品行业。

AIGC大模型是中国文化元宇宙的战略新兴领域。百度公司2023年3月发布了新一代大语言模型、生成式AI产品——文心一言，随后国内各大互联网巨头纷纷推出了自己的AIGC产品。2023年7月13日，国家网信办、国家发展改革委等七部委联合发布《生成式人工智能服务管理暂行办法》，并于8月15日正式施行。8月31日，首批国产大模型获批面向用户开放，包括百度文心一言、抖音云雀大模型、智谱AI的GLM大模型、中科院紫东太初大模型、百川智能的百川大模型5家北京大模型机构和商汤日日新大模型、MiniMax的ABAB大模型、上海人工智能实验室书生通用大模型3家上海大模型机构。9月7日，腾讯混元大模型宣布通过腾讯云正式对外开放。2024年4月，国家互联网信息办公室发布了生成式人工智能服务已备案信息的公告，合计共有117家生成式人工智能大模型成功获得网信办的备案。一系列AIGC大模型的推出标志着中国文化元宇宙AIGC时代正式开启。

第三节 中国文化元宇宙发展特征与存在问题

虽然2020—2023年受到某些因素影响导致“甲方”资金紧张，很多项目无法按原计划顺利推进，然而中国文化元宇宙产业仍然克服了重重困难，进入到蓬勃发展的新阶段，但同时，也存在一些关键问题有待发展完善。①

一 中国文化元宇宙发展特征与趋势

总体来讲，中国文化元宇宙在发展过程中展现出全面开枝散叶、政策市场双轮驱动、成功落地见效、积极转型升级和面向未来的范式创新等特征与趋势。

（一）开枝散叶：中国文化元宇宙产业体系基本框架初步形成

元宇宙目前在中国文化领域呈现出各细分行业广泛拥抱推进的良好局面。文化元宇宙既是元宇宙的发端领域，同时也是目前应用场景落地最为广泛的领域。在文化生产端，艺术元宇宙、设计元宇宙、新闻媒体元宇宙、影视元宇宙、动漫元宇宙、游戏电竞元宇宙、有声文化元宇宙、数字阅读元宇宙、演艺元宇宙、科幻元宇宙等内容开发类元宇宙应用层出不穷；与此同时，休闲娱乐元宇宙、社交元宇宙、景区元宇宙、主题公园元宇宙、会展元宇宙、赛事元宇宙等分发传播和文化消费等价值链环节也在大范围尝试元宇宙化；而且，红色文化元宇宙、文博元宇宙、节庆元宇宙、乡村文创元宇宙和城市文化空间元宇宙等公共文化领域也在积极拥抱元宇宙。另外研究还发现，IP开发、数字人、数字藏品、AIGC以及VR/AR终端等已经成为各类文化领域通用型的基础应用方向。概括来讲，在文化科技类企业不断创新探索下，国内文化元宇宙领域已经形成了覆盖文化内容生产—分发—消费全价值链环节交叉融合、文化产业与公共文化协同共生、涵盖20多个细分领域的文化元宇宙蓬勃发展态势，初步建构了中国特色的文化元宇宙产业体系基本框架。

---

① 本小节内容详见臧志彭等《中国文化元宇宙白皮书》，中国文化产业协会文化元宇宙专业委员会2023年11月18日在上海长三角国际文化产业博览会正式公开发布。本部分内容由臧志彭负责撰写。

（二）双轮驱动：政策与市场共同推动中国文化元宇宙产业发展

政策驱动，毫无疑问是当前中国文化元宇宙产业发展的核心驱动力之一，这也是中国元宇宙产业发展区别于美国元宇宙发展至关重要的区别。在国家部委层面，2023年8月29日，由工业和信息化部、教育部等五部门办公厅联合印发的《元宇宙产业创新发展三年行动计划（2023—2025年）》中，明确提出要抢抓机遇引导元宇宙产业健康安全高质量发展，有力支撑文化强国建设，并从“推广沉浸交互的生活消费场景”维度提出建设文旅元宇宙、打造数字新业态和数智文旅沉浸式体验空间、加快元宇宙在广电视听场景的应用等具体行动举措。在省级政府层面，上海颁布的全国首个省级元宇宙产业促进政策文件——《上海市培育“元宇宙”新赛道行动方案（2022—2025年）》从“虚实交互新文旅”“虚实交互新娱乐”“创作者经济”“数字IP市场培育工程”四个方面提出了促进文化元宇宙发展的具体行动方案。而且，上海市文旅局还在2023年6月正式颁布出台了《上海市打造文旅元宇宙新赛道行动方案（2023—2025年）》这一全国首个文化元宇宙专项文件。《河南省元宇宙产业发展行动计划（2022—2025年）》中也明确提出要“发展文旅元宇宙……拓展元宇宙数字文旅经济发展新路径”。《浙江省元宇宙产业发展行动计划》也明确将“推动‘元文娱’融合发展”列入消费场景提升行动这一重点任务中。此外，在四川省和山东省关于元宇宙产业发展政策文件中也都将文化元宇宙发展纳入重点工作内容。而在各个地级市以及区县级元宇宙发展政策文件中，文化元宇宙也都纳入地区元宇宙产业发展重要推进工作范畴。

市场驱动，对于文化元宇宙发展的作用力在全国元宇宙各领域中是比较突出和领先的。概括来讲，当前中国市场对文化元宇宙的驱动力来源于两个方面：一方面，随着Z世代互联网原住民逐渐成为文化消费主力军，他们对于数字虚拟式、互动参与式的新业态新模式消费需求大量涌现出来，驱动传统文化产业向虚实融合、沉浸体验等文化元宇宙业态快速转型升级。另一方面，新冠疫情三年对文化产业的打击是非常巨大的，疫情之后，文化产业，特别是文旅产业出现了报复性增长。而在这一波文旅消费大潮中，传统的文化业态（如传统旅游、传统演艺）已经不能满足消费者的文化需求，为了吸引和留住文化消费群体，文化内容提供商（如旅游景区、文博机构等）开始全面的数字化、沉浸式和互动化改造，为文化元宇宙产业的发展提供了充足的动力。

由此可见，中国文化元宇宙的蓬勃发展，既离不开从国家到各级地方政府积极出台相关政策给予的大力推动和产业生态建构，同时由市场自发形成的消费者需求驱动和文化生产商自身数字化转型与更新升级需求也是非常主要的动力机制。可以说，政策和市场双轮力量共同助推了元宇宙率先在文化领域成功落地与迅猛发展。

（三）开花结果：文化元宇宙成功落地项目已在全国各地陆续呈现

2021 年和 2022 年受某些因素影响，全国各地文化元宇宙项目在落地执行过程中受阻严重，导致 2023 年之前全国找不出多少家成功落地的文化元宇宙项目，加之 2022 年底以 ChatGPT 为代表的 AIGC 火爆，一度引发了社会舆论对于元宇宙能否落地的信任危机。2023 年以来，随着项目建设的推动实施和建设完成，全国各地已经有很多文化元宇宙项目成功落地并获得了市场认可，例如：浙江杭州亚运会首创“数字火炬手”点燃主火炬塔，实现世界首次 AR 大场景互动演出；北京故宫沉浸式数字体验及其 AR 场景交互式电子出版物《我在故宫修文物》、国家博物馆虚拟数智人“艾雯雯”等。由此可见，文化元宇宙已经从前期少部分地区的尝试性摸索阶段升级到全国各地创新探索阶段，而且这种探索已经脱离了喧嚷的概念营销和市场炒作，正式进入到成功落地、取得实效的开花结果新阶段。

（四）转型升级：数字藏品逐步迈向数字资产并开始纳入数据基础制度

数字藏品，是国外的 NFT（Non－fungible Token，非同质化代币）经过本土化改造后在国内文化领域兴起的新型业态，因其建构于区块链技术基础之上并保留了 NFT 所具有的唯一性、不可分割性、难以篡改性、不可复制性等特性而风靡一时。据不完全统计，仅 2021 年 6 月至 2022 年 6 月采集到的 80 家数字藏品平台就发行了 1775 万件数字藏品①，其火爆程度可见一斑。然而，与此同时，也出现了发行平台泛滥、版权侵权严重、藏品质量参差不齐、资金盘炒作、过度金融化、灰

① 零壹智库：《中国 1775 万件数字藏品分析报告（2022）》，2022 年 7 月。

色交易等诸多问题，导致该行业出现尽人皆知的“割韭菜”乱象。2022年6月30日，中国文化产业协会联合蚂蚁、腾讯、百度、京东等互联网平台以及中国文化传媒集团等央企共同发布了《数字藏品行业自律发展倡议》，倡导行业加强自律。

2022年8月底，上海数据交易所在全国率先设立了“数字资产”板块，并从“四不五可六类”维度对数字资产的范畴进行了界定。2022年12月，《中共中央 国务院关于构建数据基础制度更好发挥数据要素作用的意见》发布，将数据基础制度建设提升到事关国家发展和安全大局、构筑国家竞争新优势的战略高度加以重视和推进。在2021年6月颁布的《中华人民共和国数据安全法》中明确规定“数据，是指任何以电子或者其他方式对信息的记录”。而所谓的数字资产，其本质是以二进制形式表示的、未来可能产生收益的一种数据资源。因此，数字资产作为一种以电子方式对资产信息的记录，纳入数据基础制度建设既是大势所趋，也是顺理成章。2023年6月，北京市印发的《关于更好发挥数据要素作用进一步加快发展数字经济的实施意见》中明确提出要“探索建设基于真实底层资产和交易场景的数字资产交易平台”，已经实质性地将数字资产纳入到数据基础制度建设范畴。可以预见，中国的数字藏品将逐步转型升级为数字资产，并将纳入数据治理体系。

（五）未来已来：AIGC正在逐步开启文化元宇宙范式创新时代

以AIGC（ChatGPT、Midjourney等）为代表的文化元宇宙前沿科技正在以超乎想象的速度改变着人类的文明进程。传统上的文化内容生产过程中，人是创作的主体，各种软硬件系统只是辅助工具，遵循“人类策划—人类制作—工具辅助—人类修订—作品完成”的生产流程。而AIGC的到来从根本上改变了上述传统模式，正在逐步开启文化元宇宙全新内容生产时代。这里的“新”至少包含两大方面。

1. 文化内容生产方式的根本革新

文化内容生产流程变成了“人类发出策划指令—机器策划—人类发出修改指令—机器修订—人类发出制作指令—机器制作—人类发出修改指令—机器修改完善—作品完成”，在这个过程中，AI不再只是辅助工具，而是成为文化内容的创作主体，人类要做的就是不断发出指令，人和机器的关系形成了新型的人机协同生产关系。

2. "人人成为创作者"的新时代正在开启

AIGC 将使得创作的技术门槛降低为 0，让我们普通人，哪怕是不会图片 PS、不会视频 PR 剪辑、不懂得遣词造句写小说、没学过编程不会开发游戏也没有关系，只要你有灵感、有创意、有创作欲，那么就可以让 AIGC 来跟你协同完成理想中的"作品"。所以说，AIGC 在整个文化领域产生的颠覆性作用是真正全面解放 C 端的生产力，人类将正式开启人人都是创作者的新时代。

二　中国文化元宇宙发展面临的问题

虽然中国文化元宇宙总体发展形势良好，然而仍然存在理论基础薄弱、未被充分重视、用户体验差与同质化严重以及缺乏制度和技术基础等一系列关键问题。

（一）理论薄弱：文化元宇宙缺乏概念阐释和体系化的理论建构

正如前文所述，文化元宇宙在产业实践层面已经全面开枝散叶，在很多地区也正在开花结果，呈现出"樱杏桃梨次第开"的良好局面。然而，在学术层面，文化元宇宙的理论体系建构尚未正式开启。

一方面，文化元宇宙作为一个学术概念，目前仅有少数专家学者前瞻性地提出了这一概念，然而在概念界定和内涵阐释方面仅有初步的探讨，尚缺乏对于概念内涵与外延的充分研究和深刻解析。另一方面，在理论体系构建层面，尚缺乏文化元宇宙哲学理论、文化元宇宙经济学理论、文化元宇宙社会学理论、文化元宇宙管理学理论、文化元宇宙法学理论、文化元宇宙艺术学理论、文化元宇宙教育学理论、文化元宇宙传播学理论等主干理论体系的系统研究和建构。

（二）有待重视：文化元宇宙的重大价值意义还未被充分重视

正如前文所述，文化元宇宙是全球元宇宙的开端和引领。然而，对于文化元宇宙的重大价值意义，现在还没有被充分重视。截至目前，在中央和各地政府已经发布的元宇宙相关政策文件中，还未有正式提出"文化元宇宙"这一概念的政策文件。在涉及文化元宇宙方面的政策条款中，有一些文件使用了"文旅元宇宙""艺术元宇宙"等名称，聚焦在了具体的文化行业细分领域，尚未能上升为文化元宇宙的高度。全国已经出台的文化元宁宙类专题政策还比较少，就目前来看，2023 年

6月21日，上海市文化和旅游局发布的《上海市打造文旅元宇宙新赛道行动方案（2023—2025年）》是比较典型的文化元宇宙类专题政策。然而除此之外，还未看到其他地区有颁布类似政策文件。而且，在目前发布的综合性元宇宙政策中，虽然绝大部分都涉及文化元宇宙相关内容，但主要还是停留于具体任务措施层面，在整体文件的指导思想、基本原则和发展目标等战略层面很少明确提出文化元宇宙相关思想、定位或布局。

（三）理想差距：很多文化元宇宙项目用户体验差且同质化严重

虽然相比2015年左右VR技术第一波浪潮给用户带来的失望体验而言，目前的视觉仿真技术已经有大幅度提升，在一些比较成功的落地场景中，已经能够以消费者认可的逼真、生动的方式实现视觉、音频及场景的良好体验，获得可以初步接受的真实感、临场感和沉浸感，然而距离马修·鲍尔所提出的“一个可互动操作的、实时渲染的3D虚拟世界，能够让大量用户体验实时同步和持续有效在场感”的理想元宇宙而言，还有相当远的距离。

文化元宇宙，本身就是硬科技与软科技的结合系统，要让整个3D虚拟世界看起来像真的，其中所要求的硬件技术和软件技术以及基础算力的支撑，将是无限的。而且，对于文化元宇宙类项目而言，接近真实的体验感除了常见的视觉和听觉之外，还需要有触觉、嗅觉、味觉等各种感官的综合体验。文化元宇宙当前所面临的技术现实与用户体验理想之间还存在相当大的差距，其间必然是一个不断迭代升级的过程，而现在才刚刚开始。

与此同时，市场上出现的文化元宇宙用户体验项目还存在严重同质化的问题。在基本类似的技术路线下，我们看到文博、文旅等大量文化机构所打造的文化元宇宙类体验项目非常雷同；在各地出台的文化元宇宙相关产业政策中我们也可以看到能够差异化布局的比较少，大部分地区元宇宙产业促进政策间也存在同质化倾向。

（四）基础问题：文化元宇宙缺乏国家级区块链系统和统一数字大市场

国内目前的文化元宇宙，在3D空间概念层面，目前尚处于“场景搭建”的基础阶段和“展览展示”“互动体验”的初级功能阶段，从市场反馈来讲，可以说初步取得了一定的落地经验和市场共识。然而，在面向数字经济的底层基础设施和统一大市场建设方面，尚缺乏国家力量的规范性建构。

从当前和未来发展态势来看，数字经济可以分为基于 Web2.0 的数字经济范式和基于下一代互联网（Web3.0）的数字经济范式。对于 Web2.0 的数字经济范式，我国已经具备了良好的产业基础和制度基础，能够为文化元宇宙在 1.0 的生产力变革阶段提供坚实的支撑。然而对于面向下一代互联网（Web3.0）数字经济范式下的文化元宇宙而言，目前至少在三个方面缺乏建构：一是缺乏全国互联互通互认的国家级区块链基础设施，区块链是数字经济的高速公路，然而目前这条“数字经济高速公路”尚处于零散支离、互相割裂、各自为政的散乱状态。二是由于缺乏全国贯通统一的国家级区块链基础设施平台，导致数字经济和数字社会所必需的数字身份无法统一确认。三是下一代互联网（Web3.0）数字经济范式建构所需要的数据资产体系建设刚刚开始起步，全国统一的面向下一代互联网的数字经济大市场尚未形成，文化元宇宙的经济功能发挥尚待时日。

第四节　文化数字化：迈向文化元宇宙的战略路径

文化数字化，不仅仅是文化的数字化转型问题，而是建构数字经济、发展数字社会，关乎国家现代文明进程的根本性问题。从未来发展来看，文化数字化是迈向文化元宇宙的前期战略准备，文化元宇宙是文化数字化的战略升维。2022 年 5 月，中办、国办联合印发《关于推进实施国家文化数字化战略的意见》（以下简称《意见》），标志着文化数字化作为国家战略已经进入到实质性推进实施阶段。

一　文化数字化战略逐渐进入全面展开期

在中办、国办联合印发《意见》要求下，全国各地党政部门在陆陆续续贯彻落实。2022 年 11 月，湖南省委办公厅、省政府办公厅印发《关于推进国家文化数字化战略的实施方案》；2022 年 12 月，江苏省委办公厅、省政府办公厅印发《江苏省关于贯彻落实国家文化数字化战略的实施意见》；2023 年 1 月，四川省委办公厅、省政府办公厅印发

《四川省推进国家文化数字化战略实施方案》；2023 年 2 月，山东省委宣传部、省发展改革委、省科技厅、省工信厅、省财政厅、省文旅厅等 14 部门联合印发《山东省文化数字化行动计划》；2023 年 12 月底，《上海市贯彻落实国家文化数字化战略的实施方案》正式公开发布……据统计，目前已有 23 个省份依据本地实际出台了文化数字化战略的实施方案、行动计划等[①]，部分政策如表 15-1 所示。由此可见，全国各地文化数字化战略已经进入全面展开阶段，呈现整体加速推进的局面。

表 15-1　国家文化数字化战略的省级配套政策（部分）

省份	发布时间	政策名称
福建	2022 年 10 月	《关于推进福建文化数字化战略实施方案》
宁夏	2022 年 11 月	《关于贯彻落实国家文化数字化战略的实施方案》
江苏	2022 年 12 月	《江苏省关于贯彻落实国家文化数字化战略的实施意见》
广西	2022 年 12 月	《广西贯彻落实国家文化数字化战略实施方案》
四川	2023 年 1 月	《四川省推进国家文化数字化战略实施方案》
甘肃	2023 年 1 月	《甘肃省推进国家文化数字化战略的实施方案》
山东	2023 年 2 月	《山东省文化数字化行动计划》
西藏	2023 年 5 月	《西藏自治区关于推进实施国家文化数字化战略的实施方案》
上海	2023 年 12 月	《上海市贯彻落实国家文化数字化战略的实施方案》

注：感谢武汉大学陈美欣对表 15-1 研究中的重要贡献。

二　亟须清醒认识新的战略形势

需要注意的是，当前国家和各级地方政府推进实施文化数字化战略，需要结合最新的国内外形势对文化数字化的战略基础环境进行新的分析、评估。

（一）全球数字化战略竞争格局正发生深刻变化

美国总统拜登先是 2022 年 3 月 9 日签署《确保数字资产负责任发展的行政命令》（*Executive Order on Ensuring Responsible Development of Digital Assets*），进而又在 9 月 16 日由白宫正式发布《负责任开发数字

① 中国公共关系协会文化大数据产业委员会：《关于国家文化数字化战略实施情况的报告》，https://mp.weixin.qq.com/s/vucy1gy1yx6VtdoGZq8WDQ，2023 年 11 月 14 日。

资产综合框架》（*Comprehensive Framework for Responsible Development of Digital Assets*）。两份政策文件提出通过明确政府的政策重点帮助指导数字资产生态系统发展，并从保护消费者、投资者、企业、国家金融稳定、国家安全和环境等方面提出加强美国在全球数字世界领导地位和竞争力的一系列举措；而且目前已经形成由美国证券交易委员会（SEC）、美国商品期货交易委员会（CFTC）、美国金融犯罪执法局（FinCEN）、美国国家税务局和美国海外资产控制办公室五大部门协同推进数字资产发展和监管的治理框架。欧洲议会在2023年4月20日通过了《加密资产市场条例》（*Markets in Crypto-Assets Regulation*，*MiCA*），旨在建立一个全面、一致和适应性强的监管框架，规范数字资产的发行、交易、托管和服务等活动。英国立法机构2022年7月28日公开关于修改现行《物权法》的法律咨询文件，以确保法律承认和保护数字化世界中的数字资产。日本经济产业省在2022年7月成立了Web3.0政策办公室，10月成立Web3.0研究会并密集召开研究会议，2023年4月日本自民党发布《Web3白皮书——迈向人人都可使用数字资产的时代》，针对诸如国际规则不清、税收改革阻碍、个人所得税问题、数字资产会计准则与审计规则适用、数字资产经营机构的准入标准等分别给予了回应并提出了应对措施。韩国政府2023年开始组织制定一个全面的监管框架——《数字资产基本法案》（*Digital Asset Basic Act*）。由此可见，全球主要发达国家都在全面加紧推进以数字资产化为底层逻辑的数字经济体系建构。

（二）国家数据基础制度建设已进入实质性推进阶段，数字经济建设的底层逻辑开启铺设

2022年12月，中共中央、国务院印发《关于构建数据基础制度更好发挥数据要素作用的意见》，明确指出要“激活数据要素潜能，做强做优做大数字经济，增强经济发展新动能，构筑国家竞争新优势”“充分实现数据要素价值、促进全体人民共享数字经济发展红利，为深化创新驱动、推动高质量发展、推进国家治理体系和治理能力现代化提供有力支撑”，可见，数据基础制度建设已经成为国家数字经济推进的核心制度基础设施。那么，什么是“数据”呢？2021年6月第十三届全国人民代表大会常务委员会第二十九次会议通过的《中华人民共和国数

据安全法》明确规定，“数据，是指任何以电子或者其他方式对信息的记录”。这一定义，在2021年6月颁布的《深圳经济特区数据条例》和11月的《上海市数据条例》中都完全予以采用。根据这一定义，在文化数字化过程中形成的文化类数据，其实质正是以电子或者其他方式对文化类信息的记录，因此，文化数字化战略可以纳入国家数据基础制度建设框架体系内。2023年2月，中共中央、国务院印发《数字中国建设整体布局规划》，提出“到2025年……数字文化建设跃上新台阶……到2035年……经济、政治、文化、社会、生态文明建设各领域数字化发展更加协调充分，有力支撑全面建设社会主义现代化国家”。当前各地在推进文化数字化战略过程中，需要遵循、吸收新的政策精神，从而与时俱进地更好地推进国家文化数字化战略。

（三）AIGC正在以前所未有的速度颠覆现行文化产业与公共文化基本运行范式，“人人成为文化内容生产者”的新创作者经济时代正在加速来临

2022年11月30日ChatGPT上线，短短5天注册用户数就超过100万，两个月内实现了月活跃用户量破亿；与此同时，Midjourney、Stable Diffusion等一批AIGC大模型类内容新模式席卷全球。AIGC代表了一个新的文化内容生产方式，人和机器的关系从原来的工具利用变成了人机协同的生产关系。AIGC将使得文化内容创作的技术门槛降低为0，那些没有任何专业技术的普通人也可以让AIGC在指令下完成理想中的“作品”。所以说，AIGC在整个文化领域产生的颠覆性作用是真正全面解放C端的生产力，人类将正式开启人人都是文化内容创作者的新时代。在AIGC横空出世之后的新的历史阶段，文化数字化战略需要重新评估个体端的文化内容生产能力，需要将个人创作者也纳入国家和区域文化数字化战略推进实施范畴，从而充分发挥中国创意人才众多的“红利效应”，进而在世界各国数字文明进程转换升级中掌握主动权。

三　基于三大层级推动文化数字化战略跃升

结合全球主要发达国家文化产业数字化演进态势以及国内文化数字化的当前任务和数字经济未来发展趋势，可以发现，文化数字化战略已经逐渐显现三大战略层级：1.0层级是面向文化资源的数字化战略，2.0层级是面向文化生产力的数字化战略，3.0层级是面向数字经济的

文化数字化战略。全国各地文化数字化战略需要结合本地实际着力推动战略跃升。

（一）1.0 层级：面向文化资源的数字化战略

这一层级是文化数字化的基础层级，也是全国各地文化数字化战略目前正在着力推进的层级。按照《意见》及相关实施要求，这一层级的核心任务是将全国各地的文物、古籍、美术、地方戏曲剧种、民族民间文艺、农耕文明遗址等传统文化资源，还有社会主义先进文化、革命文化等各类文化资源进行数字化采集与加工，形成三大中华文化数据库，即中国文化遗产标本库、中华民族文化基因库和中华文化素材库；同时还要在这一层级建立三大机制：一是建立常态化的文化资源数字化采集和存储机制，实现传统线下文化资源第一时间进入线上文化数据库，并能够准确绘制区域文化资源图谱。二是建立文化资源科学分类、规范标识和科学检索机制，对各类文化资源进行分类标识，从而确保进入中华文化数据库的纷繁复杂的各类文化资源能够分门别类清晰归档和科学检索。三是建立基础的文化资源数据标注与关联机制，在标识基础上要对文化资源数据进行基本信息标注，实现分散在各地、各类文化机构数据库中的不同领域、不同类型、不同模态但具有逻辑联系的文化资源数据能够建立基础关联，从而形成未来可以供各方调用的文化素材库。需要指出的是，这里的文化资源数据标注做到初级基本信息标注就可以。深层次的数据标注，其实是需要根据市场需求和 AI 智能化方式来实现。

（二）2.0 层级：面向文化生产力的数字化战略

这一层级是文化数字化战略的高级层次，也是国家文化数字化战略正在着力建构的目标层级。按照《意见》要求，面向文化生产力的数字化战略将主要通过资源端、云端、生产端和消费端以及国家文化专网等“四端一网”来建构文化数字化生产能力：在资源端尽可能全面实现数字化，并将相关数字化信息和成果存储到云端，云端要着力打造文化数据服务平台，支持各类机构和个人在云端开设“数据超市”，进而通过数据的解构与重构加工生产形成文化数字内容产品，通过各渠道分发流通到达消费端。具体来讲，面向文化生产力的数字化战略需要着力建构如下文化数字化生产能力：文化资源的调用与整合能力、数据计算能力（云计算和超算等）、多方协同加工生产能力、存储能力、价值评估能力、市场运营能力、传输能力、分发能力、交易能力、支付能力和结算能力，以及与之配套的版权保护能力、数据安全保护能力等。

（三）3.0层级：面向数字经济的文化数字化战略

这一层级是文化数字化战略的更高级形态，是需要全社会共同努力创造的未来范式。国务院2022年1月发布的《"十四五"数字经济发展规划》明确指出，"数字经济……是以数据资源为关键要素……全要素数字化转型为重要推动力，促进公平与效率更加统一的新经济形态"。从当前和未来发展态势来看，数字经济可以分为基于Web2.0的数字经济范式和基于Web3.0的数字经济范式。

在当前以Web2.0为核心基础的数字经济范式下，文化数字化战略主要是两大任务：一是文化数字化技术创新，核心是沉浸式实时互动技术与人工智能内容生成技术，努力建构数字世界与物理世界随时随地交互融通、文化内容实时无限智能生成的"全真"体验；二是在2.0层级文化数字化生产力建构的同时要着力建构文化数据的配套制度体系，包括文化类数据产权保护制度、文化类数据流通和交易制度、文化类数据收益分配制度以及文化类数据治理制度。然而由于Web2.0本质是建立"连接""关系"，其在价值锚定、价值流通与价值分配上存在根本性的设计缺陷，以网络效应为内在驱动的运行逻辑将其导向过度中心化的泥潭而无法自拔。以区块链为基础的Web3.0正在重塑互联网底层价值逻辑，将引领数字经济迈向新的价值范式。在未来基于Web3.0的数字经济范式下，文化数字化战略需要建构的是"数字身份—数字资产—数字经济+数字社会—新数字文明"的全新运行逻辑。诚然，上述运行逻辑的完全实现还需要有很长一段路要走，但作为目前全国各地宣传文化领域都在大力推进的国家级战略，应该着眼长远未来做好前瞻性战略布局与先期探索。

当前中国正在面临格局颠覆与重塑的战略形势与重大机遇，文化数字化国家级战略的推进实施，是中国在未来抢占战略优势、掌握文明演进主动权的重要路径，需要在立足长远、与时俱进与持续优化中实现中华民族伟大复兴。

第五节 面向 AIGC 的中国著作权法律体系优化方向

如前文所述，AIGC 正在对现有著作权法律制度体系提出重大挑战，这种挑战不是仅仅发生在中国，而是覆盖全球。换句话说，当前正处于全球著作权法律体系面临重塑与重大改革的转型期。这一转型期，实际上对于中国率先建构既符合社会发展趋势，又符合自身发展实际的中国式 AIGC 著作权法律制度体系、抢占 AIGC 全球著作权治理话语权而言，是一次重大的战略机遇。

一 中国现有 AIGC 相关制度规定审视

虽然目前并没有针对 AIGC 著作权问题的专门法律，但是国家有关部门正积极出台一些行政法规和政策文件来探索建构中国 AIGC 制度体系。2023 年 8 月 15 日，国家网信办联合国家发展改革委、教育部、科技部、工业和信息化部、公安部、国家广播电视总局联合颁布实施《生成式人工智能服务管理暂行办法》（以下简称《暂行办法》）[①]，在第二章技术发展与治理中，第一条内容就明确指出，生成式人工智能服务提供者应尊重知识产权、商业道德，不得利用算法、数据、平台等优势实施垄断和不正当竞争行为。此外，第二章第三条规定，生成式人工智能技术研发过程中进行数据标注的提供者应制定清晰、具体、可操作的标注规则，并提升标注人员的遵法守法意识；第八条中，规定了人工智能服务提供者在使用人工标注数据时，需要确保标注规则清晰明确，并进行标注质量评估，以保证标注内容的准确性。同时，还需要对标注人员进行培训，并监督他们按规范进行标注工作。这些标注义务的目的是确保标注数据的质量和准确性，促进人工智能技术的健康有序发展。在第三章服务规范的第十二条中，提供者应按照《互联网信息服务深度合成管理规定》标识生成内容，其中就包括生成式人工智能服务的图片、视频等内容。该规定在最后解释了生成式人工智能技术和生成式人工智能服务提供者与使用者的定义。其中生成式人工智能技术既包括

---

① 国家互联网信息办公室：《生成式人工智能服务管理暂行办法》，http://www.cac.gov.cn/2023-07/13/c_1690898326795531.htm，2023 年 7 月 13 日。

模型也包括相关技术；生成式人工智能服务提供者既包括组织也包括个人。

在数字出版与算法方面，一系列制度的出台也为产业实践提供保障。在数字出版方面，2023 年 12 月 20 日中国音像与数字出版协会颁布了《出版业生成式人工智能技术应用指南》团体标准。[①] 其中对于一些 AIGC 相关的名词进行了解释，例如，生成式人工智能技术（generative artificial intelligence technology）界定为“基于算法、模型和大规模语料自动生成文本、图片、声音、视频、代码等内容的自然语言处理技术”，生成式人工智能的辅助创作界定为：“利用生成式人工智能技术工具帮助编辑和作者生成创意写作的草稿内容。”草稿内容与 AI 辅助的应用问题在之前的文件中没有被提及过，而 AI 辅助得到的草稿内容属于 AI 的应用意味着即使成品中不含有 AI 内容，但仍然会因为 AI 的使用而又引发侵权问题的风险。在算法方面，国家互联网信息办公室等四部门在 2022 年 1 月发布了《互联网信息服务算法推荐管理规定》[②]，针对目前存在的不合理应用算法问题，如算法歧视、大数据杀熟和诱导沉迷，明确了算法推荐服务提供者的信息服务规范，要求其遵循主流价值导向，积极传播正能量，不从事违法活动或传播违法信息。此外，还要求建立管理制度和技术措施，防范和抵制传播不良信息。规定还关注用户权益保护，如保障用户的知情权和选择权，特别对未成年人、老年人、劳动者和消费者等主体提供算法推荐服务提出了具体要求。

二　中国 AIGC 著作权法律制度优化建议

中国著作权法律制度在新的 AI 技术面前迎来了新的挑战与机遇。目前世界范围内没有完善的 AIGC 著作权法律规定，若中国能够在这个方面做出创新引领，构建起中国的 AIGC 著作权法律规制体系，将有效助力中国在全球范围内的 AI 立法话语权。

（一）制定 AIGC 相关著作权优化的基本原则

现存的著作权法律制度体系很明显有很多内容已经不能适应 AIGC

---

① 中国音像与数字出版协会：《关于发布团体标准“出版业生成式人工智能技术应用指南”的公告》，http://www.cadpa.org.cn/3281/202312/41644.html，2023 年 12 月 20 日。

② 国家互联网信息办公室：《互联网信息服务算法推荐管理规定》，https://www.gov.cn/zhengce/2022-11/26/content_5728941.htm，2022 年 11 月 26 日。

引发的问题与挑战，迫切需要进行立法修法与完善。一是应当确立面向未来的立法修法原则。制定新的 AIGC 法律规定时需要注意与时俱进，切忌用老的制度框架来捆绑未来的发展可能。要用发展的眼光看待 AI 技术的发展，意识到 AI 技术的两面性，制定能够为未来科学发展留有空间的法律制度，在大框架上引领 AI 立法的同时，用细则、例外条款以及司法解释丰富 AI 法规的内容，尽可能做到兼顾社会公平、效率和秩序，创造更利于新兴科技发展的法治环境。二是应当确立保护创作与推动文明发展原则。AIGC 的人格权问题成为热议话题，目前发生的案件都暴露出现行法律制度在面对 AIGC 这一新生事物时存在的缺陷与不足。在著作权法保护宗旨上，应当尊重各种形式的作品创作，凡是具有原创性的作品都应该受到著作权法的保护。人类社会的未来发展进程中，智能机器创作的作品贡献必将越来越多，这是难以避免的大趋势。人与机器的深度协作，是人类文明演化的必然方向。著作权法应该成为推动人类文明发展的法律制度，而不应该成为歧视创作主体、阻碍人类文明进程的绊脚石。

（二）建立 AIGC 作者与作品认定的科学机制

目前对于 AI 生成内容是否属于作品，AI 能否作为作者存在很大的争议，也是当前著作权法律制度亟须完善的方面。从主客体的角度来说，AI 越来越有人类所独有的创造能力，其能够在数据的学习训练下实现独立创作，这种独立完全混淆了主客体之间的界限——作为客体的人工智能成为创作的主体。但是从劳动理论来说，人工智能脱离了传统上的“劳动”范畴，且人工智能不属于劳动者的范围，无法实现“劳动”中的自然人属性。有的学者认为可以考虑制定类似法人制度中的“法人”一样的拟制身份，使用 AI 生成的作品可以看似职务作品和委托作品。① 该结论在司法实践中得到了体现，但这会在一定程度上造成如何承担侵权责任的问题，使用者并不是开发者，并不会接触到训练数据，如果输出结果包含侵权内容，被侵权人该如何维权？而使用者大概率无法承担责任，还有可能受到“合理使用”的保护。那么是否考虑

① 易继明：《人工智能创作物是作品吗?》，《法律科学（西北政法大学学报）》2017 年第 5 期。

完全将著作权归于开发者呢？从著作权对作者的激励作用来看，AI不需要激励作用，AI和动物表演一样是训练的结果，但是AI更加智能，动物的条件反射式表演能够为动物带来食物奖励，那么AI需要什么奖励呢？由此可以将AI生成内容的作品转移给开发者和使用者，激励他们的创作。使用者作为参与创作的一员，理应享受著作权激励，由此可以在著作权归属上进行分配，设定比例分配AI生成内容的著作权与相应的责任。在衡量开发者和使用者的侵权概率上，开发者不应该拒绝承担生成内容所带来的侵权责任；反之，对一些不用来营利的AI软件可以考虑减轻责任，不以营利为目而使用受著作权保护的内容很大程度上将满足“合理使用”的条件。此外，在AIGC作品保护期限方面，AI生成内容不同于匿名作品，AI本身不具备年龄限制，无法计算著作权保护期限，由此可以提前将该部分内容转移至公共领域，归属于全人类以促进文明进步。在考虑AI使用者利益的情况下，可以适当给予使用者一定的著作权保护期限。①

（三）预先建立AI训练数据侵权的法律规制框架

从国外案例分析中能够得到的结论是，AI生成内容的侵权问题很多是涉及受著作权保护的作品或相关的数据未经许可调用问题。虽然国内目前还没有此类问题的诉讼案件，但是类似问题其实在国内AI大模型产业实践中也是存在的，而且未来也会面临很多同类问题。为了实现对此类问题的有效法律规制，需要我们提前设计好AI训练数据侵权的法律规制框架。一方面，在AI模型开发端建立摘要公开机制。除了要求AI模型开发过程中必须使用具有合法来源的数据、未经许可不得调用他人依法享有知识产权的数据外，还需要AI模型训练方详细记录模型训练过程中的数据调用情况，并建立AI模型开发使用数据情况摘要的信息公开制度，从而督促AI模型开发端自觉减少AI模型训练数据侵权行为。另一方面，可以在公共数据资源方建立数据开源与有偿共享机制。对于各类AI模型训练所需要经常用到的不涉及国家公共安全的数据内容，应引导建立数据开源和交易共享机制，从而为中国的AI大模

---

① Frederick J. White, Personhood, “An Essential Characteristic of the Human Species”, *Linacre Quarterly*, No. 1, February 2013, pp. 74–97.

型训练尽量提供充分的高质量的基础训练数据，推动 AIGC 产业的长远发展。

（四）灵活调整相关案件的举证责任

在 AIGC 相关的侵权案例中，对于举证责任的要求非常高，被侵权的个体或中小型企业往往处于弱势地位，很难拿到强有力的侵权证据，因此，有必要灵活调整相关案件的举证责任：一是可以考虑在合理的范围内，减轻作为弱势一方的举证责任，或者尝试探索适当的举证责任倒置等方式；另外可以一般侵权责任制度辅之以过错责任推定的规则来处理，从而在一定程度上减小举证责任义务，对于 AI 生成内容提供者也能够适当进行责任调整。[①] 二是要在 AI 模型开发端建立摘要公开机制的同时，建立 AI 生成内容的标识机制，强制要求 AIGC 模型开发方和产品提供方对使用 AI 技术生成的内容进行规范标识，以便数据版权方关注和识别。三是要促进 AIGC 内容识别技术的开发，通过强大的技术能力科学判定侵权性质与侵权比例。

综上所述，AIGC 的技术发展从 2022 年以来不断获得突破性进展，ChatGPT 等优质的 AIGC 大模型诞生，由此也引发了全球现有著作权法律制度体系的适用性危机。当前世界各国忙于在 AIGC 的相关领域进行立法，这对中国建构独立自主的著作权法律制度体系而言是一次重大的战略机遇。中国需要考虑著作权方面的制度创新以适应新的环境，满足 AIGC 环境下社会的著作权保护需求。与此同时，面对 AIGC 等具有极强不确定性的未来趋势，常规的大陆法系的成文法模式可能也需要完善，需要进一步引入、借鉴“判例法”的制度设计。在不确定未来趋势的情况下，建议先采用判例引导的方式，在成熟之后再转变为成文法律，从而实现稳健的法律制度创新。

① 周学锋：《生成式人工智能侵权责任探析》，《比较法研究》2023 年第 4 期。

第十六章 未来的战略方向与关键任务

尼尔·史蒂芬森（Neal Stephenson）在小说《雪崩》中描述了人们为了逃避不尽如人意的现实而进入元宇宙（Metaverse）谋生、社交和娱乐，进入到新的生存方式中。本书所提出的元宇宙是人类新一代生存方式，与《雪崩》中的描述存在两个方面的根本不同：一是《雪崩》中的 Metaverse 是一个由软件和协议定义的纯粹的虚拟空间，而本书认为，元宇宙并不仅仅是一个虚拟空间，而应该是一个从虚拟世界—虚实融合世界—集成新一代信息技术、推动生产力提升和生产关系变革的新世界—新一代生存方式的丰富内涵体系。二是《雪崩》中对 Metaverse 的界定是建立在对破败现实逃避意义上的虚构内涵，而本书所定义的元宇宙新一代生存方式，并不是虚构，更不是逃避现实，而恰恰是现实物理世界演化发展的真实必然。

第一节 认识元宇宙作为人类新一代生存方式的内涵与价值

元宇宙，是人类新一代生存方式。回顾人类诞生至 1 万年前所经历的原始游牧化生存方式、1 万年前至 18 世纪中叶的农耕化生存方式、18 世纪中后期至 20 世纪中叶的工业化生存方式和 20 世纪后半叶至 2021 年前后的信息化网络化生存方式，可以发现两大核心特征：一是人类的生存方式进化速度越来越快，从以万年为间隔期间，到以千年为周期，再到以百年为阶段，呈现出日益快速的迭代更新进程。二是人类的生存方式越来越朝着轻量化和虚拟化方向迈进，人在整个生存方式中需要投入的实体劳动量越来越轻量化，同时人在整个生命期间花费在实体物理世界中的时间越来越短、花费在数字虚拟世界中的时间则越来越长。

时至如今，人类的信息化网络化生存方式已经足够发达，并且开始进入“瓶颈”期，例如《2023 全球数字报告》统计显示全球互联网用户年度增长率从 2019 年的 9%连年持续下降到 2023 年的 1.9%，而每天花费在互联网上的时间已经从以往的正向增长发展到 2022 年比 2021 年反向降低了 4.8 个百分点（从 2021 年第三季度的 6 小时 57 分下降到 2022 年第三季度的 6 小时 37 分）。[①] 由此可见，无论是东方还是西方的主要互联网国家，其生存方式都处于破茧升级的临界期，其数字文明发展都面临由初级阶段向高级阶段的更新升维过渡期。

元宇宙，作为人类新一代生存方式，一是正在从根本上重塑人类社会的主体存在与组织交往方式，未来将会有越来越多的虚拟数字人、智能机器人、非生物智能体在元宇宙虚实融合世界中以“主体”身份从事生产与生活活动，企业这种传统的组织形态将会逐渐萎缩，去中心化自治组织（DAO）、一人制公司、小团队工作室和虚拟网络组织将会越来越成为主流的组织方式。二是正在全面推动传统生产力的新质化转型，从原来的“执行密集型生产力时代”升级为“指挥密集型生产力时代”，从依靠专业分工提升生产效率的传统范式升级为专业融合与智慧聚合型生产力范式，从大规模标准化生产升级为自由创意迸发的大规模创造型生产力新时代。三是正在基于 Web3.0（区块链）技术深刻重塑传统的被支配型的生产关系，建立劳动者自主型的全新生产关系。四是推动现实物理化生存与网络虚拟化生存的无缝对接，形成虚实全面融合的人类新栖息与生活方式。五是在生成式人工智能全球大媒介的推动下，世界各国的文化边界未来将不断模糊，在形成更加丰富多样的文化形态和文明成果的同时，实现全球文明的大融通，进而获得跨越时间和空间的可持续传承。

当人类的生存方式即将确定性地换挡升级，步入元宇宙这一更加高

① Meltwater & We are Social, “Digital 2023: Global Overview Report”, https://datareportal.com/reports/digital-2023-global-overview-report, January 26, 2023.

维的新文明阶段的时候，任何一个国家都需要将自身的国家机器进行适时地、全面地、深刻地优化升级，科学地认识元宇宙作为人类新一代生存方式的深刻内涵与战略价值，与时俱进地更新传统的体制机制、更新现有的产业结构、更新落后的知识与教育体系、更新过时的法律与政策体系、更新老旧的社会治理体系，从而更好地适应人民未来新一代生存与发展的需要。

第二节　建立数字与物理世界全面互通互信的统一大市场

当前，无论是在中国，还是在全球，数字经济建设面临最大的问题是“孤岛化”问题，即各类社会组织，如不同政府部门、不同企业，乃至不同的游戏，其创建的数字经济体或者小型数字社会之间，是彼此不连通的。这是挡在人类迈向元宇宙新一代生存方式发展道路上最为核心的问题之一。

元宇宙作为人类新一代生存方式，建构成熟的基本条件是实现两个“一体化”：一是人类在各个不同的虚拟世界中的财产状况、信誉状况和成就状况要实现互联互通、互信互认的一体化；二是上述各种状况与现实世界也要实现一体化融通。正如马修·鲍尔所提出的“元宇宙应该允许用户无论走到哪里或者选择做什么，他们的成就、历史，甚至财务状况都能在众多的虚拟世界和现实世界中得到认可”。①

正如本书前文多次指出，区块链是数字经济的高速公路，然而目前全世界的区块链系统都是一个个“孤岛”，在此背景下，何谈发展数字经济？让我们反向思考一下，当全球都没有做好的时候，恰恰是中国的重大战略机遇。同时，这一领域也恰恰是中国可以发挥举国体制优势的地方。建议国家参考互联网时代建设中国移动、中国联通和中国电信三大运营商的思路，加快建立全国连通的国家级区块联盟链系统，做到在底层系统上互联互通、在市场体系上全国无障碍连通、在交易结算上互

① ［加］马修·鲍尔：《元宇宙改变一切》，岑格蓝等译，浙江教育出版社 2022 年版，第 53 页。

通互信互认、在相互关系上彼此既竞争又合作、在公信力上做到数据安全权威可靠。当有了全国一体化的区块链系统之后，我们之前谈到的大规模数字资产的上链存储问题也将迎刃而解。市场流通是资产定价的前提。在全国统一数字经济大市场推动下，我们现在所困惑的、难以解决的数字资产与数据资产评估与定价问题自然就会由市场这只看不见的手在无形之中自然而然的解决。

与此同时，当前全球区块链系统所希望建构的价值互联网体系还存在精神价值无处安放的根本问题。当有了全国统一的数字经济大市场之后，每个人在数字世界的行为都将受到市场的监督，形成个人的诚信记录，进而形成每个人在数字社会中的信誉体系；而与此同时，还需要特别重视建立区块链系统中精神价值体系与经济价值体系有效分离、并行不悖、和谐共生的体制机制。此外，随着统一数字大市场的发展，必然需要有不断完善的治理机制与之配套，让行善之人获得应有的尊重、让作恶之人得到应有的惩罚。

综上所述，哪个国家能够率先建构数字世界内部互通互认且与现实世界互联互通的统一大市场、一体化的资产价值体系、经济价值与精神价值和谐运行的体制机制，这个国家必然将率先成为数字经济时代的领导者。

第三节　重拾中国哲学观、构建面向AI的融通型教育体系

综观整个人类历史长河的发展演化，可以看到其中正在展现一个宏大趋势：混沌世界—分化世界—新混沌世界。人类诞生之初，是“混沌”之初。这种混沌，是一种蒙昧的混沌。随着技术的进步、经济的发展，人类社会开始进入到社会化大分工阶段：产业分化越来越精细、工作种类分化越来越精细、学科分类也越来越精细……因此，当前的人类社会可以称为分化世界。近年来，在整体分化的人类社会中，日益出现了越来越多的融合迹象：产业融合、媒介融合、学科融合……这就是为什么“跨界”一词成为全球各国（不仅是中国）社会流行语的原因了。此外，还有一个标志性事件是2022年11月30日上线的ChatGPT。

在 ChatGPT 的运行逻辑中，是不存在“分科”的，它实际上是一个“通用知识生成器”。[①] 由此可见，从人类的未来发展大趋势来判断，我们的人类社会将走向重归“混沌”，或称为迈向新的混沌纪元。新的混沌纪元，并非远古时期那种蒙昧的混沌，而将会是一个大融合的生态系统：产业大融合、学科大融合、文化大融合与社会大融合。

20 世纪 60 年代，在数学与物理学领域诞生了著名的“混沌理论”。这一理论并非一般理论，而是与相对论、量子力学一起并称为 20 世纪三大科学革命。所谓的“混沌理论”，其实是一种非线性科学的理论，“混沌”就是“系统”，是类似于现实杂乱无章的、非线性系统中表现出来的复杂的、看似无序的，无法根据给定的初始条件确定系统将来状态的“随机”理论。“混沌”并不等于无序，而是在无序中包含着秩序，在有序中又混杂着无序，在局部随机与整体稳定的矛盾中形成的平衡态。混沌理论研究的核心就是要把隐藏在表面随机无序现象背后的、内在的有序规律和关系结构挖掘出来，从而实现对随机状态的描述、解释和预测。混沌理论是不可能依靠单一学科来解决的，而天然地需要跨学科、多学科的融合才能获得认识的突破。新混沌世界，需要的是新的整体观的方法论和哲学思想体系。而中国哲学，恰恰就是天地人合一的系统整体观。

如前文所述，生成式人工智能正在给人类社会带来的全面且深刻的颠覆性挑战，将会推动人类生产模式从执行密集型向指挥密集型转变，推动“专业分工型生产力”向“智慧聚合型生产力”的范式转变，推动 C 端生产力的全面爆发形成人人成为创作者的新时代……经过深入思考发现，上述一切转变，归根结底，都毫无疑问地指向了人类的教育问题。如果世界各国（包括中国）仍然采取当前分科专业化、统一标准化的教育模式，人类的创意创新能力仍将会大大受限，AI 所带来的新型生产力也将很难发挥其最大的变革效用。换句话说，如果哪个国家能够率先打破当今的传统教育模式，基于系统整体哲学观建构面向生成式人工智能的学科全面融会贯通的教育体系，那么这个国家才会在未来

① 高奇琦：《知识革命还是知识堕化——ChatGPT 与知识生成秩序》，《中国社会科学评价》2023 年第 2 期。

生成式人工智能普及化应用时代掌握发展主动权。

中国，自古以来天然具备系统整体哲学观的认知基础，但是随着第二次浪潮的汹涌冲击，我们的教育体系和学科体系也不得不转变为精细分化的结构范式，正因如此，中国才拥有了工业文明时代和初期数字文明时代发展所亟须的各个领域的最大规模的专业人才，进而取得了今天令世人瞩目的经济成就与科学成就。然而，在此过程中，我们中华民族的优秀传统文化也被工业革命浪潮冲击得混乱零落。需要认识到的是，当前第三次浪潮的高级阶段，特别是在人工智能技术的推动下，人类社会又需要打破现有的分化机制，以跨界与融合的系统整体范式踏上新的发展征程，在这样的新时代，中国迫切需要重拾博大精深的中国优秀哲学思想体系，重构我们从幼儿园、中小学到大学和研究生的学科融通型、因材施教型教育体制机制，全面解放中国庞大的人才创意创新智慧红利，从而更好地推动中华民族在现代文明建设进程上取得更加灿烂的辉煌成就。

第四节　文化新质生产力：劳动组合质的跃迁与关键任务

人类的信息技术发展史告诉我们：每一次信息技术革新，带来的都是人类在时间、空间、模态及其他各种物理束缚上的突破，都是在人与信息的关系、人与人的关系、人与世界的关系层面的升级与重塑。每一次信息技术革命，都会带来人类文化领域的新质生产力。

一　文化领域劳动组合质的跃迁与文化新质生产力内涵界定

如前文所述，当前我们正迎来元宇宙框架下第五次信息技术革命，具体包含空间交互、以区块链为核心的 Web3.0 和生成式人工智能（AIGC）三大核心技术群，其中空间交互维度的元宇宙媒介传输的是“场景”“全感体验”，Web3.0（区块链技术）带来的是人类社会在信息属性、数字身份和数字资产价值体系的全面重塑，AIGC 带来了人类在文化内容生产范式的革命，AI 大模型正在成为全球最为核心、规模最大、效率最高的媒介枢纽。上述三大核心技术群正在催生和重塑文化领域新的劳动组合。

（一）新质文化劳动者群体及新型劳动技能要求

元宇宙新一代信息技术集成应用将从根本上推动文化领域劳动者群体的新质化：一方面是文化劳动者群体认知思维与劳动技能的重塑，具体来讲，一是新一代信息技术推动文化劳动者对元宇宙、AIGC、Web3.0等颠覆式创新形成根本性的认知思维的改变；二是文化劳动者的劳动技能将会获得新的重塑，虚拟世界构建能力、交互式体验设计能力、AIGC协同工作能力和数字资产运营能力将成为新一代文化劳动者的基本技能。另一方面是在文化劳动者的群体构成上将会有颠覆性突破，传统的单一的人类劳动群体将会成为历史，文化生产领域将会进入虚拟数字人、智能机器人、智能体等具有类人智能的新型文化劳动者群体与人类协同生产的新时代。

（二）文化领域劳动资料的新质化重塑

元宇宙新一代信息技术集成应用正在颠覆性重塑文化领域用来改变或影响劳动对象的劳动资料系统：一是在劳动工具和技术方面，传统的笔墨纸砚等文化领域劳动资料和工具早已被数字化工具所取代，并且正在逐渐被XR、人工智能、区块链等新一代信息技术所重构，AIGC正在为文化劳动者提供全新的、强大的生产工具和等待随时调用的全球虚拟专家团队。二是在劳动基础设施和劳动空间方面，元宇宙为创作者提供了全新的创作空间和表达方式，打破了现实世界的物理限制，基于AIGC的内容生成平台和创作工具正在大量涌现，Web3.0分布式账本技术为文化生产提供了可信基础设施。

（三）文化领域劳动对象也正面临全新的重塑

元宇宙新一代信息技术集成应用背景下，文化领域的传统劳动对象正在被深刻改变，全新的劳动对象已经开始出现，并将日渐成为文化生产的主体对象：一是传统的文化生产原材料和能源已经被文化数据、虚拟文化资源和算力、算法及数学模型所取代。二是传统的文化内容正在日渐被数字化IP、NFT与数字藏品、AIGC多模态与跨模态内容、虚拟土地、虚拟建筑、虚拟物理环境等所广泛重构。三是虚拟经济体系（数字资产、虚拟物品、虚拟交易市场等）和虚拟社会系统（虚拟用户、数字生命、虚拟社交）成为文化劳动者需要理解和参与的新领域劳动对象。

在上述分析基础上，本书提出文化新质生产力的概念界定。所谓“文化新质生产力”，其本质是新质生产力在文化领域的内涵延伸与应用实践，是以文化创意与科技创新融合为主导，具有高科技、高效能、高质量、高创意特征，以文化领域劳动者、劳动资料、劳动对象及其优化组合的跃升为基本内涵，以新一代信息技术集成应用为生产逻辑进行文化产品或服务的创意设计、生产制作、分发传播及消费服务获得全要素生产率大幅提升的先进生产力质态。

二　当前构建文化新质生产力的关键任务

（一）促进文化与科技深度融合是形成文化新质生产力的首要步骤

应积极探索利用人工智能、区块链、5G、元宇宙等新兴科技深度赋能文化事业和文化产业，借助前沿科技创新文化产品和服务的生产与传播方式；鼓励跨学科合作，积极将科技创新成果应用于文化创作、保护、管理和营销各个环节，强化科技在文化发展中的支撑作用，加强对传统文化和非物质文化遗产的数字化智慧化保护与传承；着力通过文化新质生产力的打造，加快推进基本公共文化服务均等化、便捷化、智能化进程；不断加强对外文化科技交流与合作，提升中国文化科技的国际影响力。

（二）优化文化产业结构建立文化新质生产力的产业基础

调整和优化文化产业结构，基于文化新质生产力加快改造传统文化行业、推动新兴文化业态、布局未来文化产业。重点发展智慧文博、数字文旅、沉浸式演艺、互动影视等新型文化产业，支持文化与人工智能、元宇宙、区块链等新一代信息技术的融合创新，积极探索文化产业场景、业态与模式的转型升级与颠覆性创新；推动区域数字文化产业发展，打造特色文化科技融合产业带；打造具有国际竞争力的数字文化产业集群，抢先建立数智时代文化产业全球价值链主导权；不断优化文化产业布局，构建以文化新质生产力为核心的现代文化产业体系。

（三）推动国家文化数字化层级跃升构筑文化新质生产力的战略基础

从全球主要发达国家文化数字化演进态势看，文化数字化战略逐渐显现出三大战略层级：1.0 层级是面向文化资源的数字化战略，2.0 层级是面向文化生产力的数字化战略，3.0 层级是面向数字经济的文化数字化战略。要结合国家文化数字化战略层级着力构筑文化新质生产力的战略基础：在1.0层级上，着力建立三大机制：一是建立常态化的文化资源数字化采集和存储机制。二是建立文化资源科学分类、规范标识和科学检索机制。三是建立基础的文化资源数据标注与关联机制，构筑文化新质生产力的坚实资源基础。在2.0层级上，通过资源端、云端、生产端和消费端以及国家文化专网等“四端一网”来形成文化数字化生产能力，构建文化新质生产力的价值链基础。在3.0层级上，着力构建从“数字身份—数字资产—数字经济+数字社会—新数字文明”的文化新质生产力全新运行逻辑，并着力建构文化类数据产权保护制度、文化类数据流通和交易制度、文化类数据收益分配制度以及文化类数据治理制度等文化数据生产力的配套制度体系。

（四）以人才培养为根基铸就社会主义文化强国建设的中坚力量

文化新质生产力的形成和发展，需要强大的创新型文化科技人才作为支撑。为此，要着力加强文化科技人才建设，注重培养复合型、创新型文化人才，形成一支结构优化、文理兼通、素质优良的文化科技人才队伍。要加强文化干部队伍建设，着重培养一批有信仰、有创新、有担当的文化科技领域领军人物。要加强文化科技人才培育体系建设，着力构建完善的学科教育体系和本硕博人才梯队体系，开发高等教育、职业培训和终身学习等多元化的文化科技人才培养模式。鼓励国内外文化科技交流，吸引海外优秀文化科技复合型人才回国工作，形成开放包容的人才环境。加强科技与文化的交叉学科研究，培养既懂科技又懂文化的复合型人才，为文化新质生产力的发展提供充足的人才保障。

主要参考文献

一　中文文献

（一）著作

［美］阿尔文·托夫勒：《第三次浪潮》，黄明坚译，中信出版社2018年版。

［加］埃里克·麦克卢汉、弗兰克·秦格龙编：《麦克卢汉精粹》（第二版），何道宽译，中国大百科全书出版社2021年版。

包亚明主编：《文化资本与社会炼金术——布尔迪厄访谈录》，包亚明译，上海人民出版社1997年版。

［美］保罗·莱文森：《莱文森精粹》，何道宽编译，中国人民大学出版社2007年版。

［美］保罗·亚当斯：《媒介与传播地理学》，袁艳译，中国传媒大学出版社2020年版。

［澳］戴维·思罗斯比：《经济学与文化》，王志标、张峥嵘译，王志标校，中国人民大学出版社2011年版。

［法］亨利·列斐伏尔：《空间的生产》，刘怀玉等译，商务印书馆2021年版。

李季主编：《世界文化产业地图》，中国建筑工业出版社2014年版。

梁漱溟：《梁漱溟全集》（第一卷），山东人民出版社2005年版。

［加］马修·鲍尔：《元宇宙改变一切》，岑格蓝等译，浙江教育出版社2022年版。

［美］尼古拉·尼葛洛庞帝：《数字化生存》，胡泳、范海燕译，电

子工业出版社 2017 年版。

［法］皮埃尔·布迪厄、［美］华康德：《实践与反思——反思社会学导引》，李猛、李康译，中央编译出版社 1998 年版。

［英］威利·莱顿维塔、［美］爱德华·卡斯特罗诺瓦：《虚拟经济学》，崔毅译，中国人民大学出版社 2015 年版。

邢杰等编著：《元宇宙通证：通向未来的护照》，中译出版社 2021 年版。

熊澄宇：《世界文化产业研究》，清华大学出版社 2012 年版。

［瑞士］亚历山大·奥斯特瓦德、［比利时］伊夫·皮尼厄：《商业模式新生代》，黄涛、郁婧译，会杰审校，机械工业出版社 2016 年版。

臧志彭、解学芳编著：《全球文化创意产业上市公司发展报告》，中国社会科学出版社 2019 年版。

臧志彭：《数字创意产业研究》，知识产权出版社 2019 年版。

张胜冰等：《世界文化产业导论》，北京大学出版社 2014 年版。

中国社会科学院课题组：《新时代中国文化发展报告：走向全面繁荣的中华民族现代文明》，社会科学文献出版社 2024 年版。

朱嘉明：《元宇宙与数字经济》，中译出版社 2022 年版。

［加］马修·鲍尔：《元宇宙改变一切》，岑格蓝等译，浙江教育出版社 2022 年版。

（二）期刊

臧志彭、丁悦琪：《中国 AIGC 著作权侵权法律规制的优化路径》，《出版广角》2023 年第 24 期。

陈林生等：《元宇宙技术本质、演进机制与其产业发展逻辑》，《科学学研究》2024 年第 2 期。

陈志业等：《AI 语音合成技术的应用与展望》，《影视制作》2023 年第 3 期。

高奇琦、隋晓周：《元宇宙的政治社会风险及其防治》，《新疆师范大学学报》（哲学社会科学版）2022 年第 4 期。

高奇琦：《知识革命还是知识堕化——ChatGPT 与知识生成秩序》，《中国社会科学评价》2023 年第 2 期。

蒋传海：《网络效应、转移成本和竞争性价格歧视》，《经济研究》

2010 年第 9 期。

李景平等：《文化创意产业在我国经济新常态下的作用》，《齐鲁艺苑》2016 年第 5 期。

廖斯：《论人工智能创作物的独创性构成与权利归属》，《西北民族大学学报》（哲学社会科学版）2020 年第 2 期。

刘智慧、张泉灵：《大数据技术研究综述》，《浙江大学学报》（工学版）2014 年第 6 期。

乔丽春：《“独立创作”作为“独创性”内涵的证伪》，《知识产权》2011 年第 7 期。

任宝身、仲祥成：《轻量化动作捕捉在数字虚拟人驱动中的应用研究》，《现代电视技术》2022 年第 10 期。

施宇、童兵：《中国古代印刷术的技术演进研究——基于传播视角的东西方比较考察》，《出版发行研究》2023 年第 8 期。

宋爽等：《金融安全视角下的欧盟数字资产监管策略》，《欧洲研究》2020 年第 2 期。

苏媛等：《中华文明的理论意蕴、突出特性及实践路径》，《新疆师范大学学报》（哲学社会科学版）2024 年第 4 期。

孙其博等：《物联网：概念、架构与关键技术研究综述》，《北京邮电大学学报》2010 年第 3 期。

王迁：《ChatGPT 生成的内容受著作权法保护吗?》，《探索与争鸣》2023 年第 3 期。

王迁：《再论人工智能生成的内容在著作权法中的定性》，《政法论坛》2023 年第 4 期。

吴汉东：《人工智能生成作品的著作权法之问》，《中外法学》2020 年第 3 期。

夏德元等：《虚拟性与实在性相互建构的历史、现状和未来——关于文学、艺术、传媒与元宇宙的对话》，《文化艺术研究》2022 年第 2 期。

许春明、袁玉玲：《论人工智能的法律主体性——以人工智能生成物的著作权保护为视角》，《科技与法律》2019 年第 2 期。

杨祎、梁修存：《文化旅游产品开发的路径与模式研究》，《南京社会科学》2015 年第 3 期。

易继明：《人工智能创作物是作品吗?》，《法律科学（西北政法大学学报）》2017 年第 5 期。

于省吾：《关于古文字研究的若干问题》，《文物》1973 年第 2 期。

臧志彭、解学芳：《中国特色元宇宙体系建设：理论构建与路径选择》，《南京社会科学》2022 年第 10 期。

臧志彭、张雯婷：《价值共创与利益共享——区块链对网络文化空间数字劳工劳动图景的重塑》，《文化产业研究》2021 年第 2 期。

詹新惠：《进入空间计算时代的传播想象》，《青年记者》2023 年第 22 期。

张玉清等：《云计算环境安全综述》，《软件学报》2016 年第 6 期。

赵明：《边缘计算技术及应用综述》，《计算机科学》2020 年第 S1 期。

郑建明、王锰：《数字文化治理的内涵、特征与功能》，《图书馆论坛》2015 年第 10 期。

周其森：《关于“文化”的定义：桌子是什么?》，《文化学刊》2017 年第 8 期。

周学锋：《生成式人工智能侵权责任探析》，《比较法研究》2023 年第 4 期。

朱凌珂：《赋予强人工智能法律主体地位的路径与限度》，《广东社会科学》2021 年第 5 期。

（三）论文

朱斯斯：《面向元宇宙的全球传媒企业战略并购研究报告——基于 32 个国家和地区的并购数据分析》，硕士学位论文，华东政法大学，2023 年。

张雯婷：《基于区块链的网络空间数字劳工劳动图景重塑》，硕士学位论文，华东政法大学，2022 年。

（四）报纸

刘绍义：《说“宇”道“宙”话宇宙（读文解字）》，《人民日报》（海外版）2017 年 5 月 5 日第 7 版。

（五）网络

《5分钟挤爆服务器，18分钟后被抢空！有黄牛炒至10万……》，澎湃新闻，https：//www. thepaper. cn/newsDetail_forward_26090612。

CIE智库：《图解莫迪政府所打造的“数字印度”》，https：//www. secrss. com/articles/3352，2018年6月15日。

《“元宇宙”等如何定名释义？全国科技名词委研讨会形成共识》，人民网，http：//finance. people. com. cn/n1/2022/0915/c1004－32526554. html。

《“元宇宙”写入“十四五”规划　上海前瞻布局“虚实融合”》，https：//tech. gmw. cn/2022-03/15/content_35588646. htm。

中国公共关系协会文化大数据产业委员会：《关于国家文化数字化战略实施情况的报告》，https：//mp. weixin. qq. com/s/vucy1gy1yx6VtdoGZq8WDQ，2023年11月14日。

中国音像与数字出版协会：《关于发布团体标准“出版业生成式人工智能技术应用指南”的公告》，http：//www. cadpa. org. cn/3281/202312/41644. html，2023年12月20日。

二　外文文献

Albert R.，“Effects of Space-adjusting Technologies on the Human Geography of the Future”，In：R. Abler，D. Janelle，etc.，*Human Geography in a Shrinking World*，North Scituate，MA：Duxbury Press，1975.

Ashish Vaswani，et al.，“Attention is All You Need”，https：//arxiv. org/abs/1706. 03762，August 2，2023.

CFTC，“Digital Assets”，https：//www. cftc. gov/digitalassets/index. htm.

Dionisio J. D.，et al.，“3D Virtual Worlds and the Metaverse：Current Status and Future Possibilities”，*ACM Computing Surveys*，Vol. 45，No. 3，2013，pp. 1-38.

Financial Crimes Enforcement Network，“Requirements for Certain Transactions Involving Convertible Virtual Currency or Digital Assets”，https：//www. federalregister. gov/documents/2021/01/15/2021－01016/requirements－for－certain－transactions－involving－convertible－virtual－currency-or-digital-assets, January 15, 2021.

Frederick J. White, Personhood, "An Essential Characteristic of the Human Species", *Linacre Quarterly*, No. 1, February 2013, pp. 74-97.

FSB, "Crypto-asset Markets: Potential Channels for Future Financial Stability Implications", https://www.fsb.org/wp-content/uploads/P101018.pdf, October 10, 2018.

Guan J., et al., "Extended Reality and Internet of Things for Hyper-Connected Metaverse Environments", 2022 IEEE Conference on Virtual Reality and 3D User Interfaces Abstracts and Workshops (VRW), Christchurch, New Zealand, 2022, pp. 163-168.

International Telecommunication Union, "Internet Reports 2005: The Internet of Things", Geneva: ITU, June 15, 2009.

IRS, "Digital Assets", https://www.irs.gov/businesses/small-businesses-self-employed/digital-assets.

IRS, "Treatment of Certain Nonfungible Tokens as Collectibles", https://www.irs.gov/pub/irs-drop/n-23-27.pdf.

Jon Radoff, "The Metaverse Value-Chain", https://medium.com/building-the-metaverse/the-metaverse-value-chain-afcf9e09e3a7, April 7, 2021.

Jon Radoff, "The Metaverse Value-Chain", https://medium.com/building-the-metaverse/the-metaverse-value-chain-afcf9e09e3a7, April 7, 2021.

"Juventus Football Club v. Blockeras", Docket No. 32072/2022, https://www.trevisancuonzo.com/static/upload/juv/juventus-nft-order---en.pdf, 2022.07.20.

Katz M. L., "Network Externalities, Competition, and Compatibility", *American Economic Review*, Vol. 75, No. 3, June, 1985, pp. 424-440.

Matthew Ball, "Framework for the Metaverse", https://www.matthewball.vc/the-metaverse-primer, April 7, 2021.

Meltwater & We are Social, "Digital 2023: Global Overview Report", https://datareportal.com/reports/digital-2023-global-overview-report,

January 26，2023.

Money Services Businesses，“Application of FinCEN's Regulations to Certain Business Models Involving Convertible Virtual Currencies”，https：//www.fincen.gov/resources/statutes – regulations/guidance/application–fincens–regulations–certain–business–models，May 19，2019.

Park J. S.，et al.，“Generative Agents：Interactive Simulacra of Human Behavior”，https：//arxiv.org/pdf/2304.03442v1.pdf，April 4，2023.

Perez C.，“Great Surges of Development and Alternative Forms of Globalization，Theotonio Dos Santos and Carlos Eduardo Martins，Long Duration and Conjuncture in Contemporary Capitalism”，REGGEN–UNESCO/UNU，Universidad Federal de Santa Catarina，2007.

Santos N.，et al.，“Towards Trusted Cloud Computing”，Proceedings of the Workshop on Hot Topics in Cloud Computing，Berkeley：USENIX Association，June 1–5，2009.

Sarton G.，*The History of Science*，https：//www.britannica.com/science/history–of–science，April 16，2024.

Schumacher P.，“The Metaverse as Opportunity for Architecture and Society：Design Drivers”，*Core Competencies*，Vol. 1，No. 11，June 28，2022.

Securities and Exchange Commission v. Trendon T. Shavers and Bitcoin Savings and Trust，Civil Action No. 4：13–CV–416，2014.

SEC v. W. J. Howey Co.，328 U. S. 293（1946）.

Shiv Juneja，“Commodity or Security? SEC Chairman Gary Gensler Gives His Take on Bitcoin”，https：//www.benzinga.com/markets/cryptocurrency/22/06/27866983/commodity–or–security–new–bitcoin–insights–from–sec–chairman–gary–gensler，June 27，2022.

Song C.，et al.，“Exploring the Key Characteristics and Theoretical Framework for Research on the Metaverse”，*Applied Sciences*，Vol. 13，No. 13，June 28，2023，p. 7628.

UNESCO，“UNESCO Universal Declaration on Cultural Diversity，https：//www.unesco.org/en/legal–affairs/unesco–universal–declaration–cultural–diversity”，November 2，2001.

UNESCO, "UNESCO Universal Declaration on Cultural Diversity", Paris: UNESCO, 2001.

World Economic Forum, "Navigating the Industrial Metaverse: A Blueprint for Future Innovations", https://www3.weforum.org/docs/WEF_Navigating_the_Industrial_Metaverse_A_Blueprint_2024.pdf, March 12, 2024.

Xu X., et al., "Metaverse Space Ecological Scene Design Based on Multimedia Digital Technology", *Mobile Information Systems*, Vol. 2022, p. 13.

Zhiheng Xi, et al., "The Rise and Potential of Large Language Model Based Agents: A Survey", https://arxiv.org/pdf/2309.07864.pdf, September 14, 2023.

Zhiheng Xi, Wenxiang Che, et al., "The Rise and Potential of Large Language Model Based Agents: A Survey", https://arxiv.org/pdf/2309.07864.pdf, September 9, 2023.